ENCUENTROS 3

Nueva Edición
AUSGABE B

D1698938

ENCUENTROS 3 · Nueva Edición · Ausgabe B

Lehrwerk für den Spanischunterricht

im Auftrag des Verlages erarbeitet von
Klaus Amann, Sara Marín Barrera, Jochen Schleyer,
Araceli Vicente Álvarez, Dr. Christine Wlasak-Feik

Redaktion: Alexander Grimm, www.linguactiva.de
Heike Malinowski, Redaktion Romanische Sprachen
Projektleitung: Dr. Yvonne Petter-Zimmer
Bildrecherche: Gabriela Alonso

Beratende Mitwirkung:
Dr. Werner Arnold, Rudolf Boos, Dr. Barbara Koeberle,
Bernhard Preker, Kathrin Sommerfeldt, Matthias Walther

Illustration: Odile Herrenschmidt, Laurent Lalo
Umschlaggestaltung: Klein & Halm Grafikdesign, Berlin
Layoutkonzept und technische Umsetzung: werkstatt für gebrauchsgrafik, Berlin
Karten: Dr. Volkhard Binder, Berlin

www.cornelsen.de

Die Internet-Adressen und -Dateien, die in diesem Lehrwerk angegeben
sind, wurden vor Drucklegung geprüft (Stand: Juni 2008).
Der Verlag übernimmt keine Gewähr für die Aktualität und den Inhalt
dieser Adressen und Dateien oder solcher, die mit ihnen verlinkt sind.

1. Auflage, 1. Druck 2008

Alle Drucke dieser Auflage sind inhaltlich unverändert
und können im Unterricht nebeneinander verwendet werden.

© 2008 Cornelsen Verlag, Berlin

Druck: CS-Druck CornelsenStürtz, Berlin

ISBN 978-3-464-20518-1

 Inhalt gedruckt auf säurefreiem Papier, aus nachhaltiger Forstwirtschaft.

Módulo Lernziele

SYMBOLE UND VERWEISE

- Hörtext auf CD
- schriftliche Übung
- Spiel
- Partnerarbeit
- Kleingruppe
- Sprachmittlung
- Kettenübung
- Diskussion

▷ **RESUMEN** Verweis auf das *Resumen* der Lektion

! Hinweis auf Besonderheit / Unregelmäßigkeit

HOLA, ¿QUÉ TAL?

En las páginas 6–9 encuentras varios ejercicios de repaso.
Puedes elegir y hacer uno o más.

COMUNICARSE

a *Pregúntale a tu compañero/-a. Él / Ella contesta.*
b *Imagina tres preguntas más para tu compañero/-a. Él / Ella contesta.*

¿Dónde estuviste el fin de semana pasado?

¿Qué vas a hacer esta tarde?

¿Dónde quieres vivir cuando seas adulto/-a?

¿Qué ropa te pusiste ayer?

¿Cuál es tu deporte favorito?

¿Qué me recomiendas para el próximo fin de semana?

¿Qué sueños tienes?
¿Cuál es tu mayor sueño?

¿Qué harás cuando tengas 18 años?

¿Cómo celebraste tu último cumpleaños?

¿Qué te gusta hacer en tu tiempo libre?

¿Qué fue lo más bonito / lo más feo
que viviste durante tus vacaciones?

¿A qué hora te levantaste ayer?
¿A qué hora te fuiste a la cama?

ESCUCHAR Y HABLAR

 a *Escucha. ¿Cuáles de las siguientes palabras escuchas en el texto?*

quedar	viaje	lugar	experiencia	reunión	estupendo
luchar	organizar	derechos	contar	escuela	
tomas	vosotros	libertad	decisión	ONG	seguir	diario

b *Escucha otra vez y apunta información en tu cuaderno sobre:*
1. las actividades de Tomás
2. las actividades de Elisenda y Román
3. cuándo y dónde se van a ver.

c *¿De qué hablarán Tomás, Elisenda y Román en su encuentro?*
Trabajad en grupos de tres e imaginad su diálogo.

VOCABULARIO

Jugar con palabras
Con las letras de una palabra se pueden formar otras palabras.

Ejemplo: estantería: **es**cuela – **t**eatro – **ante**s – **rí**o – **al** lado

a *Trabaja con tu compañero/-a. ¿Quién encuentra el mayor número de palabras?*

| descubrimiento | temprano | conquistador | miércoles |
| eternamente | alrededores | superdeprimido | proteger |

b *Utilizad vuestras palabras y escribid una frase.*

Ejemplo: **Ante**s el **t**eatro de la **es**cuela estaba **al** lado del **rí**o.

LEER Y ESCRIBIR

Una carta al editor[1]

a *Lee el texto una vez. ¿De qué se queja Sara en su carta?*

1 la carta al editor: Leserbrief

> Yo, personalmente, no me siento una chica que siga la moda ni soy revolucionaria.
> Simplemente, soy como soy. Sigo mi propia moda sin preocuparme de lo que
> piense la gente, ya que, aunque lo piensen, no me lo van a decir en la cara. Tampoco
> soy ninguna marginada social: tengo amigos, y muy buenos. Tengo muy clara mi
> 5 meta en la vida: ser feliz. Pero tengo un problema: Ahora mismo, tengo trece años
> y, cuando miro a mi alrededor, no encuentro a nadie con quien poder hablar de
> actualidad, de qué pasa en el mundo ni de qué libros han sido «best sellers»
> últimamente. Miro a mi alrededor y veo gente de mi edad que ya son fumadores y
> bebedores veteranos. Con los que no puedo hablar más que de qué hizo este fin de
> 10 semana y qué música tiene en su mp3. Veo una juventud perdida por el
> alcoholismo y que no va a ninguna parte. Que no pasa de curso y que no puede
> pensar más allá que terminar educación secundaria. Sólo puedo tener una
> conversación culta con personas que ya han superado la adolescencia y no con
> mis compañeros de clase. Ellos prefieren ir a la calle con más movimiento de la
> 15 ciudad y emborracharse. Puedo salir con pocas amigas mías. Y me pregunto:
> ¿adónde quiere llegar la juventud de hoy en día, si no pueden pasar un mes sobrios?

Sara Álvarez Gómez (Oviedo)
© La Vanguardia, 2007

l. 1 **revolucionario/-a:** Revolutionär/in l. 2 **preocuparse:** sich Sorgen machen l. 4 **el/la marginado/-a:** Außenseiter/-in; l. 5 **la meta:** Ziel l. 9 **veterano/-a:** *aquí:* desde hace mucho tiempo l. 12 **terminar (la) educación secundaria:** hacer el bachillerato; **una conversación culta:** eine gepflegte Unterhaltung l. 13 **superar a/c:** *aquí:* pasar, terminar l. 15 **emborracharse:** beber demasiado alcohol, *adjetivo:* borracho/-a l. 16 **la juventud:** los jóvenes; **sobrio/-a:** *contrario de* borracho/-a

b *Lee el texto otra vez. Apunta lo que le gusta a Sara y lo que no le gusta.*

c *¿Qué piensas tú sobre el tema?*
Escribe una carta al editor con una respuesta para Sara.

JUGAR: SUBIENDO LA PIRÁMIDE

a *Tres compañeros/-as juegan. A y B suben la pirámide contestando las preguntas, C mira las soluciones en la p.159.*

b *Entre los tres, preparad 10 preguntas más (con sus respuestas). Dad vuestras preguntas a dos otros grupos.*
Ellos os dan sus preguntas. Ahora jugad otra vez con las nuevas preguntas.

Spielregeln:

Zum Vorrücken benötigt ihr eine kleine Münze oder Spielfigur. Jede/r muss die Fragen aus seinem/ihrem Bereich beantworten. Wer beginnt, darf weitermachen, solange seine Antworten richtig sind; sonst wird gewechselt. Gewonnen hat, wer zuerst alle 10 Fragen richtig beantwortet hat.

Preguntas para A

1. Completa con los pronombres correctos:
   a. ¿No conoces este libro? Ahora ~ enseño. b. – Jordi necesita un vaso. – ¿ ~ puedes dar, por favor? c. – ¿Ya tienes las fotos de las vacaciones? – ¿ ~ enseñas?
2. ¿Cuáles son las cuatro lenguas oficiales de España?
3. Utiliza el estilo indirecto en el pasado: Cristina habló por teléfono con Ramiro y le preguntó: «¿Dónde has estado? ¿Vas a venir pronto?»
4. ¿En qué ciudad celebran el Tribunal de las Aguas?
5. Traduce al español:
   Mach dir keine Sorgen!
6. ¿Cuál es el futuro de: a. viene – b. puedo – c. hacemos – d. hay?
7. Explica en español: a. el escritor – b. el descanso – c. el flamenco
8. Completa la frase: Cuando (*venir/tú*), haremos una fiesta.
9. Utiliza el imperativo negativo: ¡Vete a casa!
10. ¿Cómo se llama uno de los barrios porteños más antiguos en el que vivían muchos italianos?

Preguntas para B

1. Transforma las frases utilizando los pronombres posesivos: a. Este cuaderno no es mío, es el de Quim. – b. ¿Me das tu bolígrafo? Es que no encuentro mi bolígrafo. – c. Oye, ¿éstas son mis zapatillas? – ¿¡Cómo!? ¿Es que no sabes dónde están tus zapatillas?
2. ¿Qué es la Casa Rosada? ¿Dónde está?
3. Utiliza el estilo indirecto en el pasado: Juan le dijo a su amiga: «Estoy muy contento de volver a verte.»
4. ¿Qué son las Fallas? ¿Dónde y cuándo las celebran?
5. Traduce al español:
   Erzähl mir doch nichts!
6. ¿Cuál es el futuro de: a. quiere – b. salimos – c. pone – d. sé?
7. Explica en español: a. la cartelera – b. el consejo – c. la horchata
8. Completa la frase: Cuando (*poder/tú*), cóbrame.
9. Utiliza el imperativo positivo: ¡No hagas tus deberes ahora!
10. ¿Cómo se llama la antigua ciudad inca donde Pizarro capturó al emperador Atahualpa? ¿En qué país está?

1

DOS MUNDOS

LOS AZTECAS

En 1345 la tribu azteca llegó a las tierras que hoy conocemos como México. Sobre el lago Texcoco se fundó su capital: Tenochtitlán. Con más de 20000 habitantes, Tenochtitlán se convirtió en la ciudad más grande y poderosa de Centroamérica.

La civilización azteca acabó en 1521 cuando Hernán Cortés y sus hombres conquistaron Tenochtitlán. Sobre sus ruinas se construyó la Ciudad de México. Tres generaciones después la población azteca se redujo en un 90% a causa de la conquista, las invasiones y las guerras.

LOS MAYAS

La civilización maya comprendía los territorios de Belice, Guatemala, Honduras, El Salvador y algunas regiones de lo que hoy conocemos como México. Los mayas de hoy aún viven en esta región.

Los aztecas eran expertos en la astronomía y en las matemáticas y tenían un calendario muy exacto.

Hoy en día nos queda una herencia enorme de las costumbres, su religión y la importancia de su cultura.

Se sabe que hay entre cuatro y cinco millones de descendientes de los mayas y se dividen en cuatro grupos étnicos que hablan cerca de 30 lenguas indígenas. La mayoría de ellos son bilingües, pues aprenden también español para comunicarse con los ladinos, los habitantes de estas regiones que no pertenecen a la sociedad maya.

LOS INCAS

7.

El imperio inca se extendía desde el norte de Ecuador hasta el centro de Chile, a lo largo de aproximadamente 4600 kilómetros con una población de nueve millones de habitantes formada por 250 pueblos diferentes.

8.

En el siglo XV vivían unas 50000 personas en la capital del imperio inca: Cuzco.
Machu Picchu, a unos 130 kilómetros al norte de Cuzco, sigue siendo uno de los lugares más famosos e importantes de Perú.

9.

Aunque en el imperio inca no se conocían las ruedas ni el caballo, se construyeron carreteras que se extendían por todo el territorio. Muchos de estos caminos todavía existen.

Hoy en día la pobreza, los problemas políticos y económicos de la región y la desigualdad entre los grupos étnicos amenazan fuertemente estas culturas de América Latina.

COMPRENDER

1 **Aztecas, mayas, incas**

a *Mira las fotografías. ¿Qué partes del texto ilustran[1]?*   1 ilustrar: illustrieren

b *Lee las siguientes frases y corrígelas, si es necesario. Escribe en tu cuaderno.*

1. La capital de los aztecas, Tenochtitlán, se convirtió en la ciudad más importante de Sudamérica.
2. Los descendientes de los mayas siguen viviendo en Centroamérica y generalmente hablan más de una lengua.
3. La capital del imperio inca fue Machu Picchu. Hoy es una atracción turística en Perú.

DESCUBRIR

2 **La oración impersonal** ▷ RESUMEN 1

a *Mira las siguientes frases. ¿Qué es diferente?*

1. Sobre sus ruinas se construyó la Ciudad de México.
2. Se construyeron carreteras que se extendían por todo el territorio.

b *Formula una regla para la oración impersonal.*

PRACTICAR

3 **¿Impersonal o reflexivo?** ▷ RESUMEN 1

Busca todas las formas de los verbos con *se* en el texto. ¿Cuáles son oraciones impersonales y cuáles son reflexivas? Haz una lista en tu cuaderno.

1
A

EL IMPERIO INCA

Montse y Quim son dos estudiantes españoles que se interesan mucho por la historia precolombina. Han viajado a Lima, la capital de Perú, para participar en un taller sobre la historia del Imperio Inca. Para que se puedan imaginar mejor cómo era la vida en el imperio, José y Mónica, dos jóvenes historiadores peruanos, los invitan a hacer un viaje a través del tiempo.

Inti Raymi

Mónica: Desde el siglo XII hasta los primeros años del siglo XVI los incas dominaron un territorio muy extenso. Más tarde estas regiones se llamarían Colombia, Ecuador, Perú,
5 Bolivia, Chile y Argentina. La capital de aquel imperio inmenso y muy bien organizado era Cuzco. Ese nombre significa «el ombligo del mundo».

Montse: ¡Qué nombre! Me encantaría viajar a
10 Cuzco.

Mónica: O sea que querrías conocer «el ombligo del mundo.» Sí, yo diría que merece la pena. ¡Es impresionante! Pasado mañana podríamos viajar allá y después haríamos una visita a
15 Machu Picchu, que está a 2 900 metros de altura.

Quim: ¡Fenomenal! Dime, ¿qué lengua se hablaba en el Imperio Inca?

José: Los incas conquistaron muchos pueblos.
20 En cada pueblo se hablaban diferentes lenguas, pero la lengua oficial de todo el imperio era el quechua. Todos tenían que hablarlo. Pero, como ustedes ya saben, con la llegada de los conquistadores esto cambió. Si no, seguro que
25 nosotros hablaríamos hoy quechua, quizás no comprenderíamos el español y escribiríamos con otro alfabeto.

Mónica: No es para tanto. Pero sí es verdad que los incas tenían un sistema muy eficaz de
30 comunicación. Se comunicaban a través de sus mensajeros que llevaban los mensajes muy rápidamente. Una noticia podía llegar de Quito a Cuzco, es decir a 2 000 kilómetros de distancia, en menos de diez días. Para ello se habían
35 construido caminos, puentes y túneles por todo el imperio. Bueno, y como ustedes también saben, muchos indígenas siguen hablando quechua.

Montse: ¿Y su religión?
40 **José:** Tenían muchos dioses: Viracocha, por ejemplo, era el «Maestro del Mundo», el que creó el cielo y la tierra. El más popular fue el dios Inti, el dios del Sol. Todavía hoy en día se celebra su fiesta aquí en Perú, el *Inti Raymi*.
45 **Montse:** ¡Vaya religión machista!

Mónica: ¡Qué va! Tendríamos que mencionar todavía a Pachamama que era la Madre Tierra, a la Pacha Quilla que era la Madre Luna, a la Mama Sara que significa la Madre Maíz, a la Mama
50 Cocha que era la Madre del Mar …

Quim: ¡Ya basta! Ya vemos que tuvieron muchas diosas.

Montse: ¿Y de qué vivían los incas?

José: Sobre todo de la agricultura. Habían
55 desarrollado sistemas de riego que todavía hoy siguen funcionando. En cuanto a la carne, comían alpaca, llama, pero también aves y cobayos.

Quim: ¿Cobayos?
60 **José:** Creo que ustedes los españoles los llaman conejillos de Indias.

Montse: Ay, ¡qué asco! Yo no lo podría comer.

Mónica: Recuerda que en cada cultura se tienen costumbres diferentes. ¡Sería una experiencia
65 nueva!

Montse: Tal vez sí, pero … de todas formas se sabe que la historia del Imperio Inca es impresionante. Y fijaos, nuestros queridos compatriotas lo destruyeron. ¡Qué vergüenza!
70 **Mónica:** Sí, todo terminó en 1532 en Cajamarca cuando Pizarro capturó a Atahualpa, el emperador inca. Pero ésta ya es otra historia.

COMPRENDER

1 **Perú y el Imperio Inca**

a *Apunta la información en el texto
sobre la geografía, la religión
y la comida en el antiguo Imperio Inca.*

geografía	religión	comida

b *Compara la situación antes
(en el Imperio Inca) y ahora (en Perú):*
1. la capital,
2. la lengua,
3. la comunicación

	El Imperio Inca	Perú
capital		
lengua		
comunicación		

DESCUBRIR

2 **El condicional** ▷ RESUMEN 2

a *Traduce estas frases.*

1. Querrías conocer Cuzco.
2. Pasado mañana podríamos viajar allá.
3. Más tarde estas regiones se llamarían Colombia, Ecuador o Perú.

b *Busca todas las formas del condicional en el texto y apúntalas. Explica cómo se forma[1]
el condicional.*

c *Compara las formas del condicional de tener y poder y sus formas del futuro.
Ahora mira las formas del condicional de querer, hacer y
decir y formula una regla[2].*

1 formar: *hier* bilden
2 formular una regla: eine Regel formulieren

PRACTICAR

3 **¿Cómo sería?** ▷ RESUMEN 2
¿Cómo sería el mundo de los incas hoy? Contesta utilizando el condicional.

1. Los incas hablaban quechua. Hoy (hablar) quechua y español.
2. Los incas viajaban a pie. Hoy (ir) en coche o en avión.
3. Los incas no conocían el dinero. Hoy (pagar) en dólares.
4. Los incas eran buenos astrónomos[3]. Hoy (viajar) a la luna.
5. Los incas se comunicaban a través de mensajeros.
   Hoy (escribir) cartas o e-mails y (llamar) por teléfono a sus amigos.
6. Los incas estudiaban la naturaleza. Hoy (ver) la tele y (leer) el periódico.

3 el/la astrónomo/-a: Astronom/in

4 **¿Qué harías tú?**
A ver: discutir en clase.

¿Qué (no) harías por | dinero?
tus amigos?
tu país?
tu familia?

1
A

5 **Una fiesta** ▷ RESUMEN 2

Queréis organizar una fiesta latina en vuestro instituto. Haced propuestas. Utilizad el condicional.

poder	tener que	hacer
enseñar	cantar	preparar
invitar	dibujar	repartir
escuchar	poner	presentar
comer	organizar	decorar
querer	ir	…

una obra de teatro	
la cocina	un pastel
libros	una entrevista
folletos	fútbol
pósters	canciones
la música	fotos
	…

6 **Se hablaba quechua** ▷ RESUMEN 1

Utiliza la oración impersonal con se y conjuga las verbos.

1. En España [¿] (*hablar*) cuatro lenguas oficiales.
2. El oro rojo [¿] (*preparar*) con limón y está buenísimo.
3. En el bar *Las Luces* [¿] (*vender*) unos bocadillos estupendos.
4. En Valencia [¿] (*poder*) beber horchata en cada esquina.
5. Las obras de Dalí [¿] (*conocer*) en todo el mundo.
6. En el instituto [¿] (*decir*) que eres muy inteligente. ¿Es verdad?

7 **Cómo decirlo en español**

a *Busca en el texto p.12 las frases en español que significan:*

1. In jedem Volk wurden verschiedene Sprachen gesprochen.
2. Dafür waren Straßen, Brücken und Tunnel errichtet worden.
3. In jeder Kultur werden unterschiedliche Traditionen gepflegt.
4. Man weiß, dass die Geschichte des Inkaimperiums beeindruckend ist.

b *¿Cómo se dice en español?*

1. Hier wird Spanisch gesprochen.
2. In den Restaurants wird nicht mehr geraucht.
3. Das sagt man nicht.
4. Hier darf man nicht eintreten.

se venden artesanías

¿TE ACUERDAS?

8 **¿Futuro o condicional?**

a *Apunta los números 1 a 10 en tu cuaderno.*
Después escucha y marca con (C) las frases en condicional y con (F) las frases en futuro.

b *Escucha otra vez las frases en condicional. ¿Cuáles significan un deseo[1] (D), cuáles una suposición[2] (S), cuáles una posibilidad (P)? Completa tu lista.*

[1] el deseo: Wunsch
[2] la suposición: Vermutung

ACTIVIDADES

9 **Conócete a ti mismo**

a *Elige tres situaciones y aconseja a estas personas.*

Ejemplo:

> Encuentras una billetera con 3.500 euros en la calle. ¿Qué harías?

> Me gastaría todo el dinero.

> La llevaría a la policía.

> Buscaría el número de teléfono del dueño y lo llamaría.

1. Luis Alberto se enamoró de Elena, pero tiene miedo de hablar con ella.
2. Luisa estudia alemán en el cole. Pero es dificilísimo.
3. A Carlos y a Mauricio les gustaría salir de noche. Pero siempre tienen que volver a casa a las diez.
4. Carmen y su amiga Viviana tuvieron una discusión y no se hablan desde hace una semana.
5. No sé qué hacer este finde.
6. Queremos ir de vacaciones con un amigo, pero nuestros padres no nos dejan.
7. Me han robado mi billetera.

b *Elige una situación de* a *e inventa una historia.*

10 **Una utopía**

Elige cuatro situaciones e imagina cómo sería la vida sin una de estas cosas.
¿Sería un mundo mejor? ¿Qué harías? ¿Cómo vivirías?
Utiliza el condicional.

sin radio

sin familia

sin animales

sin aviones

sin amigos

sin tele

sin móvil

sin internet

sin vacaciones

sin música

sin profesores

sin chocolate

sin ordenador

sin coches

sin notas

sin SMS

sin ...

1 B
CACIQUE COLÓN

América 1492:
Hay muchas culturas diferentes en todo el continente:
5 En México continúa reinando el quinto sol. Los aztecas esperan a algunos dioses blancos que están por llegar.
10 Los mayas (en América Central) y los incas (en los Andes) son expertos en las matemáticas y en la agricultura.

Icoat

España 1492: 15
Por un lado, el poder de España sigue creciendo al unirse Castilla y Aragón. Por otro lado, los musulmanes salen per- 20 diendo después de luchar ocho siglos contra los cristianos. Colón lleva siete años preparando su viaje al oeste: se queda 25 mirando al mar y sigue soñando con encontrar otra ruta a la India.

Bernal

México 1517: Mira, éste es Icoat, un hombre azteca, y éste es Bernal, un español de Extremadura.
30 Uno habla náhuatl y el otro castellano. Bernal conoce el caballo, el hierro y la naranja, mientras que Icoat sabe preparar xocolatl*, come tomatl*, y conoce el chicle*.

Cada uno viene de un pueblo con una historia y una cultura antigua. Hasta encontrarse en México en 1517 el uno no sabía nada del otro. Por no hablar una lengua común, al principio no se entienden, quizás no quieren entenderse. Pero una cosa es cierta: nada será igual después de este encuentro.
35 En pocos años mueren miles de hombres, desaparecen culturas para siempre y hasta el siglo XIX los españoles son dueños del continente.

Todo esto empieza un día de octubre de 1492 en una playa del Caribe … Bueno, quizás no fue exactamente así, pero casi:

¡Los veo llegar – se están acercando!

1.

¡Tierra, tierra! Yo fui el primero.
Don Cristóbal, ¡la moneda de oro es para mí!

Los españoles creen que están en la India. Al llegar no encuentran oro – … sólo un poco. Por eso Colón va navegando de isla en isla y en diciembre del año 1492 llega a una de ellas (hoy Cuba):

Bienvenido, cacique*.

2.

Cristóbal Colón, mucho gusto.

3. ¿Cacique? ¡Colón!

¡Qué gordos! ¿Tendrán mujeres?

¡Qué guapas las chicas!

4. Luis, ¿puedes traducir un par de cosas?

Claro, jefe, pero ¿a qué lengua?

5.

Yo qué sé … estamos en la India, ¿verdad? ¿Cómo se llama ése? Parece ser el jefe …

¡Cacique!
¡CA-CI-QUE!

6.

Creo que dice que tú eres nuestro cacique – ¡qué divertido! ¡Cacíque Colón!

No te hagas el gracioso, Luis. O te voy a quitar este tabaco.

¡Qué suerte! Parece que no nos quieren matar.

7.

¿Y por qué no nos quedamos aquí para siempre? Ya llevamos tres meses viajando y la verdad es que me sigue gustando.

¡Y a mí! El calorcito en diciembre, ningún estrés en navidad, la hamaca*, las canoas* y por la noche una barbacoa* … parece pensión completa. Antes de volver a España voy a hacer un curso de taíno.

¡Pero qué estáis diciendo! ¡Sabiendo que hay oro!

¡Con el oro nos hacemos unos piercings!

¡OJO!

* palabras españolas de origen taíno

el cacique
la hamaca
la canoa
la barbacoa

Algunos años más tarde, en México …

8.

¿Qué vamos a comer hoy? Los tom-atl* de ayer se han puesto malos, pero los a-gua-catl* están riquísimos todavía.

¡Hombre! – el xo-co-latl es tan picante que me hace llorar. ¡A mí - un hombre de Mérida!

¡Del xo-co-latl* ni hablar!

¡OJO!

* palabras náhuatl …	… y en español
xocolatl	el chocolate
tomatl	el tomate
chicle	el chicle
aguacatl	el aguacate

COMPRENDER

1 **España y América**

a *Describe los dos mundos: ¿En qué son diferentes?*

b *Habla del cómic:*

Los españoles Los taínos	no	son curiosos tienen miedo entienden a los demás están contentos …	porque …

1 B

PRACTICAR

2 **Al salir de clase** ▷ RESUMEN 3

Uno/-a continúa contando la historia (ver la primera frase abajo), escribe la segunda frase en un papel y se lo da a su compañero/-a. Éste / Ésta continúa e imagina otra frase.
Utilizar cuando sea posible: al, hasta, antes de, después de, por *+ infinitivo.*
También podéis utilizar algunos de los verbos siguientes:

traer	enseñar	gritar	venir
tomar el pelo a alguien		aburrirse	
encantar	no tener ni idea	sorprender	ver
darse cuenta de (que)		probar	entrar

Al entrar en la clase,
el profesor ve a los niños
gritando.
…

3 **Comidas y bebidas**

a *Escribe todas las comidas y bebidas que conoces en español en un mapa mental[1].*

Tomate

comidas

…

bebidas

1 el mapa mental: Wörternetz
2 la adivinanza: Rätsel

b *Haz adivinanzas[2] para tus compañeros.*

Ejemplo:

Es rojo y con él puedes preparar
una salsa ¿Qué es?

¡El tomate!

LERNTIPP

Zur Umschreibung von Wörtern kannst du Oberbegriffe benutzen und Attribute oder Relativsätze, die charakteristische Eigenschaften benennen.

¿TE ACUERDAS?

4 Seguimos soñando
*Utiliza un verbo con gerundio
para completar la frase.*

1.

continuar	viajar
estar	charlar
llevar meses	mirar
quedarse	decir
seguir	jugar

+

Aunque el cacique quiere decir algo
importante, todos [¿] .

2.

3.

El niño es tan gracioso que todos [¿] .
Y él, muy tranquilo, [¿] .

Pero ¿qué [¿] ? Aunque [¿] , no queremos
volver a España todavía.

ACTIVIDADES

5 Un viaje en el siglo XVI
Imaginar argumentos y eslóganes para un viaje al Caribe o a América Latina … ¡en el siglo XVI!

1 C

MI PRIMER AÑO EN ESPAÑA

Vinieron de todo el mundo. Por dinero, por amor, por azar, porque sí. Cuatro testimonios de latinoamericanos que cuentan sus primeros días en España:

5 Nunca había visto la nieve. Fue el 4 de enero pasado cuando pisé España y mi marido me esperaba
10 en el aeropuerto. Nos habíamos enamorado y casado meses antes en Cuba pero su trabajo nos separó
15 hasta entonces. Los primeros días fueron muy alegres, siempre entre amigos, pero no me gusta este país, estoy aquí sólo por amor. Me he dado cuenta de que aquí se puede tener lavaplatos, una casa bonita … pero se vive
20 para trabajar […], mientras en mi país se fomentan más las relaciones humanas. […] Mi sueño es volver a Cuba con mi marido.
■ *Greisi Sivila Vera, 24 años, Cuba*

Llegué a España en
25 1992 – es decir, 500 años después –, y parece que fue ayer. Vine por azar, porque estaba en
30 Venezuela escribiendo una telenovela y unos señores me propusieron hacer lo mismo para la televisión gallega. ¡Imagínate!, nosotros,
35 que a los españoles los llamamos gallegos. Pero aquello se quedó en nada, y me quedé en Caracas […]. A los dos meses me llamaron de nuevo de Galicia y acepté venir por 20 días, que se han convertido en más
40 de ocho años que han transformado mi vida. Aquí encontré la sorpresa de aprender un idioma dentro de mi idioma. Y me sorprendió el sentido del humor de los españoles.
■ *Boris Izaguirre, 35 años, Venezuela*

Llegué en tren a
45 Madrid en un día gris. Tenía 27 años. Me recogió Carlos, otro exiliado. Ambos
50 habíamos salido de Argentina obligados por los militares. El miedo y la tristeza marcaban mi vida.
55 Encontré trabajo en una familia española, que había perdido un hijo. Me trataron como a una hija. El primer año pasó rápido, recordando lo dejado y descubriendo lo nuevo. […] He tenido una hija en Madrid.
60 Me he ido quedando en España, no sé si lo he elegido o si la situación lo ha hecho por mí.
■ *Susana Frigerio, 49 años, Argentina*

Mi padre vino a España hace 15 años
65 y yo me quedé con mi madre en Perú hasta que murió mi abuelo hace cinco años. Entonces
70 vinimos todos. Al llegar a este país vi algo que me hizo mucha gracia: un
75 grupo de punkis. Nunca había visto nada igual y me dio risa. El primer año me acordaba mucho de mi casa y mis amigas, hasta que conocí a María, Mari, Sara y Rocío, que me enseñaron a contestarle mal
80 a la gente que se metía conmigo. Recuerdo mi primer día de clases: estaba asustadísima porque no conocía a nadie; además había niños que no me miraban con buenos ojos. Ahora tengo mi pandilla y me
85 gusta estar aquí, aunque me acuerdo mucho de mi país. No sé qué quiero ser de mayor, pero se me da bien el dibujo, la biología y la geografía.
■ *Gladys Ordóñez, 16 años, Perú*

en: El País Semanal (2000)

COMPRENDER

1 **¿Por qué vinieron?**
a *Los que hablan vienen de cuatro países latinoamericanos. ¿Por qué fueron a España?*
b *¿Qué les llamó la atención en España?*
c *¿Cómo se sienten? ¿Por qué? Busca ejemplos en el texto.*

2 **Muchas preguntas**
Haz preguntas sobre el texto. Tus compañeros/-as tienen que contestarlas.

Ejemplo: Llegó a los 27 años. ¿Quién es? – Es Susana.
Vio algo que le hizo mucha gracia. ¿Qué fue? – …

DESCUBRIR

3 **Los pretéritos** ▷ RESUMEN 4
Schlagt im Resumen den Gebrauch der Vergangenheitszeiten nach.
Arbeitet dann in vier Gruppen weiter: Jede liest einen Textabschnitt und sucht Beispiele für eine oder mehrere der Erläuterungen. Stellt eure Ergebnisse den anderen Gruppen vor.

4 **¿Te acuerdas?**
Busca en la página 68 todos los verbos que tienen una forma irregular del participio (perfecto, pluscuamperfecto) o una forma irregular del pretérito indefinido. Haz una lista de estos verbos. ¿Cómo son los infinitivos?

PRACTICAR

5 **¿De quién están hablando?**
Escucha: Los tres hablan de tres de los cuatro latinoamericanos del Texto B. ¿De quién?

6 **Un español cuenta** ▷ RESUMEN 4
Completa el texto con los verbos en el pasado. Utiliza el pretérito imperfecto, perfecto, indefinido y pluscuamperfecto.

Cuando (llegar) a Remscheid, en 1971, ya (vivir) muchos españoles aquí. (Venir) unos años antes, y todos (ser) de la provincia de Salamanca. Bueno, en 1974 (casarme) con Belén, a la que ya (conocer) en Salamanca, antes de venir aquí. Dos años más tarde (tener / nosotros) el primer hijo, Manolo, y en 1978 (nacer) Carmen, nuestra hija. Hace poco nuestro hijo (volver) a España, a Madrid, porque allí (encontrar) un trabajo muy interesante en un banco alemán. Y como (aprender) el alemán en la escuela y en la universidad y también tiene muchos amigos alemanes, habla el alemán tan bien como el español. Pero Carmen, nuestra hija, (quedarse) en Alemania. Ahora vive en Hamburgo con un chico al que (conocer) cuando (estudiar) en Colonia. Él lleva un año trabajando en una empresa, y ella (empezar) a trabajar en un bufete de abogados[1]. Bueno, Belén y yo (quedarse) aquí en Remscheid, ya que tenemos muchos amigos aquí. ¿Que si voy a quedarme aquí para siempre? No lo creo. Este año (comprar) una casita en Tamames, un pueblo donde (vivir) mi mujer hasta que (casarse/nosotros). Su padre (morir) hace tres años, pero su madre sigue viviendo allí.

1 el bufete de abogados: Anwaltskanzlei

1
C

7 **¡En español!** ▶ **RESUMEN 4**
Traduce.

1. Heute bin ich ins Kino gegangen.
2. Als ich gestern Abend nach Hause kam, hatten meine Eltern schon zu Abend gegessen.
3. Wir sahen gerade fern, als das Telefon klingelte.
4. Während ich die Hausaufgaben machte, hörte mein Bruder sehr laut die CD von „Amaral".
5. In diesem Jahr sind wir nach Kuba gefahren, im letzten Jahr waren wir in Spanien.
6. Vorige Woche habe ich Leo getroffen, den ich im letzten Jahr in Costa Rica kennen gelernt hatte.

¡OJO!

con el uso de los pretéritos.

APRENDER MEJOR

8 **Arbeiten mit dem Wörterbuch (II)**
1. Er **fährt** nach Spanien.
2. **Bringst** du mir bitte ein Glas Wasser?

Fahr|·bahn *f* calzada *f*; piso *m*; firme *m*; ⁓**bar** móvil, transportable; **~dienst·lei·ter** *m* jefe *m* de servicio; ⁓**en** <irr 27> 1. *vt* <h> transportar, llevar; (*Last*) acarrear; *auto* conducir, pilotar; *Am* manejar; 2. *vi* <sein> ir; *auto* conducir; circular; *gut (schlecht)* ⁓**en bei** salir bien (mal) las cosas en; ⁓**en lassen** abandonar, dejar correr, renunciar; ⁓**end** (*Ritter*) andante; ambulante; vagante; ⁓*endes Volk* vagabundos *mpl*; gitanos *mpl*;

bringen *vt* <irr 18> (*zum Sprechenden hin*) traer; (*vom Sprechenden weg*) llevar; (*befördern*) transportar; (*begleiten*) acompañar; (*hervor-*) producir; (*Ertrag*) rendir; (*Zinsen*) devengar (*Gewinn*) arrojar; (*Opfer*) hacer; (*Unglück, Glück, Regen*) traer; *die Zeitung hat es gebracht* ha salido en el periódico; *etw an sich ~* apropiarse u/c, adueñarse de u/c; *j-n* apoderarse de u/c; *j-n auf etw ~* sugerir u/c a alg; hacer pensar a alg en u/c; *j-n um etw ~* hacer perder u/c a alg, quitar u/c alg; *es zu etw ~* abrirse camino, hacer carrera; *j-n zu etw ~* determinar a alg a u/c. conseguir de alg que haga u/c; *j-n zum (Schweigen, Sprechen, Lachen) ~* hacer (callar, hablar, reír) a alg; *mit sich ~* (*fig*) llevar consigo, acarrear; implicar; *in Gefahr ~* poner en peligro; *übers Herz ~* ganar sobre sí; *unter die Leute ~* divulgar, poner en circulación; *zu Papier ~* apuntar, escribir

a *Was kann euch helfen aus den angegebenen Möglichkeiten das passende Verb zu finden?*

LERNTIPP

Wenn du nicht sicher bist, ob das gewählte spanische Wort richtig ist, schlage es im spanisch-deutschen Teil nach und prüfe die dort angegebene Übersetzung.

b *Schlage nach und übersetze:*
1. Er fährt gut Auto.
2. Könntest du das Buch in die Bibliothek bringen?

ACTIVIDAD

9 **La primera vez**
Elige una situación y cuenta tú:

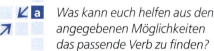

el primer día de clases,
el primer año en …,
la primera vez que fuiste
a España o a otro país

Algo que me hizo gracia: …
Me sorprendió …
Me dio risa …
Me he dado cuenta de que …
Nunca había visto | + *sustantivo*
algo igual

EMIGRANTES

¡Eh!, dicen que …, dicen que se fue pa' Europa.
Y cuando llegó, ¡ja!: tremenda desilusión.
Díselo tú, Ruzzo, ponle.

Rock your ear, lo que te digo aquí es bien «real» fácil.
5 Sólo se trata de vivir, comprender, resistir
como ave fénix en jaula de oro: revivir.

¡Yo!, no ha sido fácil representar en un año
las inferencias y penurias de este lado del continente
colonizado, explotado, marcado, o apretado.

10 Triste el hombre que ha dejado atrás
su sol, su gente, su camisa.
Sin pensar tan lejos cambia todo
y la nostalgia te hace trizas.

Soy yo quien recoge lo que tú no comes.
15 Soy yo quien dejando mis cojones construyo tu esperanza.
¡Puta balanza no te pones nunca de mi lado!
Tengo un hermano peruano, otro chicano,
un chileno, un colombiano, un chino, un afroamericano.
He construido con mis propias manos
20 ciudades, pueblos, lugares
me has colonizado y ahora discriminas tú mi raza.

Triste el hombre que …

Entiende: ¿Qué fue lo que pasó?
Intentar respuesta es un error.
25 Partió sin más encima que un adiós.
Se fue sin ton ni son
a buscar un paraíso y encontró desilusión.

¡Estoy cantando pa' mi gente!

Esos que llaman emigrantes
30 son personas comunes corrientes.

¡Oye mi gente!

Por tener otro color, otra forma de pensar,
dos culturas diferentes yo no me puedo quedar.

¡Estoy cantando pa' mi gente!

35 Esos que llaman emigrantes
son personas comunes corrientes

¡Oye mi gente!

Se lo canto a mi madre buena.
Míralo qué lindo suena.

40 ¡Estoy cantando pa' mi gente!

Esos que llaman emigrantes
son personas comunes corrientes.

¡Oye mi gente!

pa' mi gente
45 pa' mi gente

¡Estoy cantando pa' mi gente!

Triste el hombre que ha dejado atrás
su sol, su gente, su camisa.

¡Estoy cantando pa' mi gente!

50 Sin pensar tan lejos cambia todo
y la nostalgia te hace trizas.

¡Estoy cantando pa' mi gente!

Orishas

COMPRENDER · ACTIVIDADES

1 **Ilusiones**
¿En qué parte de la canción se dice esto?

1. Los emigrantes se van sin nada. Sueñan con un paraíso pero la realidad es otra.
2. Los emigrantes dejan atrás su país, su familia, sus amigos, su lengua.
   No se imaginan que todo va a ser diferente y que van a echar mucho de menos su país.
3. La vida en Europa es más difícil de lo que se habían imaginado los emigrantes.
4. Las personas que tienen que emigrar son personas como tú y yo.
5. Esta canción es para su madre (patria) y suena muy bonita.
6. El autor ve la misma situación para emigrantes de otros países. Todos trabajan mucho,
   ganan poco y se sienten discriminados.

1
D

2 **El ritmo, el lenguaje, el tema**

a *Mira las líneas 14 a 21: ¿Quién es «yo»? ¿Quién es «tú» en esa canción?*

b *Busca en el texto un ejemplo de:*

> el estribillo*   la lengua cotidiana*

> un verso* / una estrofa* / una frase fácil o difícil de entender   una metáfora*

c *El emigrante en la canción: ¿Es una imagen optimista* o pesimista*?*
Busca ejemplos en el texto.

3 **Orishas**

Escucha el texto sobre el grupo «Orishas»
y contesta las preguntas.

1. ¿De qué país es el grupo?
2. ¿Cómo se llama su segundo disco?
3. Su música es una mezcla de ritmos cubanos con otro ritmo. ¿Cuál?
4. ¿Cómo es el lenguaje de sus canciones?
5. ¿De qué hablan?
6. ¿Dónde empezó todo?
7. ¿Cuál era la música que más les gustaba?
8. ¿Dónde viven ahora?

4 **Me encanta**

Buscar información sobre un grupo español o latinoamericano que conocéis (por lo menos de nombre) para presentarlo en clase. Si no conocéis ninguno, preguntar a vuestro/-a profesor/a o buscar en la red. Cada uno del grupo es un experto que busca información en internet o en una revista o en un libro sobre:

> **1. las personas:** nombres, de dónde son, edad, cómo se formó* el grupo …

> **2. su música:** los instrumentos* que tocan, estilo*, ritmo, conciertos …

> **3. una canción** para presentarla con un pequeño análisis* de la letra

Podéis utilizar:

| La canción El poema* | consta de* | versos (libres)* rimas* estrofas* un estribillo* | El autor* utiliza | símbolos* metáforas* imágenes* … |

| El lenguaje | escrito / hablado difícil / fácil de entender crítico* complejo* cotidiano* … | El ritmo La música | tradicional moderno/-a hiphop* / rap* … marchoso/-a lento/-a* clásico/-a* |

* Die Worterklärungen findet ihr auf den Seiten 86–89.

REPASO

1 ¿Qué preferirías?

Trabajad en parejas. Utiliza el condicional y pregúntale a tu compañero/-a. Él / Ella contesta y después te pregunta a ti.

1. Ir a un concierto de rock o ver una película en la tele.
2. Comprar una bicicleta nueva o ahorrar el dinero.
3. Trabajar para vivir o vivir para trabajar.
4. Pasar un fin de semana en la playa con amigos o ir a visitar a los abuelos.
5. Salir por la noche o estudiar para un examen.
6. Visitar Macchu Picchu o hacer un viaje por México.
7. Después del bachillerato, vivir en casa de tus padres o buscarte un piso.
8. Tener un perro o comprar un caballo.
9. …

2 Cristóbal Colón y la conquista del Nuevo Mundo

¿Pretérito imperfecto, indefinido o pluscuamperfecto?
Completa el texto en tu cuaderno.

Cristóbal Colón (*querer*) encontrar una nueva ruta por mar para llegar a Asia desde Europa. Colón (*saber*) que la Tierra no (*ser*) plana, lo que la mayoría de la gente (*creer*) en aquella época, sino redonda. Por eso Colón (*tener*) una meta: navegar hacia el oeste para llegar al este. Sin embargo Colón no (*saber*) que entre Europa y Asia (*haber*) otro continente …

5 Colón (*llegar*) al Nuevo Mundo en 1492. Al principio, los europeos (*creer*) que estos nuevos territorios (*ser*) muy ricos. Colón (*pensar*) que (*llegar*) al paraíso porque la gente y la tierra (*ser*) muy bellas. Sin embargo, algunos conquistadores pronto (*decidir*) que los indios no (*tener*) alma y (*empezar*) a explotarlos tratándolos muy mal.

l. 1 **Asia:** Asien l. 2 **plano/-a:** flach l. 3 **redondo/-a:** rund; **la meta:** Ziel; **el oeste:** Westen; **el este:** Osten l. 6 **el paraíso:** Paradies l. 8 **el alma** f.: Seele l. 8 **explotar a alg.:** jdn. ausnutzen

3 Dilo en español

¿Cómo decir estas frases en español?

¡OJO!

Viele Ausdrücke lassen sich nicht Wort für Wort übertragen.

a Normalerweise verstehen sich Sonia und Merche sehr gut, obwohl Merche ziemlich dickköpfig ist. In den Ferien will sich Sonia amüsieren. Zu Hause will sie keinen Handschlag tun. Deswegen hat sie manchmal furchtbar Krach mit ihrer Mutter.

b Lisa ist 16 und will dieses Jahr das erste Mal auf eigene Faust nach Spanien fahren. Das Gute ist, dass sie dieses Jahr gute Noten in Mathe und Physik hat, das Schlechte, dass ihre Eltern nicht einverstanden sind.

FACULTATIVO ▪ FACULTATIVO ▪ FACULTATIVO ▪ FACULTATIVO ▪ FACULTATIVO ▪ FACULTATIVO ▪ FACULTATIVO

4 **Hacer una entrevista: Solicitud de empleo**[1]

Trabajad en parejas, elegid uno de los anuncios y preparad un juego de roles: Uno/-a es la persona que hace la entrevista, el/la otro/-a es la persona que solicita el empleo.

Se busca chico/chica para
prácticas (julio/agosto)
en periódico regional[2].

● ● ● ● ● ● ● ● ● ●

Tlf. 34-953-78 35 47

Internet

**Centro cultural
busca joven que
haga cursos de
Internet para
personas de la
tercera edad.**

Tlf. 34-952-34 56 91

Au Pair

Se necesita chica o chico au pair
para 3 niños (2, 5, 7 años)
que hable alemán.

Tlf. 34-951-43 24 78

1 la solicitud de empleo: Bewerbung
2 el periódico regional: Lokalzeitung

la persona que hace la entrevista
– pide información personal
– pregunta qué conocimientos y experiencias tiene el / la chico/-a
– explica cómo funcionaría el trabajo

el chico/la chica que solicita el empleo
– dice por qué se interesa por el empleo
– cuenta las experiencias que tiene
– pregunta cómo sería el trabajo

5 **Escribir una carta: Solicitud de empleo**

Elige uno de los anuncios del ejercicio 4 y escribe una carta de solicitud con un Currículum Vitae (CV).

LERNTIPP

La carta de solicitud
(máximo 1 página)

– direcciones y fecha

– saludo[3]

– ¿por qué quieres trabajar allí?

– despedida[4] y firma[5]

– anexo(s)

– …

El Currículum Vitae (CV)

– datos personales[6]

– educación/formación escolar

– experiencias

– otras cosas que sabes o que te interesan

– foto

3 el saludo: Gruß
4 la despedida: Verabschiedung
5 la firma: Unterschrift

6 datos personales: Angaben zur Person

RESUMEN

PARA COMUNICARSE

einen Grund angeben	Por (no hablar la lengua del otro) … (Vinieron) por (amor), por (azar), porque sí.
Eindrücke wiedergeben	Me hizo mucha gracia. / Me dio risa. / Me he dado cuenta de que … / Me sorprendió …
Nicht gern gesehen sein (idiom.)	No (me) miraban con buenos ojos.

GRAMÁTICA

1 La oración impersonal · Unpersönliches „man"

En el Imperio Inca **se hablaba** <u>quechua</u>.
Se construyeron <u>carreteras</u> por todo el territorio.

Das Verb steht im Singular oder Plural,
je nach Objekt des spanischen Satzes.

2 El condicional · Das Konditional

llegar / crecer / vivir

llegar-	ía	íamos
crecer-	ías	íais
vivir-	ía	ían

Die Endungen werden an den Infinitiv
angehängt.

❗ decir:	**dir**ía	❗ haber:	**habr**ía
❗ poder:	**podr**ía	❗ querer:	**querr**ía
❗ tener:	**tendr**ía	❗ salir:	**saldr**ía
❗ saber:	**sabr**ía	❗ hacer:	**har**ía
❗ venir:	**vendr**ía	❗ poner:	**pondr**ía

Dieselben Verben, die unregelmäßige
Futurformen haben, sind auch im
Konditional unregelmäßig.

¿**Podrías** explicármelo? **Querría** hacer algo.
Me **gustaría** hacer algo.

Im Hauptsatz drückt der Konditional eine
Möglichkeit aus. Es wird vor allem verwendet
für eine höfliche Bitte oder einen Wunsch.

3 Preposiciones con infinitivo · Präpositionen mit Infinitiv

Antes de empezar el viaje habló con los Reyes.
Después de viajar siete semanas llega a una isla.
Al llegar no encuentra oro.
Por no encontrar oro, continúa su viaje.
Hasta volver a España van a pasar muchas semanas.

Präpositionen mit Infinitiv können
Nebensätze verkürzen.

Cuando llega … **Como** no encuentra …
Hasta que vuelva …

4 Los tiempos del pasado · Die Vergangenheitszeiten

El primer año **pasó** rápido. … **He tenido**
una hija y me **he quedado** aquí.

El primer año me **acordaba** mucho de mi país,
hasta que **conocí** a María que me **enseñó** a
contestarle mal a la gente que se **metía** conmigo.

Oft hängt die Verwendung der Vergangenheitszeiten davon ab, welche Bedeutung
der Sprecher dem Ereignis beimisst:
pretérito indefinido: das Ereignis ist
abgeschlossen; **pretérito perfecto:** es hat
Auswirkung auf sein jetziges Leben;
pretérito imperfecto: es bildet den Rah-
men für eine Beschreibung, eine Handlung.

DESTREZAS

LAS GRANDES CULTURAS PRECOLOMBINAS

LOS AZTECAS

En el año 1345, la tribu azteca, procedente del norte, se desplazó hacia el centro de México. Allí fundó Tenochtitlán e impuso su dominio a las demás tribus de la
5 zona.
El imperio azteca tuvo más de diez millones de habitantes a principios del siglo XVI. Un imperio tan grande necesitaba un gobierno poderoso, por lo que los
10 guerreros cobraron mucha importancia en la sociedad azteca.
Los aztecas escribieron con jeroglíficos sobre un tipo de papel hecho de corteza de árbol. Emplearon la escritura para realizar
15 listas de impuestos, documentos legales y libros de historia. Utilizaban semillas de cacao como dinero. En sus mercados se podía comprar de todo, desde comida hasta esclavos y oro.

l. 2 **procedente de:** que venía de; **desplazarse:** irse; **hacia:** nach l. 4 **imponer:** aquí: durchsetzen; **el dominio:** Reich l. 13 **el papel:** Papier; **la corteza de árbol:** Baumstamm l. 14 **emplear:** utilizar l. 15 **el impuesto:** Steuer; **el documento legal:** amtliche Dokumente l. 19 **el / la esclavo/-a:** Sklave

LOS MAYAS

La civilización maya floreció en la misma época en que el Imperio romano dominaba Europa; entre los años 300 a 900 d.C. Cuando los europeos llegaron a América
5 Latina, en 1492, el imperio maya ya había declinado a causa de las guerras y las invasiones de otros grupos indígenas. Los jeroglíficos que han aparecido nos muestran que los mayas tenían un
10 alfabeto. También sabemos que esta civilización poseía un sistema numérico muy exacto. El calendario maya era más exacto que el empleado en Europa por aquella época.
15 La prosperidad de la civilización maya se basó en la agricultura, especialmente en el maíz. Los mayas utilizaron su riqueza para crear obras de arte y levantar ciudades. Cada ciudad maya constituía un estado con
20 un gobierno y unas leyes propias.

l. 1 **florecer:** blühen l. 3 **d. C.:** nach Christus l. 6 **declinar:** terminar l. 9 **mostrar:** zeigen l. 11 **poseer:** tener l. 15 **la prosperidad:** Reichtum l. 16 **basarse en:** auf etw. basieren l. 18 **levantar:** aquí: errichten l. 19 **constituir:** formar; **el estado:** Staat

LOS INCAS

Hacia el 1100 d.C., los incas de habla quechua llegaron a los Andes procedentes del sur (lago Titicaca) y fundaron la ciudad de Cuzco. Empezaron a conquistar nuevas tierras hasta
5 establecer el imperio más organizado de América Latina hasta el año 1530.
Los incas emplearon unos sistemas de cuerdas y nudos llamados *quipus,* en lugar de un alfabeto. Desconocemos el código que
10 empleaban, pero el sistema funcionaba muy bien para los incas.
Originariamente, el título de *Inca* se otorgaba al emperador, que era, según las creencias del

pueblo inca, el hijo del Sol, su dios más
15 poderoso. Los oficiales del Inca viajaban por todo el imperio para vigilar los clanes y mantener informado al emperador.
En la sociedad inca todos tenían que trabajar, pero nadie recibía un salario. Los niños, por
20 ejemplo, ayudaban a proteger las cosechas ahuyentando a los pájaros. Tenían además enormes graneros para el maíz y las patatas, que se repartían luego entre todos.
A los artistas se les respetaba tanto que, en
25 vez de pagar impuestos, se daban algunas de sus obras al pueblo.

l. 5 **establecer:** etw. etablieren l. 7 **la cuerda:** Seil l. 8 **el nudo:** Knoten; **en lugar de:** anstatt l. 9 **el código:** Code l. 12 **originariamente:** ursprünglich; **otorgar:** vergeben l. 13 **la creencia:** del verbo creer l. 16 **vigilar:** aufpassen; **un clan:** aquí: una familia l. 17 **mantener informado/-a:** dar información l. 19 **el salario:** el dinero que se gana por trabajar l. 20 **la cosecha:** Ernte l. 21 **ahuyentar:** verscheuchen l. 22 **enorme:** muy grande; **el granero:** Scheune

© Ana María Machado, *Exploradores y aventureros en América Latina,* 1995 (texto abreviado)

PRIMER PASO: TRABAJAR EL VOCABULARIO DEL TEXTO

1 *¿Qué significan las siguientes palabras?*
Explica en alemán.

a   Los **jeroglíficos** nos muestran que los mayas
tenían un alfabeto.
b   Utilizaban **semillas** de cacao como dinero.
c   Los incas de **habla** quechua llegaron a los Andes.
d   Los **oficiales** del Inca viajaban por todo el imperio.

LERNTIPP

Hilfen beim Erschließen unbekannte
Wortschatzes bieten dir
- der Kontext, in dem das Wort steht,
- ähnliche Wörter, die du aus anderen
Sprachen kennst,
- spanische Wörter aus
derselben Wortfamilie.

2 *Elige uno de los siguientes temas y busca el vocabulario*
correspondiente en el texto. Organiza tus palabras en un
mapa mental[1] y complétalo con otras palabras que ya conoces.   1 el mapa mental: Wörternetz

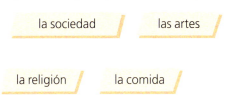

SEGUNDO PASO: TRABAJAR EL CONTENIDO DEL TEXTO

Formad dos grupos. El grupo A trabaja los textos y las ilustraciones sobre los mayas y los aztecas,
el grupo B los textos y las ilustraciones sobre los incas.

3 *Leed el texto. Si hay información sobre uno de los siguientes aspectos[2], apuntadla.*

2 el aspecto: Aspekt

LERNTIPP

Beim Exzerpieren eines Textes genügen
stichpunktartige Notizen. Manchmal ist es
sinnvoll, dafür statt der
Formulierungen des Textes
eigene Worte zu verwenden.

4 *Buscad más información sobre vuestro*
tema en los demás textos del módulo 1 y
completad vuestros apuntes.

 **5** *Resumid lo más importante en alemán para un/a amigo/-a que no habla español.*

TERCER PASO: SABER MÁS SOBRE EL TEMA

 Buscad más información sobre vuestro tema en el Pequeño Diccionario de Cultura y Civilización,
en un libro (de historia o geografía) o en Internet y presentadla en clase.

1 BALANCE

EXPRESIÓN ORAL

1 **Yo preferiría a …**
Sois tres estudiantes y vivís juntos/-as en un piso. Hay una cuarta habitación que está libre desde hace poco. Cada uno/-a de vosotros/-as tiene un/a favorito/-a para la habitación.

a *Elige a una persona de las fotos. Será la persona que querrías para que viva en vuestro piso. Inventa su identidad (nombre, edad, de dónde viene, dónde vive, cómo es, qué le gusta hacer, por qué te parece tan simpático/-a etc. Puedes mirar también las palabras en Los Personajes, p.87.*

b *Cada uno presenta a su favorito y convence a los demás de que sería la persona ideal en vuestro piso.*

c *Entre los / las tres, tenéis que tomar una decisión[1].*

[1] tomar una decisión: eine Entscheidung treffen

Tendríamos que
Querría …
Me gustaría …   + infinitivo
Sería ideal …
Podríamos …
Preferiría …

Me gustaría que
Espero que
Me encantaría que
Os aconsejo que
Os recomiendo que
Puede ser que   + subjuntivo

EXPRESIÓN ESCRITA

[2] la reseña: Rezension

2 **Una reseña[2] para la revista del instituto**
Acabas de encontrar el siguiente cómic:

Escribe una reseña para la revista de tu instituto.
En tu reseña …
1. *describirás el cómic y*
2. *explicarás por qué (no) te parece divertido.*

a la derecha / a la izquierda / en el centro / detrás (de) / delante (de) / al lado (de) / debajo (de) / encima (de)

diría que / pienso que / opino que / para mí …

Mond: la luna, rudern: remar
Fernrohr: el catalejo
Stern: la estrella
Wal: la ballena

COMPRENSIÓN LECTORA

3 **La conquista del Perú**

a *Lee el texto.*

LERNTIPP

Lies noch einmal den zweiten Lerntipp auf Seite 29.

El emperador inca Huayna Capac murió poco antes de que los españoles tomaran Perú. Después de su muerte hubo una guerra civil entre sus dos hijos, Huáscar, que
5 controlaba el sur de Perú, y Atahualpa, que controlaba Ecuador. El español Francisco Pizarro (1470–1541) inició su gran expedición a Perú en 1531. Pizarro había estado planeando su expedición durante
10 mucho tiempo porque había oído hablar de la fabulosa riqueza de los incas. Llevó consigo 180 hombres armados y 37 caballos. Atahualpa invitó a Pizarro a reunirse con él. Al llegar a su campamento,
15 Pizarro le mandó un mensajero. Al día siguiente Atahualpa recibió a Pizarro, pero éste capturó al inca.

Para comprar su libertad, Atahualpa ofreció llenar una vez una habitación pequeña de
20 oro y dos veces de plata. Los incas llevaron muchos meses reuniendo este tesoro. Incluso trajeron 700 placas de oro procedentes del Templo del Sol, en Cuzco. Una quinta parte del tesoro era para el rey
25 de España; cada soldado también recibió una cantidad importante. Con todo, Atahualpa no compró su libertad, al contrario: Pizarro lo asesinó. Después de la muerte de Atahualpa, Pizarro conquistó el
30 resto de Perú sin dificultad antes de finales de 1533.

© *Ana María Machado, Exploradores y aventureros en América Latina, 1995, (texto adaptado)*

b *Ordena las frases cronológicamente en tu cuaderno.*

1. Para recuperar la libertad de Atahualpa, los incas tuvieron que buscar oro y plata en todo el imperio.
2. En 1531 llegó a Perú con muchos soldados y caballos.
3. Los españoles lo tomaron todo, pero luego asesinaron a Atahualpa.
4. Según lo que decía la gente, había inmensas riquezas en Perú.
5. Por eso Pizarro quiso conquistar Perú.
6. El inca Atahualpa quiso encontrarse con Pizarro en paz, pero éste lo capturó.
7. Se lo dieron todo a los españoles.

MEDIACIÓN

4 **Preparar una fiesta de instituto**

Bettina und ihr Schulkamerad Matthias helfen dabei, ein Schulfest am 30. Januar vorzubereiten. Sie hat eine Nachricht von Matthias bekommen und erzählt alles ihrer spanischen Freundin Sonia per E-Mail. Schreibe die E-Mail an Sonia!

Hallo Bettina,
morgen nach der Schule treffen wir uns mit den anderen aus der 10c, um das Schulfest vorzubereiten: wir haben nur noch 3 Wochen Zeit! Wir kümmern uns um das Essen und die Getränke, die anderen drei Gruppen organisieren die Musik und die Disko, die Spiele am Nachmittag für die jüngeren Schüler und die Tombola. Komm nicht zu spät, wir haben viel zu tun, Matthias

NUESTRA AMÉRICA

Se dice que el continente latinoamericano es un continente mestizo porque tiene raíces europeas, indígenas y africanas. ¿Cómo llegaron los africanos a esta parte del mundo? Algunos llegaron ya en los primeros viajes de conquista. Por otra parte, la población indígena disminuyó rápidamente. Los españoles trajeron enfermedades hasta entonces desconocidas en aquella región y trataron tan mal a los indígenas que en muy poco tiempo, murieron millones de ellos. Por ejemplo, en las Antillas la extinción de los indígenas fue total.

Así los españoles empezaron a «importar» a millones de africanos sobre todo al Caribe, para hacerlos trabajar en los campos de azúcar. Hubo menos esclavitud en México y en Perú – donde al esclavo negro se le hizo trabajar en las minas – y apenas existió en el Cono Sur.

A través de toda la historia de las Américas, el elemento africano siempre ha tenido una influencia importante en la economía y la cultura ya que los africanos trajeron su religión, música y su cocina. Hoy, esta herencia está presente no solamente en las islas del Caribe, sino también en las costas caribeñas de América Central, de Colombia, de Venezuela, en el noreste de Brasil y en la Costa Pacífica de Perú y de Ecuador. Autores como el poeta cubano Nicolás Guillén utilizan elementos españoles y africanos en su poesía para mostrarnos la fusión entre personas y culturas que hoy forman este continente.

BALADA DE LOS DOS ABUELOS

Sombras que sólo yo veo,
me escoltan mis dos abuelos.
Lanza con punta de hueso,
tambor de cuero y de madera:
5   mi abuelo negro.
Gorguera en el cuello ancho,
gris armadura guerrera:
mi abuelo blanco.

Pie desnudo, torso pétreo,
10   los de mi negro;
pupilas de vidrio antártico,
las de mi blanco.

[…]

¡Qué de barcos, qué de barcos!
¡Qué de negros, qué de negros!
15   ¡Qué largo fulgor de cañas!
¡Qué látigo el del negrero!
Piedra de llanto y de sangre,
venas y ojos entreabiertos,
y madrugadas vacías,
20   y atardeceres de ingenio,
y una gran voz, fuerte voz,
despedazando el silencio.
¡Qué de barcos, qué de barcos,
qué de negros!

25   Sombras qué sólo yo veo,
me escoltan mis dos abuelos.

Don Federico me grita,
y Taita Facundo calla;
los dos en la noche sueñan,
30   y andan, andan …
Yo los junto.
- ¡Federico!
¡Facundo! Los dos se abrazan.
Los dos suspiran. Los dos
35   las fuertes cabezas alzan,
los dos del mismo tamaño,
bajo las estrellas altas;
los dos del mismo tamaño,
ansia negra y ansia blanca;
40   los dos del mismo tamaño,
gritan, sueñan, lloran, cantan, cantan.
Sueñan, lloran. Cantan.
Lloran, cantan.
¡Cantan!

Nicolás Guillén

1 Analiza y explica el final del poema de Nicolás Guillén (l. 31–45).
2 Trabajar en dos grupos y buscar información sobre dos regiones de América Latina, el Caribe y el Cono Sur: datos importantes de la historia, los habitantes: su origen, idiomas …

http://www.carilat.de

http://www.argentinische-botschaft.de

ESPAÑA

2

■ **Monarquía parlamentaria**
El jefe de Estado es el Rey Juan Carlos I.
A propósito:
¿Qué otros países europeos son monarquías?

EL REY

LA CONSTITUCIÓN

■ **La Constitución**
Aprobada el 6 de diciembre de 1978, ese día es día festivo en España.
A propósito: ¿Cómo se llama la constitución en tu país y de qué año es?

- Elecciones legislativas
- Cortes Generales

- 350 diputados en el Congreso
- 208 senadores en el Senado
- 48 representantes de las Comunidades Autónomas (CCAA)

- Gobierno
- Presidente
- Vicepresidente
- Ministros

Los diputados y los senadores son elegidos cada cuatro años.

A propósito: ¿Cómo se llama el jefe del Gobierno de España? ¿Y el de tu país? ¿Cómo se llama el Parlamento en tu país?

- Elecciones autonómicas
- 17 Comunidades Autónomas

- 1169 diputados de 17 CCAA

- Gobiernos autonómicos
- 17 presidentes de CCAA

Desde el año 1983 España está organizada en 17 Comunidades Autónomas y dos Ciudades Autónomas (Ceuta y Melilla en la costa de África).
Cada Comunidad Autónoma tiene su propio gobierno, parlamento y administración.

- Elecciones municipales
- Ayuntamientos

- 85.572 concejales

- 8104 alcaldes

Cada Comunidad Autónoma tiene una o más provincias. Andalucía, por ejemplo, tiene 8. En total son 50. En las 50 provincias existen algo más de 8000 municipios.

España tiene 504.750 km^2. A propósito: ¿Cuál es el país más grande de la Unión Europea?

¿Con qué estructuras en tu país se pueden comparar las Comunidades Autónomas y las provincias? España tiene unos 40 millones de habitantes. ¿Qué países de Europa tienen menos habitantes? España tiene varias Comunidades Autónomas bilingües. ¿Puedes nombrar alguna? ¿Qué otras regiones bilingües conoces en Europa?

COMPRENDER

1 **Datos y números**
Relacionar los datos y números con el texto.

17   1983   48   8.000   40 millones
350   6/12/1978   208   50

PRACTICAR

2 **Comunidades Autónomas y provincias**
a *Mirar el mapa de España y contestar.*

1. ¿Cuál es la Comunidad Autónoma más grande?
2. ¿Cuál es la más pequeña?
3. ¿De qué Comunidad Autónoma es capital Toledo?
4. ¿Santiago de Compostela es la capital de …?
5. El río Ebro pasa por seis Comunidades Autónomas. ¿Cuáles son?
6. La Costa Blanca forma parte de una sola comunidad. ¿Cuál es?
7. ¿Qué Comunidades Autónomas limitan con[1] Francia?
8. ¿Y con Portugal?

[1] limitar con: grenzen an

b *Cada grupo imagina más preguntas y se las hace a los demás en la clase.*

SUEÑOS Y PESADILLAS

LA SEGUNDA REPÚBLICA ■ ■ ■

Las elecciones de 1931 las ganaron los republicanos, y el rey – el abuelo del rey Juan Carlos – fue enviado al exilio. Era necesario
5 que el nuevo gobierno empezara con las reformas más urgentes para que España diera los primeros pasos hacia un estado moderno: la reforma agraria, definir el papel de la religión (y, por lo tanto, de la iglesia católica) en la República,
10 la educación libre para todos y el estatuto de autonomía para Cataluña. El principal problema en España era la situación en el campo (sobre todo en Andalucía) donde reinaba la pobreza ya que uno no podía sostener a su familia.
15 Sin embargo, esas reformas tan necesarias fueron combatidas por todos los que no querían que España cambiara: los militares,
20 los terratenientes, la iglesia y los que defendían el poder central de Madrid.

¡NO PASARÁN! ■ ■ ■

25 El 18 de julio de 1936 el general Francisco Franco y otros militares pusieron fin – con un golpe de Estado –
30 a una época bastante liberal, pero también llena de conflictos, y el país entró en una guerra civil. «No pasa-
35 rán» decían durante la guerra todos los que no querían que el país se convirtiera en una dictadura. El 1 de abril de 1939 Madrid dejó
40 de ser la capital de la República, y la guerra terminó con 650.000 muertos y 300.000 exiliados.

ESPAÑA ES DIFERENTE ■ ■ ■

Vivir en España en los años 50
45 y 60 significaba vivir bajo la dictadura de Franco. Entonces el gobierno quiso dar una imagen atractiva de España a los primeros turistas con la frase famosa: «España es diferente». A los turistas les
50 encantaba que España les abriera sus puertas. Los españoles de entonces empezaban a soñar con un futuro mejor, pero no aceptaban que no los dejaran votar u opinar libremente. A los jóvenes les importaban otras cosas: No les gustaba que
55 sus padres tuvieran que darles permiso para viajar a cualquier país o que las autoridades quisieran prohibir un concierto de los Beatles.

LA TRANSICIÓN ■ ■ ■

El símbolo de la transición es el rey Juan Carlos
60 aunque fue educado por Franco para que le sucediera. Pero en los años 70 ya casi no había quien aguantara más la dictadura. Después de la muerte de Franco en 1975 buscaron a una
65 persona que pudiera llevar el país hacia la democracia otra vez. Adolfo Suárez dio los primeros pasos en esa
70 dirección. Todos hicieron un esfuerzo para que el país volviera a la democracia. El 6 de diciembre de 1978 la Constitución
75 fue aprobada por una amplia mayoría.

LA DEMOCRACIA ■ ■ ■

Para muchos, la transición terminó con las elecciones
80 del año 1982. Bajo el gobierno de Felipe González y con las ganas del pueblo español de vivir libremente, el país se
85 conectó otra vez con el mundo. El 1 de enero de 1986 entró en la Unión Europea. En 1992 –
500 años después del des-
90 cubrimiento de América – España celebró los Juegos Olímpicos de Barcelona, la EXPO de Sevilla, y Madrid fue capital cultural
95 europea.

¡NO PASARÁN!
JULIO 1936

JULIO 1937
¡PASAREMOS!

El «Palau de la Música» en Valencia

COMPRENDER

1 España en el siglo XX

Resume cada parte en una o dos frases con ayuda de las palabras claves.

La Segunda República:	La Guerra Civil:	Los años 50 y 60:	Los años 70:	Los años 80/90:
reforma agraria	golpe de Estado	turistas	Franco	transición
educación	guerra civil	futuro mejor	Suárez	Europa
Cataluña	Madrid		Constitución	1992

DESCUBRIR

2 La voz pasiva

a *Wie wird das Passiv gebildet?*

La Constitución fue aprobada en 1978 por una amplia mayoría.

b *Vergleiche die folgenden Sätze. Welche Formen ersetzen darin das Passiv?*

Una amplia mayoría aprobó la Constitución en 1978.

La Constitución se aprobó en 1978.

En 1978 aprobaron la Constitución.

PRACTICAR

3 La historia de España ▷ RESUMEN 1

Transforma las frases sin utilizar la voz pasiva.

1. Granada fue conquistada por los españoles en 1492.
2. El rey fue enviado al exilio en 1931.
3. En 1936, la ciudad vasca de Guernica fue destruida por aviones alemanes.
4. La Constitución fue aprobada por los españoles el 6 de diciembre de 1978.
5. El museo Guggenheim de Bilbao fue inaugurado[1] en 1997.
6. El 11 de marzo de 2004 un terrible atentado[2] fue cometido[3] en Madrid.
7. El 14 de marzo de 2004 José Luis Rodríguez Zapatero fue elegido Presidente de Gobierno por los españoles.

El museo Guggenheim (Bilbao)

1 inaugurar: eröffnen, einweihen
2 el atentado: Attentat
3 cometer: etw. begehen

«Guernica» de Picasso

2
A

4 **Hace mucho tiempo** ▷ RESUMEN 2 + 3

Utiliza el imperfecto de subjuntivo.

1. En los años sesenta, a mis abuelos les aconsejaron que [¿] un hotel en la playa.	abrir / ellos
2. Mi padre tenía entonces 15 años y le encantaba que [¿] muchos turistas de otros países.	venir
3. A los turistas les recomendaban que [¿] a ver corridas de toros[1].	ir
4. Mis abuelos querían que mi padre [¿] hablar alemán o inglés.	saber
5. Por eso le mandaron a Alemania para que [¿] alemán.	aprender
6. Pero no les gustó que [¿] quedarse más tiempo para estudiar.	querer / él
7. Le escribieron que [¿] cuanto antes a España.	volver / él
8. Tenían miedo de que [¿] para siempre en Alemania.	quedarse / él

1 la corrida de toros: Stierkampf

5 **Charlar con amigos** ▷ RESUMEN 4

¿Indicativo o subjuntivo? Completa las frases con los verbos. ¡Ojo con los tiempos!

1. Dolores es una chica que [¿] ideas un poco raras.	tener
Quiere casarse con un hombre que [¿] mucho dinero.	tener
2. Tengo un amigo con quien [¿] hablar de todos mis problemas.	poder
Él necesita una persona con quien [¿] hablar de sus problemas.	poder
3. Estoy buscando a las chicas alemanas que [¿] hablar portugués. –	saber
Pues, aquí no hay nadie que [¿] hablar portugués.	saber
4. ¿Conoces a Jaime, el chico que siempre [¿] al fútbol después de las clases? –	jugar
No, no conozco a nadie que [¿] deporte aquí.	practicar
5. Siempre se necesita gente que [¿] hacer algo por los demás. –	querer
Pues sí, pero yo necesito ahora el diccionario que te [¿] ayer.	dar
6. Quiero comprar una moto que [¿] muy poco. –	gastar
Mi padre se ha comprado un móvil que [¿] técnica UMS.	tener

ACTIVIDADES

6 **España hoy y ayer**

a *Buscar más información sobre un evento[2] o uno de los personajes. Describirlo en pocas palabras.*

b *Presentar los resultados en clase.*

2 un evento: Ereignis

el rey Juan Carlos   Felipe González   Francisco Franco

España y la Unión Europea

http://www.info-spanischebotschaft.de

GALICIA: DONDE LA LLUVIA ES UN ARTE

 ¿Te gustaría conocer Galicia, aquella región bilingüe en el noroeste de España?
Aquí tienes el blog de Gabriel quien ha apuntado algunas sugerencias para ti.

*Aquí tienes mis consejos, si planeas viajar a la maravillosa y mágica Galicia. Ten presente
que esto no es una guía de viaje. Son sólo mis observaciones sobre el viaje que hicimos
mi esposa y yo.*

■ Aunque para muchos gallegos el dicho «Galicia: donde la lluvia es un arte» es un
5 tópico, se debe de tener en cuenta. Galicia es una región en la cual llueve la mayoría de
los días, excepto en verano, e incluso en esta estación es mejor que lleves contigo un
paraguas…

■ Se dice que los gallegos comen y beben muchísimo… de nuevo esto no es un tópico,
sino un hecho. Si vas a un restaurante y pides una ensalada, no te sorprendas si es el
10 camarero quien amablemente te pregunta si te encuentras bien, pues … se supone que
tendrías que tomar dos o tres platos «fuertes».

■ Si puedes, no hagas el viaje en el Año Santo, en el
cual el 25 de julio es domingo. Entonces vienen más
peregrinos que nunca a Santiago. El resto de los años no
15 hay tantos turistas y la ciudad no está tan llena.
En alguna de las pastelerías de la ciudad antigua tienes
que probar la famosa «tarta de Santiago», hecha con
almendras. Esta tarta dura varios días, por lo cual es un
buen recuerdo para llevar de vuelta a casa.

20 ■ Muy cerca de Santiago tienes que ir a Padrón, famoso por sus escritores quienes eran
Rosalía de Castro y Camilo José Cela.

■ Una buena excursión es ir a la «Costa de la Muerte», cuya fama tiene que ver con
muchos naufragios. Y una buena idea es quedarse a comer en alguno de los pequeños
pueblos de pescadores, los cuales están a lo largo de toda la costa.

25 ■ Por supuesto te tienes que parar en el cabo de Finisterre en
el cual se suponía el fin del mundo en la Antigüedad.

■ Se supone que también tendrás que ir a la capital A Coruña
(la cual no me gusta demasiado a mí) y allí puedes visitar la
Torre de Hércules, un impresionante faro cuya vista sobre la
30 costa es maravillosa.

■ Mucho más interesantes son las ciudades de Ourense, cuya Plaza Mayor es muy
famosa y especialmente Pontevedra cuyo barrio antiguo es
inmenso y te puedes perder …¡no te pierdas esta ciudad!

■ Uno de los aspectos más interesantes de Galicia son sus
35 bosques. Si quieres ver una de las últimas zonas en la cual
todavía hay restos de los bosques originales (principalmente
con árboles de roble), tendrás que ir a *Las gargantas del Sil*,
las cuales también son una bonita excursión.

2 B

COMPRENDER

1 Los consejos de Gabriel

a *Apunta los consejos de Gabriel en una lista.*

lugar	ver / hacer	no hacer	por qué
Santiago de Compostela			
Pontevedra			

b *Según Gabriel ¿cuáles son los tópicos sobre Galicia? ¿Son verdad o no? ¿Por qué?*

PRACTICAR

2 En un lugar de la Mancha ▷ RESUMEN 6

Tú decides qué pronombre relativo es el correcto.

En el siglo XVII España vivió años difíciles durante **[¿]** la cultura y la literatura continuaron creciendo. Lo que hoy se llama «El Siglo de Oro» fueron años muy importantes para la cultura y la economía[1] españolas. Lope de Vega (1562–1635) y Calderón de la Barca
5 (1600–1681) fueron dos grandes autores de teatro **[¿]** nombres conocen todos los alumnos en España. Escribieron obras tan conocidas como «Fuenteovejuna» o «La vida es sueño». Mientras que Lope de Vega, **[¿]** siguió una línea popular, escribió más de 1800 comedias[2], Calderón, en **[¿]** obra hay temas mucho más serios, hizo del teatro
10 un trabajo intelectual. Sin embargo, la obra más importante de la literatura española, **[¿]** se publicó a partir de 1605, es una novela **[¿]** título completo es: «El ingenioso hidalgo Don Quijote de la Mancha», de Miguel de Cervantes y Saavedra (1547–1616). Aunque este autor escribió también obras de teatro, ha sido en esta novela en
15 **[¿]** ha demostrado mejor sus ideas.

las cuales / los cuales

cuales / cuyos

cual / quien
cuya / cuyo

el cual / la cual
cuyos / cuyo

la cual / los cuales

1 la economía: Wirtschaft
2 la comedia: Komödie

3 De las cuales ya te hablé … ▷ RESUMEN 6

Completa las frases con las preposiciones y los pronombres relativos. Usa un elemento de cada lista. Puedes utilizar las preposiciones varias veces.

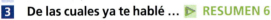
| a | sin | de | con | por | en | para |

| quienes | las cuales | quien | los cuales |
| el cual | la cual | lo cual |

el Pórtico de la Gloria

Ejemplo: Un mapa y una guía son dos cosas **[¿]** me pierdo en una ciudad nueva.
Un mapa y una guía son dos cosas sin las cuales me pierdo en una ciudad nueva.

1. En Santiago de Compostela había muchos turistas **[¿]** también les interesaba visitar la Catedral[3].
2. Fue emocionante ver el Pórtico de la Gloria **[¿]** está la marca de la mano de millones de peregrinos.
3. Lo más bonito fue que conocimos a un chico **[¿]** pudimos subir a la Torre de Hércules. ¡La vista era maravillosa!

3 la catedral: Kathedrale, Dom

4. Por suerte también tengo un diccionario de español y gallego [¿] no puedo comprender las palabras en gallego.
5. Después, fuimos a una panadería muy bonita [¿] compramos una tarta de Santiago.
6. La tarta de Santiago y la tarta dulce[1] son unas recetas muy famosas [¿] se necesitan almendras y un poco de azúcar.
7. Claro que también visitamos el cabo de Finisterre [¿] se pensaba en la Antigüedad que era el fin del mundo.
8. Compramos también unos libros [¿] había mucha información sobre la región.
9. Esta es una foto muy típica de la región. [¿] es un buen recuerdo del viaje.

1 dulce: süß

4 **Dos peregrinos en el Camino de Santiago[2]**

a *Teresa y Marcos acaban de hacer «El Camino de Santiago».*
Escucha las respuestas a una entrevista de Teresa y Marcos.
¿Cuales son las preguntas a las que han contestado? Apúntalas en tu cuaderno.

b *Escucha el texto otra vez. Resume en alemán lo más importante de lo que cuentan Teresa y Marcos.*

2 el Camino de Santiago: Jakobsweg

APRENDER MEJOR

5 **Etwas umschreiben**
Wie erfragst du in Spanien unterwegs, wie du:
– Batterien / Briefmarken / Briefumschläge / eine Sonnenbrille kaufen kannst?
– eine Autowerkstatt / einen Augenarzt / einen Schuster findest?
Wenn dir ein Wort fehlt, verwende eine der unten genannten Möglichkeiten.

Es	una cosa algo	que se necesita para … que se utiliza para … que se parece a … con el / la cual se … / lo que …
	una palabra	que en francés / inglés / alemán es … cuyo antónimo / sinónimo es …
Es un lugar		donde se puede … adonde hay que ir para …
Es algo parecido a …		

LERNTIPP

Diese Redemittel sind eine gute Hilfe, wenn dir beim Sprechen „die Worte fehlen".

ACTIVIDADES

6 **¿Qué (no) hay que hacer / ver?**

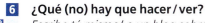

Escribe tú mismo/-a un blog sobre un viaje que hiciste o sobre la ciudad / región donde vives.

7 **Se dice que...**
Apuntad algunos tópicos que conocéis sobre vuestra región o vuestro país. ¿Qué tienen que ver con la realidad? Discutid.

2
C

DE CARA A EUROPA

Alrededor del 14 % del total de la población europea son jóvenes entre 15 y 25 años. ¿Qué ventajas y desventajas tendrán en la Europa unida?
5 ¿Cuáles son sus esperanzas o preocupaciones con respecto a la Unión Europea? ¿Qué hay que hacer para que esta Europa pueda ser suya o nuestra algún día? Estas y otras preguntas son
10 tema en esta mesa redonda sobre la Unión Europea. ¡Participa!

Pregunta: ¿Qué ventajas tiene la Unión Europea para vosotros?

Álvaro: Yo creo que es muy importante que
15 haya una verdadera ciudadanía europea. Pero el hecho de que tengamos una identidad europea común no significa que tengamos que renunciar a nuestra identidad nacional. La variedad de culturas debería ser uno de
20 los puntos fuertes de la Unión Europea.

Marisa: Pues a mí me parece que las fronteras son algo artificial y lo que cuenta de verdad es ser ciudadano del mundo. ¿Por qué no dejamos de una vez de luchar por las estúpidas
25 fronteras? Demasiado idealista, lo sé, pero espero que la UE vaya por ese camino. Como cada uno siga pensando sólo en lo suyo, nunca seremos europeos de verdad.

Mercedes: Para mí, Europa es, más que nada,
30 una experiencia: Cuando fui a Alemania a estudiar, soñaba con que esta experiencia fuera una oportunidad para descubrir una nueva cultura. Sin embargo, al principio se me hizo muy duro vivir en un país en el que comprendía
35 tan poco. Y lo más difícil, quizás, fue integrarme en el ambiente de los estudiantes. A pesar de que los alemanes son muy simpáticos, me pareció bastante difícil hacer amigos.
Al principio me parecía raro que fueran tan
40 directos, tan puntuales o que se quitaran los zapatos al entrar en una casa. Claro que, según ellos, nosotros «tocamos» mucho, interrumpimos cada dos por tres y ¡decimos muchos tacos! Pero con el tiempo me acostumbré a la
45 vida en Alemania y fui capaz de ver mejor las «pequeñas» diferencias que nos separan.

Tomás: En mi opinión, una de las ventajas de Europa es hacer prácticas en el extranjero, porque esto mejora mucho las perspectivas
50 de trabajo. Mi hermana pasó seis meses de prácticas en el Reino Unido. Cuando volvió a España empezó a trabajar directamente en el departamento de ventas y exportación de una empresa. Yo voy a hacer lo mismo a no ser
55 que no apruebe el examen de inglés.

Pregunta: ¿Hay necesidad de un idioma que todos puedan entender?

Álvaro: ¿Por qué no crear una lengua nueva para todos? El esperanto, por ejemplo …

60 **Mercedes:** No, me parece demasiado artificial … desde mi punto de vista la lengua común debería ser el inglés, sería la mejor solución, pase lo que pase.

Marisa: Yo pienso que necesitamos una
65 lengua común, eso está claro, pero yo no veo que las lenguas sean un problema tan grave. En Cataluña yo hablo catalán, pero con gente de otras regiones hablo castellano que es la lengua común en todo el país. Pues en Europa
70 es lo mismo. No veo ningún problema. Sea como sea, todos los europeos deberíamos hablar al menos dos lenguas extranjeras al terminar la secundaria, ¿no os parece? ¡Los idiomas abren puertas!, ¿verdad?

COMPRENDER

1 **Resumir un texto**
a *¿Cuáles son para ti las palabras más importantes en cada respuesta? Búscalas y apúntalas.*
b *Mira las palabras que has apuntado: ¿Cuáles son los temas más importantes de la discusión? Señálalos en el texto, después dale a cada parte un título.*
c *Resume después los argumentos más importantes.*

LERNTIPP

Nicht alle Redebeiträge in Diskussionen sind gleich wichtig, d.h. nicht alle müssen bei einer Zusammen-fassung berücksichtigt werden.

PRACTICAR

2 **Hablar muchas lenguas**
Completa las frases utilizando el indicativo o el subjuntivo.

1. Es importante que (nosotros / hablar) más de una lengua extranjera.
2. Seguro que, sabiendo hablar dos o más lenguas extranjeras, uno (encontrar) más fácilmente un buen empleo.
3. El inglés es la lengua que todos (poder) entender.
4. Así que no necesitamos una lengua artificial que todos (saber) hablar, como el esperanto.
5. Pensamos que el español (ser) una lengua importantísima, y no sólo en Europa.
6. No digo que el italiano (tener) menos importancia. Y además es una lengua bellísima.
7. No creemos que la gente (pensar) de verdad que todo el mundo (entender) inglés.
8. Yo creo que actualmente el chino (tener) una importancia enorme.

3 Lo que querían cambiar ▷ RESUMEN 2

a *Completa con el imperfecto de subjuntivo.*
Durante la Segunda República (1931–1936) se realizaron muchas reformas en los dos primeros años.

1. El gobierno quería que [¿] más escuelas en el campo.	haber
2. Los campesinos[1] andaluces esperaban que [¿] la reforma agraria.	realizarse
3. Para muchos españoles era necesario que la Iglesia católica [¿] menos influencia.	tener
4. Los catalanes deseaban que el gobierno central les [¿] más autonomía.	dar

1 el campesino: Bauer

b *En los dos años siguientes se revisaron muchas de aquellas reformas.*

1. A muchos no les gustaba que la Iglesia [¿] tan poco importante.	ser
2. No aguantaban que tantos campesinos [¿] cultivar su propia tierra.	poder
3. Para ellos era necesario que los militares [¿] más influencia.	tener
4. Para muchos era bastante probable que los culpables de la violencia en la calle [¿] los republicanos.	ser
5. Muchos militares no creían que la democracia [¿] futuro en España.	tener

ACTIVIDADES

4 Europa

a *Haz una lista de las ventajas de saber hablar varias lenguas extranjeras. Completa la lista con las de tus compañeras/-os.*

b *¿Cuáles son las (des)ventajas de la variedad de culturas y lenguas en Europa? Buscar argumentos. Después resumir la discusión.*

c *Discutir las preguntas del texto, p. 42 (l. 3–9).*

a no ser que + *subj.*
como + *subj.*
sea como sea
aunque
mientras
…

sin embargo
desde mi punto de vista
más que nada
con respecto a
ni siquiera
a propósito
a pesar de que
…

5 Buscar palabras

a *Busca la palabra adecuada en el texto C:*

1. Un sinónimo de «discusión».
2. El antónimo de «natural».
3. Esta palabra significa «serio», por ejemplo un «problema [¿]».
4. Un sinónimo de «difícil».
5. ¿Cuál es el sustantivo del verbo «esperar»?
6. Una palabra de la misma familia que «ciudadanía».

b *Buscar más preguntas como en la parte a para los demás en clase.*

6 ¿Alemania es así?
En la mesa redonda una chica cuenta sus experiencias en Alemania.

a *Apunta sus experiencias.*

b *¿Qué pensáis de lo que ella dice? Discutir.*

opino que
(no) pienso que
(no) creo que
parece mentira que
me da rabia que
(no) me sorprende que
(no) me extraña que

¡OJO!
Con algunas de esas estructuras hay que utilizar el subjuntivo.

RÉQUIEM POR UN CAMPESINO ESPAÑOL

«Réquiem por un campesino español» es una de las novelas más famosas sobre los años un poco antes de la Guerra Civil. Refleja como la política de aquellos años entraba
5 en la vida cotidiana de un pueblo de Aragón. Es la época de la reforma agraria, que confrontó a los campesinos con los terratenientes.

Los Nacionales

Mosén Millán, el cura del pueblo, recuerda: hace un año murió el joven campesino Paco,
10 asesinado por los fascistas. Paco había luchado por la reforma agraria, enfrentándose así a los terratenientes de la región y a un grupo de fascistas que había venido para aterrorizar a los habitantes del pueblo. El cura recuerda una
15 conversación con el padre de Paco unos días antes de la muerte del joven que había tenido que esconderse:

A lo largo de la conversación el padre de Paco reveló el escondite del hijo, creyendo que no
20 decía nada nuevo al cura. Al oírlo, Mosén Millán recibió una tremenda impresión. «Ah – se dijo –, más valdría que no me lo hubiera dicho. ¿Por qué he de saber yo que Paco está escondido en las Pardinas?» Mosén Millán tenía miedo, y no
25 sabía concretamente de qué. Se marchó pronto, y estaba deseando verse ante los forasteros de las pistolas para demostrarse a sí mismo su entereza y su lealtad a Paco. Así fue. En vano estuvieron el centurión y sus amigos hablando con él toda la
30 tarde. Aquella noche Mosén Millán rezó y durmió con una calma que hacía tiempo no conocía. […]

Dos días después, el alcalde del pueblo, el administrador del duque Don Valeriano, habla con el cura:

– Yo no quiero el mal de nadie, como quien
35 dice, pero, ¿no es Paco uno de los que más se han señalado? Es lo que yo digo, señor cura: por menos han caído otros.
Mosén Millán decía:
– Déjelo en paz. ¿Para qué derramar más sangre?
40 Y le gustaba, sin embargo, dar a entender que sabía dónde estaba escondido. De ese modo mostraba al alcalde que era capaz de nobleza y lealtad. La verdad era que buscaban a Paco frenéticamente. Habían llevado a su casa perros
45 de caza que tomaron el viento con sus ropas y zapatos viejos. […]

Durante días siguen preguntándole al cura. Éste conoce a Paco desde niño, quiere ayudarlo, pero no puede mentir.

50 – ¿Sabe usted dónde se esconde? – le preguntaban a un tiempo los cuatro.
Mosén Millán contestó bajando la cabeza. Era una afirmación. Podía ser una afirmación. Cuando se dio cuenta era tarde. Entonces pidió
55 que le prometieran que no lo matarían. […] Se lo prometieron … Entonces Mosén Millán reveló el escondite de Paco. Quiso hacer después otras salvedades en su favor, pero no le escuchaban. Salieron en tropel, y el cura se quedó solo.
60 Espantado de sí mismo, y al mismo tiempo con un sentimiento de liberación, se puso a rezar. […]

Ramón J. Sender,
Réquiem por un campesino español (novela, 1960)

2

D

COMPRENDER · ACTIVIDADES

1 **Réquiem**

a *Presenta*

1. … a Paco.
2. … a Mosén Millán.
3. … a las demás personas que aparecen en el texto.

b *Explica por qué esta novela se llama «Réquiem».*
Piensa en los hechos y en la época en que fue escrita la novela.

2 **Con tus propias palabras**

a *Después de leer la conversación entre el alcalde y el cura del pueblo, explica con tus palabras las siguientes frases:*

– … ¿no es Paco uno de los que más se han señalado?

– Déjelo en paz. ¿Para qué derramar más sangre?

b *¿Qué lenguaje utiliza el escritor?*

El lenguaje es
El autor utiliza un estilo

complicado*
irónico
sobrio*
barroco*
muy dramático*
claro
romántico*
polémico*
realista*
cotidiano*

3 **Mosén Millán**

a *Busca las partes del texto que hablen de Mosén Millán:*
¿Qué hace / piensa el cura? ¿Cómo se comporta* …

1. … cuando el padre le revela el escondite de su hijo?
2. … después de hablar con el centurión?
3. … al final del texto?

b *Lee otra vez el párrafo final del texto y luego escribe un diálogo entre el cura y el padre de Paco.*
¿Qué le diría el padre? ¿Qué contestaría el cura?

Puedes empezar con: Padre: Señor cura, ¿por qué …?

4 **El conflicto**
Discutir:

1. ¿Cuál es el conflicto / tema central del texto?
2. ¿Por qué el cura revela el escondite de Paco al final del texto?
3. ¿Tiene alguien la culpa[1] de la muerte de Paco? ¿Quién (no)?   1 la culpa: Schuld

* Die Worterklärungen findet ihr auf den Seiten 86–89.

FACULTATIVO ▪ FACULTATIVO ▪ FACULTATIVO ▪ FACULTATIVO ▪ FACULTATIVO ▪ FACULTATIVO ▪ FACULTATIVO

REPASO

1 Verbos con preposiciones

a *Completa con la preposición adecuada.*

1. Este chico es capaz [¿] todo.
2. ¿Ya te has acostumbrado [¿] la vida en Alemania?
3. Bueno, al principio se burlaban [¿] él, pero ya no.
4. El AVE conecta Madrid [¿] Sevilla.
5. No es fácil integrarse [¿] un país extranjero.
6. Yo no quiero renunciar [¿] la posibilidad de hacer prácticas.
7. No se puede comparar esta película [¿] la novela.
8. Hace ya mucho tiempo dejó [¿] ser la chica tímida que era antes.
9. ¿[¿] qué sueñas tú? – [¿] las vacaciones, ¡está claro!

b *Busca las preposiciones de los siguientes verbos. Después elige seis y escribe un texto sobre estos jóvenes en tu cuaderno.*

quejarse
meterse   dar ganas
enrollarse
preocuparse
            ocuparse
acercarse
acostumbrarse   convertirse
casarse   formar parte

2 Sinónimos

Sustituye la palabra subrayada por un sinónimo.

1. Ayer tuve una bronca tremenda con mis padres.
2. Todavía hoy no quiero acordarme (de ella).
3. – ¿Qué ocurrió?
4. Según ellos, no aguantan que yo proteste tanto.
5. Pero a mí me gusta decir lo que opino.
6. Dicen que hay que pensar en el mañana.
7. A ellos les da pánico hacerlo.
8. Pronto tendré 18 años y podré elegir.
9. ¿Quizás quiera entonces dejar el país?
10. Sea como sea, esto va a transformar mi vida.

3 ¿Indicativo o subjuntivo?

Antes de empezar con la mesa redonda sobre Europa. Ya han llegado tres jóvenes, pero falta Álvaro. Completa con el verbo en indicativo o subjuntivo.

1. Mientras no [¿] aquí, no podemos empezar con la discusión. — estar / él
2. Es el chico que [¿] Álvaro, ¿verdad? — llamarse
3. Cuando [¿] ese tipo de problemas, me pongo nervioso. — haber
4. Ya no podemos buscar a otro chico que [¿] participar. — poder
5. Llámame en seguida cuando [¿]. — llegar / él
6. Tampoco ha venido esa chica que [¿] en Italia. Pero eso no es tan grave. — vivir
7. Los demás pueden charlar un poco … a no ser que [¿] descansar. — preferir / ellos

RESUMEN

PARA COMUNICARSE

ein Argument / eine Frage ergänzen
den Standpunkt eines anderen wiedergeben
Gesprächselemente für eine Diskussion:

A propósito: …
Según ellos / se dice …
El hecho de que (todos hablen el mismo idioma) …
Lo que cuenta de verdad es (ser ciudadano del mundo).
Para mí, (Europa es,) más que nada, (una experiencia.)
Al principio / al mismo tiempo (se me hizo muy duro).
A pesar de que (son muy simpáticos, me pareció difícil …)
Desde mi punto de vista / en mi opinión (la lengua común debería ser el inglés).
Eso está claro.
Sea como sea. / ¡(Pase) lo que (pase)!

GRAMÁTICA

1 La voz pasiva · Das Passiv

Eligen a <u>los senadores</u> cada cuatro años.
<u>Los senadores</u> **son** elegid**os** cada cuatro años.

> Das Passiv wird aus einer konjugierten Form des Verbs **ser** gebildet und dem Partizip. Dieses wird in Genus und Numerus dem Subjekt angeglichen.

Una mayoría **aprobó** <u>la Constitución</u>.
<u>La Constitución</u> **fue** aprobad**a por** una mayoría.

Se aprobó la Constitución.

> Das Passiv wird in der Alltagssprache häufig durch andere Formen ersetzt.

Aprobaron la Constitución.
La Constitución <u>la</u> aprobaron los españoles.

> Steht bei einer solchen Aktivkonstruktion das direkte Objekt am Satzanfang, muss das entsprechende Objektpronomen vor dem Verb hinzugefügt werden.

2 El pretérito imperfecto de subjuntivo · Subjuntivo Imperfekt

dejar	volver	abrir
dej**ara**	volv**iera**	abr**iera**
dej**aras**	volv**ieras**	abr**ieras**
dej**ara**	volv**iera**	abr**iera**
dej**áramos**	volv**iéramos**	abr**iéramos**
dej**arais**	volv**ierais**	abr**ierais**
dej**aran**	volv**ieran**	abr**ieran**

> Die Stammform des **imperfecto de subjuntivo** wird abgeleitet aus der 3. Person Plural des **pretérito indefinido**.
>
> ❗ Die 1. Person Plural trägt immer einen Akzent!

❗ **tuv**ieron: **tuv**iera …
  quisieron: **quis**iera …
  pudieron: **pud**iera …

❗ **hub**ieron: **hub**iera …

3 Uso · Gebrauch

Les **encantaba que** España les **abriera** sus
    puertas.
Les **fastidiaba que** no los **dejaran** votar.
Hicieron un esfuerzo **para que** el país
    volviera …
No les **gustaba que** los padres **tuvieran** que …

> Steht ein Ausdruck oder ein Verb, das
> den **subjuntivo** verlangt, in einer Zeit der
> Vergangenheit, wird das **imperfecto de
> subjuntivo** verwendet.

4 El subjuntivo en oraciones relativas · Der subjuntivo im Relativsatz

Buscan a un personaje **que hable** alemán.

No hay **quien** lo **aguante**.
Pues aquí no hay **nadie que hable** otro idioma.

> Im Relativsatz steht der **subjuntivo**, wenn
> … er einen Wunsch oder eine Bedingung
> enthält.
> … er auf **no hay quien** oder **no hay nadie**
> folgt.

5 Otras expresiones con subjuntivo · Weitere Ausdrücke mit subjuntivo

Sea como sea, voy a ir a España.
¡**Pase lo que pase**!
A no ser que no apruebe el examen.
Como sea así, tendré que estudiar en verano.

6 Pronombres relativos · Relativpronomen

Es la chica | **cuyo/s** herman**o/s** | viven en Madrid.
        | **cuya/s** herman**a/s** |

> Die Endung von **cuyo** bezieht sich auf das
> nachfolgende Substantiv.

Gabriel tenía | un amig**o** con **quien** | estudiaba.
        | amig**os** con **quienes** |

> **Quien** steht nur für Personen.

Julia conoció a un chico, con **el cual** sale desde
entonces.
Hay que viajar por *las gargantas del Sil*, **las
cuales** son una bonita excursión.

> **Cual** steht immer mit dem bestimmten
> Artikel.

2

DESTREZAS

ALGUNOS DATOS SOBRE GALICIA

■ Demografía (2004)

	Galicia	España
Superficie (km^2)	29.574	505.988
Población[1]	2.767.524	43.197.684
Población de Galicia en total nacional	6,5	100

■ Tecnologías de información y comunicaciones (2004)

	Galicia	España
Disponibilidad[5] en el hogar[6] de acceso a internet (%)	16,9	25,2
Hogares con ordenador (%)	35,1	43,3

■ Mercado de trabajo (2004)

	Galicia	España
Tasa[2] de actividad (%)	54,66	56,07
Tasa de paro[3] (%)	12,51	10,38

■ Producción (2003)

	Galicia	España
PIB[4] (en millones de euros)	39.503,4	743.046

1 la superficie: Oberfläche
2 la tasa: hier: Quote
3 el paro: Arbeitslosigkeit
4 PIB = el producto interno bruto: Bruttosozialprodukt
5 la disponibilidad: Verfügbarkeit
6 el hogar: Haushalt

■ EMPLEO DE LA POBLACIÓN GALLEGA

■ Sector agrícola: 11,29 %

■ Sector industrial: 19,36 %

■ Sector de la construcción[7]: 11,99 %

■ Sector de los servicios: 57,35 %

7 la construcción: Bau

NÚMERO DE HABITANTES DE LAS CIUDADES MÁS IMPORTANTES DE GALICIA

Vigo	La Coruña	Orense	Lugo	Santiago de Compostela	Pontevedra	Ferrol
293.255	243.320	108.137	94.271	93.458	80.096	76.399

© *Instituto Galego de Estatística, 2007*

Superficie

Galicia tiene 29.574 km², una superficie semejante a las de Bélgica, Massachusetts (USA), República de El Salvador, Taiwan o
5 Israel.

Población

Galicia cuenta con 2.767.524 habitantes (censo del INE, 2006). Se calcula en cerca de tres millones los gallegos que han
10 emigrado, en su mayor parte a las demás comunidades autonómicas españolas, a América Latina o a los otros países de Europa. La proporción de extranjeros es del 2,67%, el porcentaje más bajo de España después de
15 Extremadura (la media nacional de extranjeros es del 9,47%). Las nacionalidades predominantes son la portuguesa (17,93% del total de extranjeros), la colombiana (10,93%) y la brasileña (8,74%).

20 ### Economía

La mayor parte de la economía de Galicia depende de la agricultura y la pesca. Dentro del sector secundario caben destacar la construcción naval en Vigo y Ferrol, la
25 industria automovilística y la textil. En la actualidad, Galicia se encuentra en un fuerte proceso de renovación turística.

Lengua

Los dos idiomas oficiales de Galicia son el
30 gallego y el castellano. El gallego es reconocido como lengua propia de Galicia en su estatuto. El gallego tiene con el portugués un tronco común y mantiene viva una tradición de elementos celtas. Con el paso de
35 los años el uso del gallego ha decaído en las zonas urbanas por la influencia del castellano. Aun así, es capaz de hablarlo más de un 90% de la población.

© *Instituto Nacional de Estadística, INE, 2007*

l. 3 **semejante:** ähnlich   l. 8 **el censo:** Volkszählung   l. 8 **el INE** = Instituto Nacional de Estadística de España
l. 8 **calcular:** einschätzen   l. 17 **predominante:** überwiegend   l. 22 **la pesca:** Fischfang   l. 24 **la construcción naval:** Schiffbau   l. 24 **la industria automovilística:** Autoindustrie   l. 26 **la renovación:** Erneuerung
l. 31 **reconocer:** anerkennen   l. 33 **el tronco común:** gemeinsamer Stamm   l. 33 **mantener:** bewahren
l. 34 **celta:** keltisch   l. 35 **decaer:** verfallen   l. 37 **ser capaz de:** in der Lage sein

PRIMER PASO: ORGANIZAR LA INFORMACIÓN

1 *Formad tres grupos. Cada grupo elige un tema y busca toda la información sobre su tema en los textos y los gráficos.*
Temas:

Población y superficie ∕   economía ∕   lengua ∕

SEGUNDO PASO: HABLAR SOBRE LA INFORMACIÓN

2 *Presentad los aspectos más importantes de vuestro tema en clase. Utilizad también las siguientes expresiones.*

uno de cada dos / tres ∕   la mitad ∕   dos de cada seis ∕   2 millones ∕

la mayoría ∕   el / un 45 % ∕   más / menos del 30 % ∕

TERCER PASO: UTILIZAR LA INFORMACIÓN

3 *Ahora elige el aspecto que más te ha llamado la atención en las páginas 50–51 (gráficos y texto) y escribe un pequeño texto para un periódico o para la radio. Presentad vuestros textos en clase.*

BALANCE 2

EXPRESIÓN ORAL

ANTES DE SER BASURA, FUÉ RIQUEZA

© El Roto

1 **Se necesita otro planeta**

a *Describe el cómic:*
¿Qué ves?

b *Discutid: ¿Por qué y para qué se habrá hecho el cómic? ¿Qué quiere mostrar su autor?*

c *Jugar un papel: Trabajad en parejas. Inventad la entrevista entre la persona del cómic y un periodista[1] que quiere escribir un artículo[2] sobre el tema.*

1 el periodista: Journalist
2 el artículo: Artikel

LERNTIPP
Du kannst das Vokabular von S. 86–89 verwenden.

EXPRESIÓN ESCRITA

2 **¿Quién es?**
¿Quién es la persona en el cómic? Inventa una historia.

3 **Según mi opinión …**
Elige una de las siguientes tareas.

a *En tu ciudad/región acaban de cerrar el centro cultural para jóvenes. Escribe una carta al editor[3] del periódico.*

3 la carta al editor: Leserbrief

b *En tu instituto ya no se ofrecen cursos como el curso de baile, el taller de teatro, o el curso de turco. Escribe un artículo para la revista de tu instituto y comenta. Puedes utilizar:*

ESCRIBIR SU OPINIÓN

1. introducción
para empezar – hablando de – con referencia a – con respecto a

2. los argumentos
por una parte/por otra parte – en primer/segundo/último lugar – una/otra (des)ventaja es – además – (no) creo/pienso/opino/puedo aceptar que (+ ind. o subj.) – (no) me gusta que + subj. – desearía que + subj. – se puede afirmar[4] que (+ ind.) – aunque – a pesar de que – así que – de ese modo – por ejemplo

3. conclusión / resumen
sea como sea – al fin y al cabo – de todas formas

4 afirmar: behaupten

MEDIACIÓN

4 **Fiestas en España**
Deine Eltern wollen etwas erfahren über Volksfeste in Spanien. Schau dir im Buch die beiden Texte «Semana Santa» auf Seite 54 und den Text über die «Sanfermines» auf Seite 55 an und erkläre ihnen,
▷ *… was das Besondere ist am spanischen Osterfest.*
▷ *… was es mit den «Sanfermines» auf sich hat.*

¡OJO!
Du kannst vorgehen wie bei einer Zusammenfassung: Suche nur die wichtigsten Informationen im Text und gebe sie mit deinen eigenen Worten wieder.

COMPRENSIÓN LECTORA

5 **A Coruña empieza a escribir la memoria de España**

a *Lee el texto.*

La foto de un emigrante en los años 30 ante el Castillo de San Antón momentos antes de embarcar hacia una nueva vida en Venezuela. El retrato de un preso de la cárcel de A Coruña que
5 veía, tras las rejas, la ventana de su amada. Una colcha cosida a mano, herencia única legada por una madre uruguaya a su hija, inmigrante en A Coruña. Son algunos de los objetos que, junto al testimonio oral de sus dueños, integrarán el
10 Archivo de la Experiencia, una iniciativa del Ministerio de Industria en A Coruña, la primera de las siete ciudades seleccionadas para reconstruir la vida cotidiana en la España del siglo XX a través de los relatos o anécdotas
15 personales de mayores de 55 años.
Los voluntarios son invitados a centros cívicos de su ciudad con un objeto o documento para contar ante una cámara historias de su vida. Se editarán pequeños archivos de imagen y sonido, de diez
20 minutos cada uno, que quedarán, para la posteridad, en un portal de Internet (www.archivodelaexperiencia.com).

Pepita, de 65 años, eligió hablar del pasado. Trajo cartas que su familia intercambia desde 1936 con
25 parientes emigrados en Cuba, testimonios escritos de la vida cotidiana en A Coruña y La Habana durante siete décadas. «Empezaron mis bisabuelos con unos tíos, luego siguió mi abuelo Manuel, después a su muerte, mi papá, y yo hoy les sigo
30 escribiendo a mis primos, a los que me gustaría conocer».
Mucho más reciente es el relato de Carmen Méndez, una jubilada de 62 años que quiere dejar constancia ante la cámara «y en eso de Internet»
35 de la «felicidad» de sus últimos cinco años, dedicados a viajar, ir a clases en el centro cívico, y «pasarlo bomba en el club de jubilados jugando a las cartas». «Vivo estupendamente en A Coruña, hago amistades », destaca esta sexagenaria
40 natural de Teo. Y todo con una pensión mensual de viudez de 300 euros. Para Carmen, la vida de estrechez fue la infancia. «Comer, comíamos, pero de pequeña no sabía qué era un postre ».

© Paola Obelleiro, 2007, (*texto abreviado*)

l. 3 **embarcar:** einschiffen l. 4 **el retrato:** Foto l. 4 **el preso:** Häftling l. 4 **la cárcel:** Gefängnis l. 5 **la reja:** Gitter l. 6 **la colcha:** Decke l. 6 **coser:** nähen l. 9 **el/la dueño/-a:** der/die Besitzer/in l. 24 **intercambiar:** austauschen l. 25 **el/la pariente:** Verwandte l. 27 **el/la bisabuelo/-a:** Urgroßvater/-mutter l. 32 **reciente:** neu l. 33 **el/la jubilado/-a:** Rentner/in l. 33 **dejar constancia:** vermerken l. 37 **pasarlo bomba:** viel Spaß haben l. 37 **jugar a las cartas:** Karten spielen l. 39 **sexagenario/-a:** de 60 años o más l. 40 **la pensión:** Rente l. 41 **la viudez:** Witwenstand l. 42 **la estrechez:** Beengtheit l. 43 **el postre:** Nachtisch

b *Ahora elige la respuesta correcta.*

1. **El Archivo de la Experiencia es:**
   a) un museo sobre la vida en la Galicia del siglo XX que está en A Coruña.
   b) una colección de documentos en la red sobre la vida cotidiana del siglo XX.
   c) un libro con historias, fotos y cuentos de inmigrantes gallegos en Venezuela, Cuba y Uruguay.

2. **Pepita:**
   a) es inmigrante de Cuba, pero vive en Galicia desde 1936.
   b) ya ha estado muchas veces en Cuba, en casa de sus primos.
   c) tiene familia en Cuba, pero no la conoce.

3. **Carmen:**
   a) se siente muy feliz en A Coruña porque tiene muchos amigos.
   b) está contenta porque gana 300 euros al día.
   c) no tiene mucho dinero, por eso come muy poco.

FIESTAS Y TRADICIONES EN ESPAÑA

Escucha la música: ¿En qué fiesta u ocasión crees que la cantan o tocan?

En Semana Santa
En Navidad
El Día de la Constitución
En una fiesta popular en verano

Y ahora lee las definiciones al lado. Después escucha otra vez y busca el nombre correspondiente: ¿Qué es? ¿Una saeta, un villancico, una canción folclórica o un himno?

¡OJO!

la saeta: Es un canto religioso de Andalucía, generalmente improvisado que se canta desde los balcones o en la calle en las procesiones de Semana Santa al paso de Cristo o de las Vírgenes. Es de origen árabe y tiene un estilo de flamenco.
el villancico: Es una canción popular que se canta en Navidad.
el himno nacional: Es la canción y música oficial que se canta o toca en honor a la patria.
la música folclórica: es música típica de una cultura que se canta o toca en las fiestas populares.

Semana Santa

La Semana Santa se celebra en España de forma muy diferente a como se hace en Alemania. Es, ante todo, una celebración religiosa en la que se conmemora la pasión y muerte de Cristo. Desde el primer día, el Domingo de Ramos, hasta el último, el Domingo de Resurrección, pasan por las calles procesiones con imágenes de Cristo y de la Virgen María. A lo largo del recorrido, la gente le dice piropos a la virgen como ¡Guapa! En Sevilla, miles de turistas admiran cada año este espectáculo impresionante.

Navidad

El 24 de diciembre se celebra la Nochebuena y el 25, la Navidad. Son días para pasar en familia comiendo turrón, bebiendo cava y cantando villancicos. Aunque ahora se dan los regalos el 24, el 6 de enero también es fiesta: los Reyes Magos dejan los regalos para los niños en los zapatos.
Los españoles reciben el Año Nuevo esperando con las tradicionales doce uvas las campanadas del reloj de la Puerta del Sol, se come una por cada campanada … hasta doce. ¡Feliz Año Nuevo! La fiesta continúa hasta el desayuno: chocolate con churros y ¡a dormir!

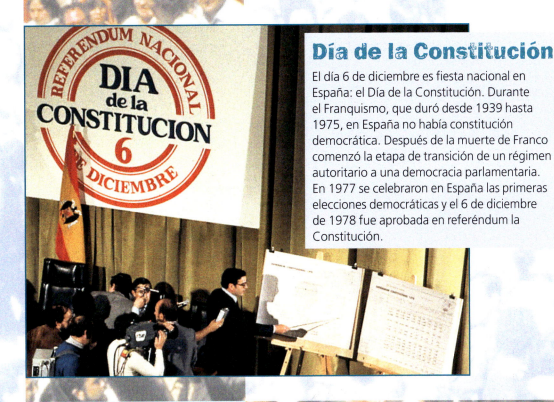

Día de la Constitución

El día 6 de diciembre es fiesta nacional en España: el Día de la Constitución. Durante el Franquismo, que duró desde 1939 hasta 1975, en España no había constitución democrática. Después de la muerte de Franco comenzó la etapa de transición de un régimen autoritario a una democracia parlamentaria. En 1977 se celebraron en España las primeras elecciones democráticas y el 6 de diciembre de 1978 fue aprobada en referéndum la Constitución.

Sanfermines

Del 6 al 14 de julio se celebran en Pamplona (Navarra) en honor al patrón de la ciudad los «Sanfermines». El «chupinazo», un gran cohete que se dispara a las doce en punto desde el Ayuntamiento, señala el comienzo de la fiesta. Todos los días hay corridas de toros. A las 8 de la mañana empiezan los famosos «encierros» en los que cientos de «mozos» vestidos de blanco y rojo corren delante de los toros bravos por las calles de Pamplona hasta la Plaza de toros. Al cabo de los 8 días de fiesta, los mozos cantan año tras año: «Pobre de mí, pobre de mí, se han acabado las fiestas de San Fermín».

↘ ↙ **1** *Trabajar en cuatro grupos y organizar un viaje de una semana a una de las fiestas en España:*
↗ *¿Adónde queréis ir? Buscar alojamiento y transporte para vuestro grupo.*
http://www.tourspain.es

↘ ↙ **2** *Trabajar en dos grupos: Cada grupo elige un destino diferente. Convencer al otro grupo*
↗ *de que su destino es el mejor.*

3

1. En 1846, la Ciudad de México tenía 200.000 habitantes, hoy viven 20 millones en la región y la población sigue creciendo. La ciudad es multitud: 10 millones de personas se movilizan a diario en el metro, en autobuses, en motocicletas, en autos … Es un espectáculo único.

2. Las tortillas en México son de maíz y con ellas se preparan los tacos y las enchiladas. Un buen ejemplo de la mezcla de las culturas antiguas de México y de España es el mole. Este plato lleva ingredientes muy mexicanos como el chocolate, los chiles y el maíz y otros que llevaron los españoles como el ajonjolí, el trigo y las almendras.

Puerto Escondido, en la Costa del Pacífico

Sueño de una tarde dominical en la Alameda Central (detalle)

3. El pintor Diego Rivera se ocupó sobre todo de temas sociales y de la historia de México. En un mural de 78 metros cuadrados, Rivera hace un recorrido por recuerdos de su juventud, personajes que conoció y por la historia de México. Por ejemplo se pintó a sí mismo de niño de la mano de la Calavera Catrina y acompañado de su esposa Frida Kahlo.

4. En la Playa Zicatela las olas pueden alcanzar hasta 7 metros de altura. Aquí tienen lugar competiciones internacionales de surfing.

5. Teotihuacán es el lugar donde los hombres se convierten en dioses. Ésta es la pirámide del dios Quetzalcoatl, la serpiente emplumada, que un día abandonó a su pueblo …

6. Los mexicanos se ríen de la muerte o se la «comen». Los días 1 y 2 de noviembre los muertos vuelven para visitar a sus familias y amigos. Muchos mexicanos van a los cementerios y les dan la bienvenida con un regalo. Se les pone su comida y bebida favoritas, sus objetos y se decora con calaveras de azúcar, sarcófagos de mazapán y pan de muerto en forma de hueso.

7. México es el país con mayor población indígena del continente americano: 12 millones que hablan 62 lenguas. En Chihuahua viven los indígenas tarahumara, en Chiapas los chamulas y lacandones, y en Yucatán los mayas. En algunas regiones, los niños aprenden a leer en español y en su lengua.

COMPRENDER

1 **México en imágenes**
¿Dónde están?
Busca en el mapa de México los lugares:

Ciudad de México Yucatán Teotihuacán
Chihuahua Chiapas Puerto Escondido

2 **México en cifras**
Completa las frases siguientes con una de las cifras de al lado:

1. El mole es un plato mexicano que lleva [¿].
2. La Ciudad de México tiene hoy [¿] habitantes.
3. Las playas son fenomenales. En playa Zicatela hay olas de [¿] altura.
4. En México hay mucha población indígena: [¿].
5. Los mexicanos les llevan regalos a sus muertos. Esto ocurre el [¿].
6. Un mural de Diego Rivera tiene [¿] cuadrados.
7. En México existen más de [¿] indígenas.

20 millones de
12 millones de
60 lenguas
1 de noviembre
6 ingredientes
78 metros
7 metros de

3 **Y todavía falta …**

a *Con tu compañero/-a busca más información sobre algún otro aspecto de México y luego preséntalo a la clase. Por ejemplo:*

1. Otra fiesta: la Navidad, el Día de la Independencia
2. Una tradición: los voladores
3. Pintores: Frida Kahlo
4. Comidas y / o bebidas mexicanas

5. Música tradicional: los Mariachis; música moderna: grupo Maná
6. Pueblos indígenas: los tarahumaras, los huicholes, los mayas, etc.

b *Un mexicano quiere saber algo sobre tu país. ¿Qué vas a contarle?*

3 A CIUDAD DE MÉXICO

En el Centro Histórico de la Ciudad de México se pueden ver todavía las ruinas del Templo Mayor de Tenochtitlán. Se
5 dice que ahí los aztecas vieron un águila sobre un nopal que devoraba una serpiente. Sus dioses les habían anunciado aquel lugar para fundar una ciudad. En ese sitio nació la Ciudad
10 de México, la autonombrada ciudad más grande del mundo … como si sus habitantes se sintieran orgullosos de ello. Pero no siempre es así. Ya Carlos Fuentes en 1958 escribió: «Aquí nos tocó vivir. Qué le vamos a hacer. Es la región más
15 transparente del aire.»

La Ciudad de México sería una ciudad ideal ◆ ◆ ◆
si no hubiera tantos carros ◆ ◆ ◆
si no estuviera tan poblada ◆ ◆ ◆
si tuviera más parques ◆ ◆ ◆
20 si la gente utilizara más los camiones y el metro ◆
si el cielo estuviera azul y el aire más limpio ◆ ◆ ◆
si fuera más segura ◆ ◆ ◆

La ciudad se despierta a las cuatro. A esa hora, es como un pequeño pueblo. Ahora sí parece
25 «la región más transparente del aire». Pero ya las furgonetas con todo lo que se necesita para vivir entran como cafres en la ciudad. Una hora más tarde, la ciudad empieza a convertirse lentamente en un caos. Como si salieran de
30 una mala película de Hollywood, los helicópteros de la televisión, la radio y la policía aparecen de repente encima de las avenidas para advertir de posibles atascos, accidentes o del primer robo del día.

35 A las seis en punto, dos terceras partes de la población del DF están listas para empezar un nuevo día. Salen de casa para ir al trabajo, a la universidad o al colegio. Para muchos es un viaje de dos horas o más, y de vez en cuando
40 es una aventura. Los camiones van llenos y con que haya un accidente, por pequeño que sea, uno ya puede estar seguro de que ¡va a llegar tarde a su chamba!

Una vez llegadas las 9:30 podría decirse que lo
45 peor ha pasado. Es hora del café de media mañana a no ser que haya una marcha de protesta de algún grupo de profesores o la visita de algún político importante – que haga más intenso el caos. Y si no fuera así, habría entonces que
50 pensar en lo común: atascos, ruido, smog, prisa.

A la hora de almorzar (entre las dos y las cuatro) unos van a una fonda con sus cuates, otros se las arreglan con ingenio y solidaridad, como muchos obreros que ganan poco más de 100 dólares al
55 mes. Entonces hay que ser muy listo como algunos que participaron en la construcción de la Torre Mayor, el edificio más grande de toda Latinoamérica. Así, un día uno lleva arroz, otro tortillas y uno más, frijoles etc.

60 Llegada la tarde la ciudad se vuelve más tranquila, aunque todavía se escuchan sirenas de ambulancias y de la policía. Pero nadie les hace caso, ya que todos saben que México no es una ciudad segura. La mayoría de la gente quiere quedarse,
65 con la esperanza de que algún día todo se arregle. Dicen: órale, todo afuera, está igual o peor.

Andrés Tapia, México 2002, (texto adaptado)

¡OJO!

en México:	en España:
el carro	el coche
el camión	el autobús
la furgoneta	el camión
cafre	loco
la chamba	el trabajo
almorzar	comer
la fonda	el bar
el / la cuate	el / la amigo/-a
órale	pues, entonces

COMPRENDER

1 **Una ciudad … un mundo**
a *Según el texto: ¿Cuáles son los problemas que tiene Ciudad de México?*
b *¿Los tiene también tu ciudad / región? ¿O tiene otros?*
c *¿Qué otro título podrías darle al texto y a los párrafos?*

PRACTICAR

2 **Si, si, si, …** ▷ RESUMEN 3
Markus, un chico alemán, lleva ya tres semanas en México.
Utiliza la oración condicional irreal.

1. Si no (ser) peligroso, (poder salir) solo
   hasta muy tarde en Ciudad de México.
2. Si (tener) más dinero, me (comprar) todos
   los cds de Maná.
3. Si mis amigos (estar) aquí, los (invitar)
   a comer mole y enchiladas.
4. Si no (tener) novia en mi pueblo, (salir)
   aquí con Rosa, o Elena, o …
5. Si (quedarse) mucho tiempo en México,
   (hablar) como los mexicanos.
6. Si (tener) más vacaciones, (viajar) por todo
   el país antes de volver a casa.
7. Si (poder) elegir, (pasar) un año aquí.

3 **¿Qué harías?** ▷ RESUMEN 3
Imagina y cuéntales a tus compañeros en la clase: ¿qué harías en estas situaciones?

	(ganar) un viaje a América Latina
	(salir) con el novio / la novia de mi mejor amigo/-a
	(tener) coche
Si	(estar) en la ducha y de repente no (haber) agua
	(llegar) tarde a casa y no (tener) la llave
	(tener) examen de español y (perder) el bus al instituto
	(darme) un millón de euros

4 **¿Ser o estar?** ▷ RESUMEN 4
Elige una alternativa para completar las frases.

1. ¿Pepe, [¿] listo? El concierto empieza en media hora.
2. Hola Toñi, ¿qué tienes? ¿[¿] mal?
3. – Este ratón[1], ¿[¿] vivo? – Creo que no, pero no [¿] segura.
4. Sí, Pedro ya terminó sus estudios. [¿] un chico muy listo.
5. ¡Cómo podéis escuchar esa música! ¡[¿] tan mala!
6. – Mejor volvemos a casa, es tarde.
   – No te preocupes, el pueblo [¿] muy seguro.

1 el ratón: Maus

3
A

APRENDER MEJOR

5 **Fehler selbst korrigieren**
Du hast dich sicher schon einmal über Flüchtigkeitsfehler geärgert oder über Fehler, die mit etwas Nachdenken zu vermeiden gewesen wären. Du kannst deine Fehlersuche effizienter machen, wenn du Schritt für Schritt vorgehst und folgende Punkte beachtest:

▷ Sind Adjektive und Substantive angeglichen?

▷ Denke auch an die Verschmelzung des Artikels …

▷ … und die Verkürzung bestimmter Adjektive

▷ Passen Verbform und Subjekt zusammen?

▷ Entsprechen die Pronomen den ersetzten Wörtern?

▷ Wurden die richtigen Vergangenheitszeiten gewählt?

▷ Verlangt der Satz Indikativ oder *subjuntivo*?

▷ Wenn eine Form des *subjuntivo* verwendet wird, welche Zeitform wird benötigt: Präsens oder Imperfekt?

▷ Bei Bedingungssätzen: Stimmen die Zeiten im *si*-Satz und im Konditionalsatz?

▷ **las** ruin**as** antigu**as**

▷ las ruinas **del** Templo Mayor

▷ un **buen** ejemplo

▷ La ciudad se despiert**a**.

▷ – ¿Y **el libro**? – Te **lo** traigo mañana.

▷ En 1325 **nació** Tenochtitlán.

▷ **No creo que tenga** el libro.

▷ Le fastidiaba que no **pudiera** ir.

▷ México **sería** ideal **si tuviera** más parques.

ACTIVIDADES

6 **Esperando que todo se arregle**

México D. F. está a 2200 metros de altura y tiene muchos problemas de contaminación del aire. Por eso, hace algunos años, prohibieron en México D. F. la circulación de coches según las siguientes reglas: los lunes, los coches cuyas matrículas terminan en 5 ó 6, los martes, los que terminan en 7 ó 8 etc. Los fines de semana todos pueden circular.

Imaginar las consecuencias y discutir en la clase: ¿Qué pensáis de esa idea?

¿Qué consecuencias puede haber tenido para los habitantes de la ciudad?

¿Ha mejorado la situación? ¿Por qué (no)?

NO SIEMPRE FUE ASÍ

Busca en el diccionario de cultura y civilización la información sobre estas personas:

Miguel Hidalgo   Porfirio Díaz

Emiliano Zapata   Pancho Villa

El Palacio Nacional (Ciudad de México)

¿Qué habría pasado si Miguel Hidalgo no hubiera dado «el grito»?

La noche del 15 de septiembre los mexicanos se reúnen en las plazas de todo el país para
5 celebrar el aniversario de su Independencia, conocido como «el Grito de Dolores». Desde el balcón del Palacio Nacional, en el Zócalo de la capital, el presidente de la República toca una gran campana … y con miles de banderas todos
10 gritan: ¡Viva México!

Pero no siempre fue así …:

En 1810, las ideas de la Revolución Francesa habían llegado a la Nueva España. En la ciudad de Querétaro (al igual que en el resto del
15 continente) algunos criollos – así se les llamaba a los españoles nacidos en la colonia – empezaron a reunirse en secreto para discutir cómo liberar al país del dominio español que duraba ya más de tres siglos. Pronto fueron descubiertos. Sin
20 embargo, el cura Miguel Hidalgo, conocido como el Padre de la Patria, hizo sonar las campanas de la iglesia del pueblo de Dolores en la madrugada del 16 de septiembre. Así reunió a la gente para animarla a rebelarse. Si Hidalgo no hubiera dado
25 el grito, no habría empezado aquella noche la lucha por la independencia. Los mexicanos tuvieron que luchar 11 años hasta que en 1821 España reconoció la independencia de la Nueva España, desde entonces México.

30 **¿Y qué habría sido de los Estados Unidos si México no hubiera perdido Texas, California y Nuevo México?**

Alrededor de 20 millones de mexicanos viven hoy en los Estados Unidos. Los Ángeles es la tercera
35 ciudad con mayor número de mexicanos, sólo después del DF y Guadalajara.

Pero no siempre fue así …:

Antes de 1848, muchos estadounidenses vivían y trabajaban en México. Pero una guerra entre
40 México y los Estados Unidos llevó a que Texas, Nuevo México y California formaron parte de los Estados Unidos. El 30 de mayo de 1848 México reconoció la independencia de esos estados.

**¿Y si Zapata no hubiera luchado por
45 la Revolución?**

México es ahora una república democrática y federal. Tanto un hombre como una mujer puede ser elegido como presidente de la República por un solo período de 6 años.

50 **Pero no siempre fue así …:**

El 20 de noviembre de 1910 empezó la segunda Revolución Mexicana, esta vez contra el dictador ▶

Porfirio Díaz que había gobernado por más de treinta años. Si él hubiera respetado la democracia,
55 los mexicanos habrían elegido a otro presidente. Emiliano Zapata y Pancho Villa siguen siendo héroes de la Revolución Mexicana, primera revolución social del siglo XX, en la que se luchó por el derecho a la educación pública, la reforma
60 agraria y la seguridad social.

COMPRENDER

1 México ayer y hoy

a *Resume la historia mexicana. Busca la información en el texto y completa el cuadro[1] en tu cuaderno.*

1521	Hernán Cortés conquista Tenochtitlán y funda la Ciudad de México.
1810	
15/9/1810	
1821	
1848	
1910	

1 el cuadro: Tabelle

b *El presente. ¿Qué dice el texto sobre el México de hoy?*

2 ¿Entiendes?
Explicar las palabras siguientes. Utilizar sinónimos, antónimos, palabras de la misma familia, palabras de otras lenguas que sabes, o dar una definición.

la república federal   el / la criollo/-a   estadounidense
la patria   la iglesia   la madrugada   la revolución
el héroe   el aniversario   rebelarse   reunirse
el dictador   el periodo   la colonia   liberar a/c, a alg.

DESCUBRIR

3 La oración condicional irreal

a *Übersetze beide Sätze: Auf welche Zeit beziehen sie sich jeweils?*

¿Qué pasaría si California fuera mexicana?

¿Qué habría pasado si México no hubiera perdido California?

b *Completa las frases con los verbos. Utiliza la oración condicional irreal del pasado.*

1. Si las ideas de la Revolución Francesa no [¿] a la Nueva España, algunos criollos no [¿] para discutir cómo liberar al país.
2. Si los españoles no [¿] quedarse en la Nueva España, los mexicanos no [¿] que luchar tantos años por su indepedencia.
3. Si México no [¿] la guerra contra Estados Unidos, Texas, Nuevo México y California no [¿] de ser estados mexicanos.
4. Si Porfirio Díaz no [¿] un dictador, no [¿] la Revolución Mexicana.

llegar
reunirse
querer
tener
perder
dejar
ser // empezar

PRACTICAR

4 **Si no hubiera sido así …** ▷ RESUMEN 3
Una mañana fatal para Juan … Cuenta lo que le ha pasado. Utiliza la oración condicional irreal del pasado.

Ejemplo: Si no hubiera hablado con mi padre esta mañana, habría salido antes de casa.

1. salir tarde de casa / no perder el bus
2. no acompañar a mi hermana a la guardería / llegar a tiempo
3. no olvidar el libro de inglés / no tener que volver a casa
4. mi madre no irse de viaje / levantarme más temprano
5. fregar y limpiar la cocina / mi padre no meterse conmigo
6. correr o gritar / el bus esperarme
7. preparar mis cosas ayer / no tener que prepararlas esta mañana
8. no ver la película anoche / irme a la cama más temprano
9. Paco no llamar ayer / no olvidar hacer los deberes

ESCUCHAR

5 **Adelita**
Escucha la canción: ¿cuál de los dos resúmenes es correcto?

Adelita está enamorada de un militar. Él está tan enamorado que nunca la quiere dejar. Los demás soldados cantan la canción del militar cuando vuelven de la guerra.

Adelita está enamorada de un militar, pero él la deja para irse a la guerra. Muere en la guerra y ella, muy triste, se marcha con otro.

Y si Adelita se fuera con otro
yo la seguiría por tierra y por mar
si por mar en un buque de guerra
si por tierra en un tren militar.

«Adelita» es uno de los corridos mexicanos más famosos, una música que desde la Revolución Mexicana ha sido muy popular en México.

ACTIVIDADES

6 **Un país latinoamericano**
Elige un país latinoamericano que te interesa. Busca información sobre la historia de este país en internet, en una enciclopedia y en este libro. Haz un cuadro parecido al del ejercicio 1.

dominio español / héroe de la independencia /

independencia / colonia / república / dictadura /

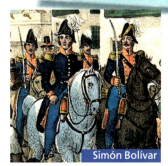
Simón Bolívar

3
C

DOS CHICANAS

 María Elena Salinas es quizás la periodista chicana más conocida en los Estados Unidos de México y los Estados Unidos de América. Nació en Los Ángeles,
5 California, de padres mexicanos. Aunque hasta los 8 años vivió en el Distrito Federal, ella es de California y esa es realmente su tierra, una tierra de méxicoamericanos o chicanos. Allí creció entre dos culturas, hablando dos idiomas,
10 aunque dice que para ella es difícil hablar cien por cien inglés o cien por cien español. María Elena quiere ayudar a la gente de su mismo origen, a la comunidad hispana.

«Aprendí que hagas lo que hagas en la vida,
15 tienes que tratar de ser lo mejor: si vas a limpiar casas, pues que seas mejor que nadie más, si vas a ser periodista, trata de ser la mejor posible …» Trabaja para la tele, para la radio y tiene un portal en la red. De sus entrevistas con dictadores
20 como Pinochet o Noriega dijo una vez que habían sido entrevistas interesantes y agregó que las noticias que realmente le parecían importantes eran las de aquellas personas que sufrían, que no tenían voz como las del siguiente
25 reportaje:

La señora de las trenzas

por M. E. Salinas ■ *12 de enero de 2003*

Acapulco, México ■ La especialidad de Leticia son las trencitas que suelen usar las turistas que quieren pasar las vacaciones en plan película. Trabaja en un hotel que cobra
30 entre 150 y 300 pesos por cabeza, unos 15 a 30 dólares. Sin embargo, a Leticia le pagan sólo 34 pesos – unos $ 3.40 – al día. Le pedí que les hiciera sus trencitas a mis hijas y entonces platiqué* con ella un
35 rato. Me dijo que en Nueva York ganaría mucho dinero porque allá las trenzas son muy bien pagadas.

Leticia es una madre soltera y está convencida de que aunque esté ilegal, su situación
40 económica en los Estados Unidos mejoraría muchísimo. Yo hablé con ella de lo que le esperaba:
■ ¿Tú sabes lo peligroso que es cruzar la frontera?
45 *Sí, pero cruzar por Texas es más fácil que cruzar por California. Y mi hermano le va a dar al coyote 1800 dólares.*
■ ¿Tú sabes que los inmigrantes como tú no son bienvenidos en Estados Unidos?
50 *Sí, pero eso no me importa.*
■ Tendrás que vivir escondiéndote de las autoridades.
Valdrá la pena el sacrificio. No tengo otra alternativa.

55 ■ ¿Qué pasará con tus hijos?
Se quedarán con una tía hasta que pueda mandar por ellos.

Cuando nada funcionó para convencerla, le recordé que el invierno iba a ser muy duro y
60 que echaría de menos el calor de Acapulco. Me contestó que ya se acostumbraría.

La alternativa es quedarse en Acapulco ganando 34 pesos al día y viviendo en una habitación pequeña con sus dos hijos. Claro
65 que si fuera hombre le iría mejor porque podría trabajar directamente con los turistas que le darían alguna propina de vez en cuando.

Se calcula que hay más de un millón de personas que cruzan la frontera norte cada año. De esas,
70 una tercera parte son capturadas. Sólo el año pasado, 360 inmigrantes murieron durante su travesía. En ese mismo periodo de tiempo, los mexicanos que viven en Estados Unidos – con o sin documentos – enviaron unos 10 mil
75 millones de dólares a sus familias para ayudarlas.

Leticia está a punto de convertirse en una de esas estadísticas. Qué bueno sería que terminara mejor en la lista de aquellos que decidieron quedarse y tuvieron la suerte de abrirse camino
80 y ganarse la vida dignamente en su propio país.

en: mariaesalinas.com, 2003

¡OJO!

* En México dicen ...   y en España dicen:

platicar   charlar

La frontera

COMPRENDER

1 Mujeres del mundo

a *Busca la información en el texto:*

1. ¿Qué es un/a chicano/-a?
2. ¿En qué son diferentes las dos mujeres?
3. ¿En qué se parecen?

 **b** *Discutir:*

1. Dice María Elena Salinas que «quiere ayudar a la gente de su mismo origen, a la comunidad hispana». ¿Cómo lo hace?
2. ¿Qué pensará Leticia de la periodista y de lo que ésta le dice?

2 La frontera
Busca la información en el texto y completa las frases

1. Hay más de un millón de …
2. Una tercera …
3. En el 2002 …
4. En ese año, los mexicanos en Estados Unidos …

¿TE ACUERDAS?

3 El estilo indirecto en el pasado
Wie verändern sich die Zeiten in der indirekten Rede in der Vergangenheit?
Ergänze die Sätze.

1. Voy a México.
2. He ido a México.
3. Fui a México.
4. Iré a México.

Había dicho que
Decía que
Dijo que

1. [¿]
2. [¿] a México.
3. [¿]
4. [¿]

3
C

PRACTICAR

4 Una conversación en Acapulco

Por la tarde, María Elena Salinas le cuenta todo a su marido. Completa las frases.

1. Pues, yo pensaba que Leticia [¿] con su trabajo un poco más.
2. Me dijo que [¿] con sus dos hijos en una habitación pequeña.
3. Añadió que [¿] para los Estados Unidos ya muy pronto.
4. Yo ya sabía que [¿] difícil convencerla.
5. Yo le dije que la vida en los Estados Unidos [¿] ser muy dura.
6. Le recordé que [¿] muchas cosas.
7. Me contestó que eso no le [¿].
8. Le pedí que [¿] cuidado.
9. Le expliqué que la vida en los Estados Unidos también
   para mí [¿] muy difícil al principio.

ganar
vivir
salir
ser
poder
echar de menos
importar
tener
ser

5 Todos preguntan

Nicky hace un intercambio en México. Hoy ha ido al colegio por primera vez y sus compañeros quieren saber muchas cosas. Después en casa Nicky le cuenta todo a su familia mexicana. Puedes utilizar:

> Me preguntaron si …
> Les dije que …
> Les pedí que …
> Yo les pregunté si …

¿Llegaste ayer de Alemania?

¿Has probado ya las enchiladas?

¿Cómo son las chicas de tu instituto en Alemania?

¿Te gusta el fútbol?

¿Es la primera vez que estás en México?

¿Ha venido alguien más de tu familia a México?

¿Tienes novia? No te preocupes, ya conocerás a nuestras amigas.

¿Qué hacen el sábado?

¿Me pueden enseñar la ciudad?

¿Comen aquí siempre tan picante?

Es la primera vez que estoy en México.

ACTIVIDADES

6 Los hijos de Leticia

a *¿Qué piensan los hijos de Leticia? Imagina una conversación entre ellos y su madre.*

b *Imaginar y discutir:*
¿Qué pasará con los hijos de Leticia? ¿Cómo será su vida (en casa, en el colegio) si algún día se van a vivir a los Estados Unidos?

¡OJALÁ QUE NO!

– Ándale mi'hija, no andes gastando tiempo. Hoy es el primer día de la escuela y tienes que estar lista para las nueve.
– Bueno, mamá, pero dígame por qué tengo que
5 ir a la escuela.
– Ay, hija, ya te lo he explicado muchas veces y ahora no tengo tiempo. ¡Apúrate!
– ¡Pero, mamá yo no quiero ir a la escuela! ¡Tengo mucho miedo, qué tal que se me salga
10 el español.
– Mi'ja, así tiene que ser. No te apures, tu inglés está muy bueno. No te va a salir el español.
– ¡Yo no quiero ir a la escuela! ¿Para qué quiero aprender a leer? Yo no necesito más amigas.
15 Lo que me da más miedo es que voy a hablar en español. Todos dicen que les dan una nalgada cuando hablan en español. ¡Ay, qué miedo! Ojalá que no me salga el español. ¡Ojalá que no! Pues parece que es verdad. Claro dijo la maestra
20 que no se iba a permitir hablar español. Si me quedo quietita no tengo peligro que me den nalgadas. Ojalá que pase el tiempo bien rápido.
   – ¿Puedo andar contigo?
   – Shhh, the teacher will hear you!
25 – No me importa, acabo que ya es tiempo de ir a lonchar.
   – But we're still on the playground. Someone might hear you and then you'll get a spanking!
   – ¡No me importa!
30 – Do you like school?
   – Poquito.
   – I hate it!
   – Bueno, mi'ja, ¿cómo te fue?
   – Well, mamá, sí, es verdad que dan spankings
35 cuando hables español. Yo tenía mucho miedo. Pero, I did bien.
   – Qué bueno, come tu lonche.
   – Mamá, cuando I walked a la casa una de mis amigas nuevas was talking español. Ella no
40 tenía miedo que la oyeran hablar español, pero I did, yo creí que iban a pensar que yo was talking español. Yo no quería que me dieran una nalgada. También me duele la cabeza de tanto oír inglés.
45 – Mi'ja, mi'ja, no te van a dar nalgadas. Por favor no hables tanto y come tu lonche.
   – Sí, mamá, mejor es no pensar en el school ahora.

Lorraine Torres, *¡Ojalá que no!* (cuento, 1988)

– Ándale, mi'ja, ya es tiempo de volver a la escuela.
50 – Bye, mamá.
   ¡Ay, cómo me dio lástima por el boy cuando le dio la teacher con la ruler en las manos. Pobrecito, él ni sabía la word en inglés. El pobre ni se dio cuenta que he was talking in español.
55 ¿Por qué es que se enojan tanto? Yo voy a aprender English tan bien que never voy a hablar español, solamente cuando yo quiera. Voy a comenzar a practice hablando solamente el inglés.
60 – Hello, Mamá.
   – ¡Hola! ¿Cómo te fue en la escuela?
   – Fine, Mamá, but I was scared when the teacher le dio – I mean spanked a boy.
   – Bah, qué lástima, pobre niño.
65 – Mamá, starting today I'm practicing my English all the time. No quiero – I mean I don't want to get a spanking.
   – Bueno, mi'ja, es bueno que quieras practicar tu inglés. Mi'ja, ya mero son las nueve.
70 ¡Apúrate! No quieres llegar tarde.
   I hate school. I hate school! I hope my Spanish doesn't come out. Please, Jesus, don't let me get a spanking today. I guess I'm lucky I know my English so good! Please don't let
75 me speak Spanish, Jesus! Please! I hate school! ¡Ojalá que no hable español! ¡Ojalá que no!

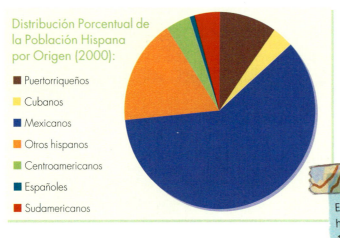

Distribución Porcentual de la Población Hispana por Origen (2000):

- Puertorriqueños
- Cubanos
- Mexicanos
- Otros hispanos
- Centroamericanos
- Españoles
- Sudamericanos

Ciudades en los Estados Unidos, por el ciento de hispanos (2000):

East Los Angeles, California . 97%
Laredo, Texas 94%
El Paso, Texas 77%
Miami, Florida 66%

Quelle: www.census.gov

En el año 2000 había 35,3 millones de hispanos en los Estados Unidos. Desde 1990, la población hispana aumentó por un 58 %. El 70 % de la población hispana vive en 5 Estados: California, Texas, Nueva York, Florida e Illinois.

COMPRENDER · ACTIVIDADES

1 Las protagonistas
Contesta.

1. ¿Cuántas personas están mencionadas* en el texto?
2. ¿Cuántos años tiene la hija más o menos?
3. ¿Quién habla inglés en el texto?
4. «Shhh, the teacher will hear you!»: ¿Quién dice esta frase? ¿A quién?
5. ¿Cuál es el problema de la protagonista?

2 ¿Dónde y cuándo?
a *Indica los lugares y el tiempo de la acción: ¿Dónde hay un cambio de lugar / de tiempo*?*
b *Divide el texto en tres partes y comenta el lenguaje de la hija: ¿Qué es lo que cambia?*

3 El problema
a 1. Caracteriza* a la chica: ¿Cómo se comporta* y por qué?
2. Describe y explica la actitud* de la madre.
3. Tú como madre de la hija, ¿qué le dirías?
4. ¿Cómo continúa la historia?

b *La hija le escribe una carta a una amiga en México sobre su vida en los Estados Unidos. Imagina qué escribe.*

4 El spanglish
a *Busca en el texto todas las palabras, expresiones y frases en inglés o inglés «adaptado» y tradúcelas al español.*
b *Indica algunos elementos del spanglish y analiza sus características.*

5 Alternativas
En California discuten dos caminos para ayudar a los niños inmigrantes:
– fomentar la educación bilingüe en las escuelas
– utilizar el inglés como primera (y única) lengua en la escuela
¿Qué pensáis vosotros? ¿Cuál os parece el mejor camino para ayudar a estos niños?
¿Cuándo y cómo deberían aprender inglés? ¿Qué se debería hacer con su idioma?
Buscar argumentos y discutir en clase.

* Die Worterklärungen findet ihr auf den Seiten 86–89.

FACULTATIVO ▪ FACULTATIVO ▪ FACULTATIVO ▪ FACULTATIVO ▪ FACULTATIVO ▪ FACULTATIVO

REPASO

FACULTATIVO ■ FACULTATIVO ■ FACULTATIVO ■ FACULTATIVO ■ FACULTATIVO ■ FACULTATIVO ■ FACULTATIVO

1 **Si pudiera …**

a *Hazle las preguntas a tu compañero/-a. Contesta las preguntas de tu compañero/-a.*

¿Qué harías tú …
  habrías hecho …

1. … si [¿] fregar y limpiar en casa y no [¿] ganas?	tocarte // tener
2. … si el año pasado [¿] 10.000 euros para pasar tus vacaciones?	tener / tú
3. … si [¿] visitar solo/-a a un amigo en México?	querer
4. … si ayer [¿] con tu mejor amigo/-a?	tener bronca
5. … si ayer [¿] tu perro?	desaparecer
6. … si [¿] documentos con la tarjeta de visita[1] de un personaje famoso?	encontrar
7. … si en un bar [¿] en la mesa de al lado un móvil que alguien ha dejado?	ver

1 la tarjeta de visita: Visitenkarte

b *Imaginar más preguntas y hacerlas en clase.*

2 **¡Cuéntame!**
Rafa, un amigo andaluz, llama a Manu a Valencia. Al día siguiente, Manu habla con Vero.
Escucha primero la conversación por teléfono, después completa lo que le dice Manu a Vero.

Vero: La semana pasada hablé con Rafa.
Probablemente no va a venir a Valencia este año.
Manu: Pues, fíjate, llamó ayer. Me dijo que [¿].
Vero: ¿Este fin de semana? Qué raro. ¿Estás segura?
Manu: Pues, sí, dijo que [¿]. Además me pidió que [¿].
Vero: ¿Y qué más contó? ¿Qué quiere hacer aquí?
Manu: Dijo que primero [¿] … y que después [¿].
Vero: Pero no va a venir para eso, ¿no?

Manu: Explicó que [¿] y que [¿].
Vero: No me digas … Entonces lo voy a llamar …
Manu: Pues, nada, me dijo que [¿].

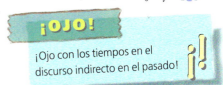

¡OJO!

¡Ojo con los tiempos en el discurso indirecto en el pasado!

¿TE ACUERDAS?

3 **Antes …**
¿Pretérito imperfecto, pretérito indefinido o pretérito pluscuamperfecto? Completa.

Una noche, Noemí [¿] (ir) a la discoteca «El Mono», en Acapulco. [¿] (Estar) sentada durante horas en la barra, [¿] (mirar) a la gente que [¿] (estar) bailando. Primero [¿] (tomar) un zumo, después [¿] (pedir) un agua mineral. No [¿] (pasar) nada. Noemí [¿] (empezar) a aburrirse. Se [¿] (preguntar) por qué [¿] (venir) a este lugar. De repente [¿] (aparecer) él: un chico alto, rubio, guapo. Él la [¿] (mirar) y [¿] (mirar), y después de unos momentos ella le [¿] (decir) algo. El chico [¿] (ir) a la barra, [¿] (sentarse) al lado de Noemí, y los dos [¿] (empezar) a charlar. Él [¿] (llamarse) Carlos, [¿] (ser) de México D. F., y [¿] (llegar) a Acapulco hacía dos días. [¿] (Pasar) sus vacaciones en casa de sus tíos, porque [¿] (ser) estudiante y no [¿] (tener) mucho dinero. Después de algún tiempo Noemí y Carlos [¿] (empezar) a bailar … y [¿] (bailar) y [¿] (bailar). Cuando [¿] (salir) de la discoteca, ya [¿] (ser) las siete de la mañana. Bailando [¿] (olvidarse) de la hora … En la calle ya [¿] (haber) gente que [¿] (ir) al trabajo, turistas que ya [¿] (desayunar) y [¿] (irse) a la playa. Carlos [¿] (acompañar) a Noemí hasta su casa, [¿] (despedirse) de ella. Los dos [¿] (quedar) para las dos de la tarde …

RESUMEN

PARA COMUNICARSE

etwas / jemanden hochleben lassen	¡Viva (México)!
jemand wird nicht beachtet	Nadie (le) hace caso.
einen genauen Zeitpunkt angeben	a (las seis) en punto
eine Einschränkung machen	por (pequeño) que sea
kurz davor sein etwas zu tun	Está a punto de (convertirse en) …
einen Vergleich anstellen (idiom.)	(vacaciones) en plan (película)

GRAMÁTICA

1 **El pretérito pluscuamperfecto de subjuntivo** · *Subjuntivo* **Plusquamperfekt**

hubiera	
hubieras	
hubiera	tomado
hubiéramos	comido
hubierais	ido
hubieran	

2 **El condicional compuesto** · **Das** *condicional compuesto*

habría	
habrías	
habría	tomado
habríamos	comido
habríais	ido
habrían	

3 **La oración condicional irreal** · **Der irreale Bedingungssatz**

3.1 La oración condicional irreal en presente · Der irreale Bedingungssatz der Gegenwart

La Ciudad de México **sería** una ciudad ideal si no **hubiera** tantos coches.

> Im Nebensatz mit **si** steht das **imperfecto de subjuntivo**.
> Im Hauptsatz steht der Konditional Präsens.

3.2 La oración condicional irreal en el pasado · Der irreale Bedingungssatz in der Vergangenheit

Si **hubieras venido** ayer, **tendríamos** menos problemas hoy.
Si **hubieras estado** aquí, todo **habría sido** más fácil.

> Im Nebensatz mit **si** steht das **pluscuamperfecto de subjuntivo**. Je nach Bedeutung steht im Hauptsatz der Konditional Präsens oder das der Vergangenheit.

4 *ser* / *estar* **con adjetivos · ** *Ser* / *estar* **mit Adjektiv**

Es una chica muy **lista**.
A las seis, todos **están listos**.

¿**Estás seguro**?
La ciudad no **es segura**.

Lo más importante es **ser libre**.
Sí, esta tarde **estoy libre**.

Es la mujer más **rica** de España.
Las tortillas hoy **están** muy **ricas**.

Los taxis en México **son verdes**.
El cielo hoy **está azul**.

Einige Adjektive können sowohl mit **ser** wie auch mit **estar** gebraucht werden. Mit **estar** bezeichnen sie meist eine vorübergehende Eigenschaft.

5 **El participio en oraciones temporales · Das Partizip in Temporalsätzen**

Después de pasar las 9.30 …
Una vez pasadas las 9.30 …

Depués de visitar el museo …
Una vez visitado el museo …

Después de + Infinitiv kann ersetzt werden durch **una vez** + Partizip.

3

DESTREZAS

EL PACHUCO Y OTROS EXTREMOS

 Al iniciar mi vida en los Estados Unidos residí algún tiempo en Los Ángeles, ciudad habitada por más de un millón de personas de origen mexicano. A primera vista

5 sorprende al viajero […] la atmósfera vagamente mexicana de la ciudad, imposible de apresar con palabras o conceptos. Esta mexicanidad –gusto por los adornos, descuido y fausto, negligencia, pasión y reserva– flota en el aire. Y digo que flota

10 porque no se mezcla ni se funde con el otro mundo, el mundo norteamericano, hecho de precisión y eficacia […]
Algo semejante ocurre con los mexicanos que uno encuentra en la calle. Aunque tengan

15 muchos años de vivir allí, usen la misma ropa, hablen el mismo idioma y sientan vergüenza de su origen, nadie los confundiría con los norteamericanos auténticos. Y no se crea que los rasgos físicos son tan determinantes como

20 vulgarmente se piensa. Lo que me parece distinguirlos del resto de la población es su aire furtivo e inquieto, de seres que se disfrazan, de seres que temen la mirada ajena, capaz de desnudarlos […]

25 [L]os «pachucos» son bandas de jóvenes, generalmente de origen mexicano, que viven en las ciudades del Sur y que se singularizan tanto por su vestimenta como por su conducta y su lenguaje. Rebeldes instintivos, contra ellos se ha

30 cebado más de una vez el racismo norteamericano. Pero los «pachucos»no reivindican su raza ni la nacionalidad de sus antepasados. A pesar de que su actitud revela una obstinada y casi fanática voluntad de ser, esa

35 voluntad no afirma nada concreto sino la decisión […] de no ser como los otros que los rodean. El «pachuco» no quiere volver a su origen mexicano; tampoco –al menos en apariencia–

OCTAVIO
PAZ
◆◆◆◆◆◆◆

El laberinto
de la soledad

desea fundirse a la vida norteamericana […]
Otras comunidades reaccionan de modo distinto; 40
los negros, por ejemplo, perseguidos por la intolerancia racial, se esfuerzan por «pasar la línea» e ingresar a la sociedad. Quieren ser como los otros ciudadanos. Los mexicanos han sufrido una repulsión menos violenta, pero lejos de 45
intentar una problemática adaptación a los modelos ambientes, afirman sus diferencias. […]
A través de un dandismo grotesco y de una conducta anárquica, señalan no tanto la injusticia o la incapacidad de una sociedad que no ha 50
logrado asimilarlos, como su voluntad personal de seguir siendo distintos.
No importa conocer las causas de este conflicto y menos saber si tienen remedio o no. En muchas partes existen minorías que no gozan de las 55
mismas oportunidades que el resto de la población. Lo característico del hecho reside en este obstinado querer ser distinto, en esta angustiosa tensión con que el mexicano […] afirma sus diferencias frente al mundo. 60

© *Octavio Paz, en: El laberinto de la soledad, 1950 (texto abreviado)*

---

l. 6 **apresar:** capturar   l. 8 **el adorno:** Schmuck   l. 8 **el fausto:** Pracht, Pomp   l. 9 **flotar:** *aquí* schweben   l. 10 **fundirse:** verschmelzen   l. 12 **la eficacia:** Effizienz   l. 13 **semejante:** parecido/-a   l. 16 **sentir vergüenza de u/c:** sich für etw. schämen   l. 17 **confundir:** verwechseln   l. 19 **los rasgos físicos:** Aussehen, besonders: Gesichtszüge   l. 21 **distinguir:** unterscheiden   l. 22 **furtivo/-a:** verstohlen, heimlich   l. 22 **los seres:** die Wesen   l. 22 **disfrazarse:** sich verkleiden   l. 23 **ajeno/-a:** extranjero/-a, de otro/-a   l. 24 **desnudar a alg.:** quitarle la ropa   l. 28 **la conducta:** Verhalten   l. 30 **cebarse:** *aquí* sich richten   l. 32 **reivindicar:** beanspruchen, fordern   l. 33 **los antepasados:** Vorfahren   l. 33 **la actitud:** Haltung   l. 34 **obstinado/-a:** hartnäckig   l. 36 **rodear:** umgeben   l. 40 **de modo …:** auf … Weise   l. 41 **perseguir:** verfolgen   l. 45 **la repulsión:** *aquí* Abweisung   l. 46 **la adaptación:** Anpassung   l. 48 **el dandismo:** Dandytum   l. 53 **la causa:** der Grund   l. 54 **el remedio:** *aquí* la solución   l. 54 **en muchas partes:** in vielen Gegenden / Ländern   l. 55 **la minoría:** Minderheit   l. 55 **gozar de:** *aquí* tener   l. 59 **angustioso/-a:** qualvoll, unruhig   l. 59 **la tensión:** Anspannung   l. 60 **frente a:** gegenüber

APRENDER MEJOR

1 **El diccionario monolingüe:**
Arbeit mit dem Wörterbuch (III)

a *Busca para la palabra* cuidar

   a. su categoría gramatical
   b. los contextos en que se utiliza
   c. un sinónimo[1] y un antónimo[2]
   d. otras palabras de la misma familia.

> **cuidar** v. t. Poner esmero en una cosa. ‖ Asistir: *cui-dar a un enfermo.* ‖ Conservar: *cuidar la ropa, la casa.* ‖ — V. i. Ocuparse, prestar atención: *cuida de tu salud.* ‖ Tener cuidado, tener la preocupación: *cuida de que no vengan los niños a este espectáculo macabro.* ‖ — V. pr. Darse buena vida, mirar por su salud. ‖ Atender, ocuparse. ‖ Preocuparse.

   1 el sinónimo: Synonym
   2 el antónimo: Antonym, Gegenteil

b *Busca en el diccionario monolingüe:*

   a. un sinónimo de *residir* (l. 1)
   b. un antónimo de *negligencia* (l. 8)
   c. palabras de la misma familia que *habitada* (l. 2), *temer* (l. 23), *capaz* (l. 23), *vestimenta* (l. 28), *apariencia* (l. 38), *violenta* (l. 45)
   d. el género de *pasión* (l. 8)
   e. los contextos en que se utilizan *auténtico* (l. 18), *mezclarse* (l. 10)

> ### LERNTIPP
> Das einsprachige Wörterbuch:
> – zeigt dir wie ein Wort geschrieben wird,
> – gibt Beispiele für die Verwendung (Kontext),
> – gibt Synonyme und Antonyme.
> In manchen Wörterbüchern gibt es nicht für jedes Wort einen eigenen Eintrag. Wenn du ein Wort nicht findest, so suche eins derselben Wortfamilie.

ACTIVIDADES
PRIMER PASO: COMPRENDER EL TEXTO

1 *¿Qué es típico de la atmósfera de Los Ángeles?*

2 *Los mexicanos de Los Ángeles ¿qué tienen en común con los habitantes norteamericanos? ¿En qué son diferentes?*

3 *¿Cómo se comportan[5] los «pachucos»? ¿Por qué?*   5 comportarse: sich verhalten

SEGUNDO PASO: ANALIZAR EL TEXTO

4 *Explica por qué el autor habla de «los negros» (l. 41–43).*

TERCER PASO: COMENTAR EL TEXTO

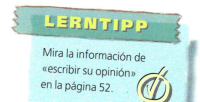

> ### LERNTIPP
> Mira la información de «escribir su opinión» en la página 52.

5 *«En muchas partes existen minorías que no tienen las mismas oportunidades que el resto de la población.» (l. 54–57) ¿Crees que esta frase escrita en 1950 es todavía actual? Da ejemplos.*

3

BALANCE

EXPRESIÓN ORAL

1 **El cargador de flores**
a *Describe la pintura de Diego Rivera. ¿Qué ves?*

© el cargador de flores, Diego Rivera

b *Busca información sobre Diego Rivera en el módulo 3, p.56, o en el pequeño Diccionario de Cultura y civilización, p.101–104, y compárala con la pintura. Después expón tus ideas en la clase.*

EXPRESIÓN ESCRITA

2 **¿Qué situación prefieres?**
Aquí tienes dos situaciones para la pintura de Diego Rivera. Elige una de las dos, escribe una historia de unas 250 palabras.

Situación A
El cargador de flores vende flores en el mercado. La mujer es una cliente que quiere comprar flores. Él necesita ayuda, pero a ella no le interesa. Ella sólo quiere comprar sus flores.

Situación B
El cargador de flores es el hijo de la mujer. Él tiene que llevar las flores al mercado y no puede. Necesita ayuda. Su madre lo quiere ayudar.

COMPRENSIÓN LECTORA

3 **El profesor de espanglish**
Lee el texto e indica las frases que contienen

1. una definición del espanglish,
2. la opinión de algunos intelectuales sobre el espanglish,
3. los argumentos del profesor Ilan Stavans.

Más de 30 millones de personas en Estados Unidos son de origen hispano: 64 por ciento de México, 10 por ciento de Puerto Rico, 4 por ciento de Cuba, 14 por ciento de Centro y Sudamérica … y muy pocos de ellos hablan el castellano como lo dicta el diccionario de la Real Academia de la Lengua Española. Lo que hablan es una mezcla del español con el inglés
5 y montones de anglicismos y expresiones únicas que trajeron de sus países de origen. Lo que hablan, en muchos casos, es espanglish.
Aunque su uso es muy extenso en Estados Unidos, el espanglish es motivo de ataques. El poeta mexicano Octavio Paz dijo en una de sus últimas entrevistas antes de morir que el espanglish era fatal. Y los intelectuales –sobre todo los de España y sobre todo los miembros
10 de la Real Academia de la Lengua Española– no se cansan de llamar ignorantes y aberrantes a quienes defienden y usan el espanglish. Esto último fastidia mucho a Ilan Stavans, profesor del Amherst College de Massachussetts que acaba de construir un diccionario del espanglish con más de 6 mil palabras.
«Ya somos más hispanos en Estados Unidos que la población entera de España», apuntó.
15 «Por décadas los círculos académicos han visto al espanglish como una deformación de la lengua. Lo que yo propongo es que ya no es posible verlo en un tono tan negativo.» Y es más, lejos de creer –como Paz– que el espanglish es una forma transitoria de comunicación, Ilan considera que está desarrollándose y consolidándose. «Ni el español ni el inglés sobrevivirán de la misma manera. Y no creo nada improbable que dentro de 200 o 300 años
20 se escriban grandes obras en espanglish.»

© Jorge Ramos Ávalos, La otra cara de América, 2000, (texto adaptado)

l. 3 **dictar:** *aquí:* vorschreiben   l. 6 **el caso:** Fall   l. 7 **ataque:** Angriff   l. 10 **cansarse:** estar cansado/-a
l. 10 **aberrante:** abscheulich   l. 15 **la década:** 10 años   l. 17 **transitorio/-a:** vorübergehend
l. 18 **considerar:** betrachten   l. 18 **consolidarse:** festigen   l. 19 **improbable:** unwahrscheinlich

MEDIACIÓN

4 **Una ciudad en Alemania**
Andrés hört sich auf einer Stadtrundfahrt die Erklärungen an, versteht aber nicht alles. Beantworte seine Fragen und gib die Fragen, die du nicht selbst beantworten kannst, auf deutsch an den Stadtführer weiter.

Essen ist eine der wichtigsten Städte in der Region «Ruhrgebiet», ganz im Westen von Deutschland in der Nähe von Dortmund und Düsseldorf. Die Stadt hat ungefähr 600.000 Einwohner, davon sind etwa 10% Ausländer. Hier leben viele Spanier, die in den 60er Jahren nach Deutschland gekommen sind.

¿Cómo se llama la región?

¿Qué dice sobre los españoles?

¿Qué es «Düsseldorf»?

¿Tienen también folletos en español?

¿Dónde puedo conseguir más información?

EL MUNDO DEL TRABAJO

Tanja Richter
Wilhelmsaue 56
D-80798 München

A la atención de: Cristina Álvarez
Sevilla
Fax: 0034-952-469 370

30 de junio de 2004

Estimada señora Álvarez,

con referencia a su anuncio publicado en el diario «Sur» el pasado domingo, día 27 de junio, me dirijo a usted para ofrecerle mis servicios como chica au-pair.

Me llamo Tanja Richter y tengo 18 años. Acabo de terminar el bachillerato y antes de empezar a estudiar en la universidad (la carrera de magisterio) me gustaría pasar un año en España y trabajar con niños. Estoy acostumbrada a trabajar con niños pequeños ya que durante las vacaciones hice varias veces prácticas en una guardería cerca de mi casa. Además quisiera hacer un curso de español.

Con mis padres he estado ya varias veces en España durante las vacaciones y en el colegio he estudiado español durante tres años. En mi tiempo libre me gusta ir al cine con mis amigos, escuchar música y me encanta el baile: acabo de hacer un curso de flamenco que ofrecen en el Centro Español de mi ciudad.

En espera de su respuesta le saludo atentamente

Tanja Richter
Tanja Richter

Anexo: foto
       fotocopia diploma de bachillerato

CURRICULUM VITAE

INFORMACIÓN PERSONAL

Nombre

Dirección

Teléfono

Correo electrónico

Nacionalidad

Fecha de nacimiento

Tanja Richter

Wilhelmsaue 56
D-80798 München

0049 - 89 - 65 11 56 77

TRichter@hotmail.com

alemana

1 de noviembre de 1985

EDUCACIÓN Y FORMACIÓN

Estudios

Lengua materna

Otros idiomas

bachillerato

alemán

español e inglés (buen nivel),
francés (nivel básico)

Capacidades y aptitudes personales

Conocimientos de informática

Intereses personales

Word y Excel

Cine y música
Baile
Me gusta trabajar con niños.

Múnich, 30 de junio de 2004

Tanja Richter
Tanja Richter

¿Dónde buscar información sobre campos de trabajo, au pair u otras posibilidades de pasar una temporada en España?

Información de la UE e Injuve (=Instituto de la Juventud del Gobierno español) sobre España:
www.eryica.org

Información sobre los Institutos de la Juventud de todas las Comunidades autónomas en España:
Instituto de la Juventud
José Ortega y Gasset, 71
28006 Madrid
Tel: (91) 347 77 00
Fax: (91) 347 78 04
Email: injuve@mtas.es

www.mtas.es/injuve o también:
www.mtas.es/infoven

1 *Elige uno de los anuncios y escribe en tu cuaderno una carta de solicitud según el modelo.*

2 *Después del bachillerato quieres trabajar en la hostelería. Ya has hecho unas prácticas en un hotel de la ciudad donde vives. Quieres hacer prácticas de tres meses en un hotel en Madrid. Acabas de llegar y te presentas al gerente para una primera entrevista.*
Saluda, preséntate y contesta sus preguntas.

PREPARAR EL EXAMEN

COMPRENSIÓN LECTORA

Lee el texto y apunta la frase correcta en una hoja.

Las lenguas indígenas en Costa Rica están condenadas a morir: los idiomas de nuestros ancestros se van extinguiendo ante la progresiva pérdida de sus verdaderos hablantes.

5 En el siglo XVIII desaparecieron en el país las lenguas *chorotega* y *huetar* y en la primera mitad del siglo XX se extinguió el *rama* o *voto*. Las que lograron sobrevivir hasta finales del siglo XX fueron el *bribri*, el *guatuso* o *maleku*, el *guaimí* y también el

10 *térraba*.

En la actualidad su estado «de salud» es preocupante. El *térraba* está extinto; el *guaimí* se halla en estado de resistencia gracias a la influencia de indígenas panameños, y el *bribri* y el *maleku*

15 se encuentran en franca declinación, según especialistas nacionales.

Los principales factores de la extinción de estas lenguas indígenas son el uso del español, la poca utilidad que se le da a los idiomas propios y el

20 desarrollo de las comunidades indígenas.

El lingüista costarricense Adolfo Constenla explicó que los hablantes de las lenguas indígenas representan un 0,7 % de la población costarricense. Es decir, los indígenas conviven diariamente con

25 gente que habla español y que les lleva una ventaja numérica muy grande.

«El 60 % de la población indígena tiene menos de 18 años y ellos no le ven utilidad al idioma. Las condiciones económicas los hacen

30 aprender otras cosas y buscar otras opciones», explicó Dónald Rojas, presidente de la Mesa Indígena.

El español sirve para comunicarse con otros en la vida cotidiana, para buscar trabajo, para aspirar a

35 puestos públicos y hasta para ver televisión, escuchar radio e ingresar a Internet.

© *La Nación, Costa Rica, 17 de noviembre de 2007*

1. Algunas lenguas indígenas que todavía se hablan en Costa Rica son:
A el bribri, el rama y también el guatuso
B el maleku, el bribri y también el guaimí
C el maleku, el huetar y también el térraba.

2. El térraba es una lengua indígena que:
A ya no existe.
B se habla también en Panamá.
C desapareció antes del siglo XX.

3. Los hablantes de las lenguas indígenas:
A son menos que los hablantes del español.
B son tantos como los hablantes del español.
C son más que los hablantes del español.

4. El 40 % de la población indígena:
A representa un 0,7 % de la población costarricense.
B desapareció en el siglo XVIII.
C son mayores de 18 años.

EXPRESIÓN ESCRITA

A todos nos ha pasado alguna vez que algo o alguien nos ha sorprendido. Escribe un texto de 150 a 200 palabras en el que cuentes:

¿Qué o quién te sorprendió y por qué?

¿Dónde y cuándo ocurrió?   ¿Cómo te sentiste y qué hiciste?

¿Qué aprendiste de esa experencia?

GRAMÁTICA Y VOCABULARIO

En cada una de las frases siguientes encuentras un fragmento en **negrita**. *Elige la respuesta que tenga un significado equivalente al fragmento y apúntala en una hoja.*

Ejemplo: No he hablado todavía con Javier. **¿Le das un toque?**

A ¿Le escribes un mensaje?   B Javier no da ni golpe.   C ¿Lo llamas por teléfono?

La respuesta correcta es la **C**.

1. – ¿Sabes? La profesora finalmente me dio una buena nota.
– **Menos mal.**
A ¡Qué suerte!
B ¡Qué interesante!
C ¡Qué raro!

2. – ¿Sabes que Fernando sale con Elena?
– **¡No me digas!**
A ¡No me lo repitas!
B ¡No me lo puedo creer!
C ¡Ya lo sabía!

3. – Fíjate, ayer me encontré con Lozano.
– Ay, es que **no lo aguanto.**
A es muy simpático.
B no lo conozco.
C no me parece simpático.

4. – ¿Quieres venir conmigo a la piscina?
– **¡Cómo no!**
A ¡Vaya idea!
B No, lo siento.
C ¡Claro que sí!

5. – ¿Qué tal te pareció lo que dijo Alberto?
– **Me hizo gracia.**
A Me pareció inteligente.
B Me dio risa.
C Me sorprendió.

6. – Oye, perdona por lo de ayer.
– **No te preocupes.**
A A ti ¿qué te importa?
B No pasa nada.
C No me vengas con cuentos.

EXPRESIÓN ORAL

Expón tus ideas sobre el siguiente tema en unos 2 a 3 minutos. Tienes 15 minutos para prepararte.

VIAJAR
– ¿Cómo prefieres viajar? ¿En coche, en avión, a pie, en bicicleta, con la familia, con amigos …?
– ¿Cuáles son los lugares del mundo a los que te gusta o te gustaría viajar?
– ¿Qué es importante para ti cuando viajas: conocer nuevas culturas, gente nueva, idiomas etc.?
– ¿Cuál fue tu viaje favorito?

COMPRENSIÓN AUDITIVA

Escucha la siguiente noticia de una radio local de Burgos. Después, di si las siguientes frases son **verdaderas (V)** *o* **falsas (F)**.

1. El cantante Ricky Martin dará una serie de conciertos en España desde el 23 de junio hasta el 15 de julio.   **V – F**

2. Ricky Martín cantará sus canciones más famosas, algunas de sus últimas canciones así como música rock, africana y puertorriqueña.   **V – F**

3. Las entradas para el concierto en Burgos se pueden comprar por teléfono.   **V – F**

1

MÓDULO 1

1 **Viajando por el mundo precolombino**

a *Elige uno de los anuncios[1] y descríbelo.*
Las siguientes preguntas te pueden ayudar: ¿Qué información hay?
¿Cómo se presenta la información? ¿Te parece bien hecho el anuncio?
Después de ver el anuncio, ¿tendrías ganas de viajar allí?
Explica por qué (no).

1 el anuncio: Anzeige

PARA CHARLAR

b *Trabajad en parejas y preparad el siguiente diálogo: Uno/-a es el/la cliente que pide información porque querría viajar a Latinoamérica, el / la otro/-a trabaja en una agencia de viajes [1] y contesta las preguntas.*

> lugares de interés   tiempo
>
> precios   hostales / hoteles   lengua
>
> temporada[2] alta/baja   deporte

> Me gustaría hacer / viajar / informarme …
> Me encantaría …
> ¿Qué querría saber?
> Le recomendaría …
> Sería interesante …

[1] la agencia de viajes: Reisebüro
[2] la temporada: Saison

2 **Contar una situación** ▷ RESUMEN 4
Elige una de las siguientes situaciones. Tú eres la persona en la situación y le cuentas a un/a amigo/-a lo que has vivido.
Utiliza los tiempos del pasado y el vocabulario de la página 27.

> Colón llegando a la playa del Caribe en 1492.
> El azteca Icoat encontrando a Bernal de Extremadura en 1517.
> Mónica, la historiadora peruana, conociendo a los jóvenes españoles Montse y Quim.
> Un/-a joven que acaba de perder su billetera.
> Un/-a joven que encuentra a su ex-novio/-a.
> Una situación interesante de tu propia vida.

> ¿Cómo me sentía?
> ¿Qué vi?
> ¿Qué hice?
> ¿Cómo era?
> ¿Qué dijeron?

3 **Costumbres diferentes**
«… en cada cultura se tienen costumbres diferentes.» (p.12, l. 63–64).

a *Buscad ejemplos. Si tenéis experiencias propias, contadlas.*

b *Preparad un diálogo:*
Un/-a joven alemán/-ana le explica a un/a hispanohablante una costumbre de su región.

2

MÓDULO 2

PARA CHARLAR

1 **Tópicos**
Mira las imágenes y cuenta una historia.

2 **¿Viajamos a Galicia?**

a *Formad dos grupos. El grupo A quiere hacer un viaje a Galicia en las vacaciones de Semana Santa, el grupo B no. Entre todos en vuestro grupo, buscad los argumentos.*

b *Discutid entre dos: un/-a alumno/-a del grupo A con un/-a alumno/-a del grupo B.*

3 **La prensa: Noticias de Galicia, 2007**

a *Describid las dos imágenes y discutid:*
¿De qué podrían tratar los textos?

b *Formad dos grupos. Cada grupo elige una noticia.*

c *Preparad una presentación de «vuestro» texto en clase: ¿De qué trata el texto? Si tenéis que dar mas información para que se pueda comprender el trasfondo[2] del texto, buscadla en la página de Destrezas Literarias (p. xy), en el pequeño Diccionario de Cultura y Civilización (p. 101–104) o en la red.*

2 el trasfondo: Hintergrund

d *Después discutid las noticias todos juntos.*
¿Cuál os parece más interesante? ¿Por qué?

LERNTIPP

Para presentar un texto:
– Apuntad la información más importante del texto.
– Utilizad material visual (mapa mental, imágenes, estadísticas …).
– Utilizad frases cortas y un vocabulario fácil de entender. Si hay palabras nuevas, explicadlas.
– No leáis el texto escrito: hablad libremente, en voz alta y despacio. Mirad al público.
– Preguntad a vuestros compañeros si han entendido todo. Contestad a sus preguntas.

EL CAMINO CUMPLE 20 AÑOS DE ITINERARIO CULTURAL

El Camino de Santiago celebró ayer su vigésimo aniversario. La responsable de Itinerarios Culturales Europeos del Consejo de Europa, Françoise Tondre, destacó el «éxito
5 excepcional» de la ruta compostelana, que fomenta la «tolerancia, el respeto y el diálogo entre culturas».
La nueva declaración del Camino de Santiago, leída por un grupo de jóvenes en cuatro idiomas (español, gallego, inglés y francés), hace hincapié en la importancia de la cooperación entre todos los caminos de peregrinación reconocidos por el Consejo de Europa.
10 El presidente de la Xunta, Emilio Pérez Touriño destacó el alto valor simbólico que el Camino de Santiago tuvo para la construcción europea. «Europa empieza a adquirir una

primera conciencia de sí misma a través de este camino». Para el presidente de la Xunta, los peregrinos de diferentes nacionalidades que llegan a Compostela son la mejor prueba de que el Camino es «un auténtico patrimonio mundial».

© *www.elpais.com*, *Santiago 2007 (texto abreviado y adaptado)*

LOS REYES DEL KO: BLUES A LA ORILLA DE LOS RIOS

Hubo un tiempo en el que los españoles emigraban, muchos de ellos gallegos, a
5   ciudades como Buenos Aires, Berlín o Londres. Abandonaban sus hogares por las mismas razones, para mejorar, para aspirar, para conseguir.
En 2004, Marcos Coll (1976) y Adrián
10 Costa (1979) se llevaban los Reyes del KO a las orillas de los ríos de Berlín, se iban con su blues a otra parte, para mejorar, para aspirar, para conseguir. Amigos de la infancia, la carretera musical les ha
15 llevado desde Compostela a Madrid, y más tarde a Berlín. «En Alemania hemos tocado en iglesias, en grandes salas y en locales con dos sofás y tres sillas, allá se ama el blues, han visto mucha
20 calidad y lo saben apreciar, en cambio es un público mayor», comenta Marcos.

Los Reyes del KO

Estos dos jóvenes que en 2004 emigraron a Berlín, regresan a la capital con la maleta llena de premios, discos y blues.

Su música es fuerte, directa, sincera. Muy potente, obligatoriamente bailable y con mucho talento y calidad. Tanto que fueron galardonados con el prestigioso Jazz & Blues Award de Berlín en 2005, y sus nombres están en los libros de música de los colegios gallegos.
25 «Aquello nos hizo gracia, salíamos en el libro de texto de mi hermana, en un tema sobre el blues en Galicia».

© *www.elpais.com*, *Madrid 2007 (texto abreviado)*

MÓDULO 3

1 **Quiero ser …**

Lucía le explica a sus padres por qué quiere ser [¿].
Sus padres no están convencidos de que sea una buena idea.
Haced el diálogo.

1 el / la médico/-a: Arzt / Ärztin
3 el / la empleado/-a: Angestellte/r
3 el / la vendedor/a: Verkäufer/in

camarero/-a
médico/-a[1]
abogado/-a
director/a de una escuela
empleado[2]/-a de banco
recepcionista
biólogo/-a
mensajero/-a
vendedor/a[3]
protagonista de cine
pescador/a
historiador/a
…

2 **Mi libro favorito**

Preséntales tu libro favorito a tus compañeros.
Piensa en
– *la información sobre el autor y el tema*
– *un resumen del contenido*
– *tu opinión*
– *una conclusión.*

Os quiero presentar el libro …
Es un libro que trata de …
El autor escribe sobre el tema de …
Al principio … / al final …
Me gusta el libro porque …
Os recomiendo leer este libro porque …

LERNTIPP

Si necesitas ayuda, puedes mirar «¿Cómo acercarse a los textos?» en las páginas 86–89.

3 **¿Qué harías si …? / ¿Qué habrías hecho si …?**

a *Formula una pregunta interesante.*
Ejemplo: «¿Que harías si te regalaran mil euros?»

ir en un viaje por el mundo   ser modelo en Paris   vivir en México

pesar[5] 150 kilos   ganar un millón de euros

conocer a tu cantante[4] favorito/-a   …

4 el / la cantante: Sänger/in
5 pesar: wiegen

b *Haz tu pregunta a diez compañeros/-as de la clase.*

c *Después de la encuesta[6], cuenta a todos las respuestas que más te hayan llamado la atención y escucha lo que los demás te cuentan.*
Ejemplo: «Lukas dijo que si le regalaran mil euros, nos invitaría a todos a una gran fiesta.»

6 la encuesta: Umfrage

d *Entre todos, elegid las preguntas y las respuestas que más os gusten.*

PARA CHARLAR

3

4 **La lengua española en Estados Unidos**

a *Trabajad en dos grupos: Un grupo presenta la estadística, el otro grupo presenta el texto a los compañeros.*

b *Entre todos, comparad la situación expuesta en los dos textos.*

c *Discutid:*

¿Qué pueden ser las consecuencias de la situación para Estados Unidos?

¿Qué pensarán los habitantes que sólo hablan inglés?

¿Os podéis imaginar una situación parecida en vuestro país?

USO DEL ESPAÑOL EN EL HOGAR

Estados	Población	Población hispana	%	Hablan español en casa	%
Arizona	6.166.318	1.803.377	29,2	1.167.086	18,9
California	36.457.549	13.074.155	35,9	9.117.918	25,0
Colorado	4.753.377	934.410	19,7	484.186	10,2
Nuevo México	1.954.599	860.687	44,0	488.210	25,0
Texas	23.507.783	8.385.139	35,7	5.947.589	25,3
Nueva York	19.306.183	3.139.590	16,3	2.381.868	12,3
Florida	18.089.889	3.642.989	20,1	2.890.895	16,0
Illinois	12.831.970	1.888.439	14,7	1.399.852	10,9
Washington D. C.	581.530	47.775	8,2	35.030	6,0
Total	123.649.198	33.776.561	27,3	23.912.634	19,3
Total EE. UU.	301.621.157	45.504.311	15,1	30.839.154	10,2

© U.S. Bureau of the Census (2007)

EL ESPAÑOL CONQUISTA ESTADOS UNIDOS

Casi uno de cada cinco estadounidenses habla en su casa otra lengua que no es el inglés, según las cifras del último censo realizado en ese país. El español es […] el idioma más utilizado por esta gente.

5 Las cifras del censo de 2000 en Estados Unidos indican que alrededor de 47.000.000 de personas mayores de 5 años no tienen a la lengua inglesa como lengua nativa, lo que implica el doble de gente en relación con 10 años atrás.

La mayoría de ellos –unos 28.100.000– son hispanohablantes, un crecimiento del 62 % con respecto a 1990.

10 Los estados de California, Nuevo México y Texas poseen los porcentajes más altos de estos residentes, pero el mayor incremento en estos años se ha producido en Nevada, Georgia y Carolina del Norte, básicamente por la inmigración latina.

Existen localidades como Hialeah, en Florida, y ciudades como Laredo, en Texas, donde 9 de 10 habitantes no utilizan el inglés en casa.

© *http://news.bbc.co.uk*

¿CÓMO ACERCARSE A LOS TEXTOS?

¿DE QUÉ TIPO DE TEXTO SE TRATA?

un artículo **de periódico** / **de revista**	*Tageszeitung / Illustrierte*
una entrevista / un diálogo	
un reportaje / una **encuesta**	*Umfrage*
una carta **privada** / **formal**	*privat / formell*
un diario	*Tagebuch*
una (auto)biografía	
un **comentario**	*Kommentar*
un texto **teórico** / histórico / político	*theoretisch*
un cómic	
una **fotonovela**	*Fotoroman*
la letra de una canción	

	un poema		
		histórica	
		negra / **policíaca**	*Kriminal…*
un texto literario	una novela	de amor	
		de ciencia ficción	*Science-Fiction*
		de aventuras	
	un cuento (de hadas)		*Märchen*
	una narración / **un relato**		*Erzählung*
	una pieza / **obra de teatro**		*Theaterstück*
	una red de palabras		*Wörternetz*

EL / LA AUTOR/A

el / la periodista	*Journalist/in*
el / la novelista	*Romanautor/in*
el / la escritor/a	
el poeta, la poetisa	*Dichter/in*
el / la cantante	*Sänger/in*
el / la dibujante	*Zeichner/in*

	da su opinión sobre …	
	expresa sus ideas sobre …	*drückt aus*
	afirma que …	
	describe …	*beschreibt*
	explica el hecho de que …	
El / La autor/a	demuestra …	
	discute el problema de …	
	narra la historia de …	*erzählt*
	cuenta la vida de …	
	empieza / termina por …	
	llega a la conclusión de (que) …	*kommt zu dem Schluss*
	hace una crítica de …	*kritisiert*

	divertir / **educar** /	*belehren*
El / La autor/a quiere	sorprender / **chocar**.	*schockieren*
	llamar nuestra atención sobre …	*aufmerksam machen auf*

La **intención** del autor / de la autora es …	*Absicht*

LOS PERSONAJES

El / La protagonista
El personaje principal   *Hauptdarsteller/in*

El actor / La actriz   *Schauspieler/in*

El personaje (principal) El / La protagonista	es	**gordo/-a**	delgado/-a	*dick*
		alto/-a	**bajo/-a**	*groß / klein*
		bonito/-a / guapo/-a	feo/-a	
		rubio/-a	**moreno/-a**	*dunkelhaarig*
		joven	viejo	

lleva gafas   *trägt eine Brille*
tiene el **pelo largo**   tiene el **pelo corto**   *langes / kurzes Haar*
tiene **los ojos azules**   tiene los **ojos verdes**   *blaue / grüne Augen*

	es	simpático/-a	**antipático/-a**	*unsympathisch*
		aburrido/-a	interesante	
		tradicional	moderno/-a	
		inteligente	**tonto/-a (estúpido/-a)**	*dumm*
		amable	(un poco) pesado/-a	*freundlich*
		paciente	**impaciente**	*geduldig / ungeduldig*
		triste	alegre	
		aplicado/-a	perezoso/-a	
		serio/-a	divertido/-a	
		tranquilo/-a	marchoso/-a	
		severo/-a	**tolerante**	*streng / tolerant*
		(muy) **natural**		*natürlich*
		curioso/-a		

es pobre / rico/-a.
está casado/-a
es **soltero/-a**.   *ledig*
vive con … / solo/-a / en casa de … .
es estudiante de … .

Describir la **actitud** de los   *das Verhalten beschreiben*
Caractizar a los   personajes   *charakterisieren*
¿Cómo **se comportan** los   protagonistas?   *sich verhalten*
En el texto **están mencionados** (tres)   *werden erwähnt*

LA ESTRUCTURA DEL TEXTO

El texto El primer / segundo **capítulo**	**se dirige a**			*richtet sich an*
	consta de		**escenas**.	*enthält Szenen*
	está dividido en	(tres)	partes.	*ist unterteilt in*
	contiene		**párrafos**.	*enthält Absätze*
	(no) tiene		**introducción**.	*Einleitung*
			conclusión.	*Schlussfolgerung*
			orden cronológico.	*chronologische Reihenfolge*

Un poema Una canción	**consta de**	un título.	
		versos (libres).	*(freie) Verse*
		(tres) **estrofas**.	*Strophen*
		rimas.	*Reime*
		un estribillo.	*Refrain*

EL CONTENIDO

El lugar de la acción es …			*Ort der Handlung*
La acción está situada en …			*die Handlung spielt*
(En) este texto / … **(se) trata de** …			*handelt es sich um / von*

El argumento	principal		*(Haupt-) Argument*
La palabra	**clave**	del texto es …	*Schlüsselbegriff*
La idea			
El objetivo	central		*Absicht*
El tema			

EL LENGUAJE / EL ESTILO

El lenguaje	escrito		*geschriebene Sprache*
	hablado / cotidiano		*gesprochen / Alltags…*
	crítico		*kritisch*
	complejo		*komplex*

se caracteriza por	un estilo	claro.	*zeichnet sich aus durch*
		romántico.	*romantisch*
		irónico.	
		idiomático.	*idiomatisch*
		polémico.	*polemisch*
		complicado.	*kompliziert*
		sobrio.	*nüchtern*
		barroco.	*überladen*
		dramático.	*dramatisch*
		realista.	*realistisch*

El texto contiene	**elementos** dramáticos / cómicos / …	*Elemente*
El autor /	**expresiones** como …	*Ausdrücke*
La autora utiliza	**descripciones** de …	*Beschreibungen*
	detalles	*Details*
	el monólogo interior	*innerer Monolog*
	el registro familiar	*Umgangssprache*
	un estilo literario	*literarischer Stil*
	metáforas	*Metaphern*
	símbolos	*Symbole*
	imágenes	*Bilder*
	sinónimos	*Synonyme*
	gentilicios	*Volks-, Ortszugehörigkeitsname*

recursos estilísticos como		*Stilmittel*
	la repetición	*Wiederholung*
	la enumeración	*Aufzählung*
	la comparación	*Vergleich*
	la personificación	*Personifizierung*
	la ironía	*Ironie*

Predominan las frases cortas / largas / complicadas / …	*Es überwiegen*

¿CUÁL ES TU OPINIÓN SOBRE EL TEXTO?

A mí	me encanta/n me impresiona/n me gusta/n (mucho) me soprende/n no me me gusta/n tanto no me me gusta/n nada	las ideas la **atmósfera** la **estructura** el ritmo la línea «…» la/s frase/s «…» la **expresión** «…» el verbo «…»	del texto porque …	*Atmosphäre* *Struktur* *Ausdruck*

A mí	(todo) el texto el principio / la introducción las últimas líneas el final / la conclusión	me parece/n	alegre/s triste/s

aburrido/-a
bien escrito/-a
bien **estructurado/-a** *strukturiert*
bien hecho/-a
bonito/-a
bueno/-a
exagerado/-a *übertrieben*
excepcional *außergewöhnlich*
expresivo/-a *ausdrucksstark*
fascinante *faszinierend*

interesante
malo/-a
misterioso/-a *geheimnisvoll*
provocante *provozierend*
raro-/a
realista *realistisch*
romántico/-a *romantisch*
sentimental *sentimental*
vivo/-a

EL CINE

El guión *das Drehbuch*
El / la guionista *der / die Drehbuchautor/in*
El / la director/a de una película *der / die Regisseur/in*

El actor / la actriz *der / die Schauspieler/in*

El rodaje *die Dreharbeiten*

La cámara *die Kamera*

el plano americano *Amerikanisch*
el primer plano *Großaufnahme*
el plano general *Totale*
el plano medio *Halbtotale*

Una película	de amor / de horror **de ciencia ficción** **de dibujos animados** **policíaca** **del oeste** **de crítica social**	*Science Fiction-Film* *Zeichentrickfilm* *Kriminalfilm* *Western* *sozialkritischer Film*

Una comedia

Un	**vídeo** **documental** **cortometraje**	*Video(clip)* *Dokumentarfilm* *Kurzfilm*

CÓMO CORREGIR TUS FALTAS · Wie du Fehler selbst korrigieren kannst

Wenn Du einen spanischen Text geschrieben hast, solltest du ihn Korrektur lesen. Die Chance Fehler zu finden ist größer, wenn du deinen Text mehrmals durchliest und bei jedem Durchlesen nur auf einen bestimmten grammatischen Punkt achtest. Aus den folgenden Vorschlägen kannst du dir eine persönliche „Fehlersuchliste" erstellen.

1. Sind die Begleiter und Adjektive dem Geschlecht und der Zahl des Nomens angepasst?	vuestr**as** cancion**es**, **el** á**g**uila *f.*, est**a** vez *f.*, l**os** pintor**es**, un**as** zapatill**as** blanc**as** y nuev**as**, su**s** amigo**s**
2. Wurde an die Verschmelzung des Artikels gedacht?	la democracia **del** país, Dale el libro **al** chico
3. Und an die Verkürzung bestimmter Adjektive?	un **buen** ejemplo, un **gran** presidente
4. Stimmen die Verbformen mit ihrem Subjekt überein?	Poc**os** hablaba**n** alemán, **nadie** sab**e**, **hubo** much**a** **gente**, dice**n** que va**n** a ganar
5. Wurden die richtigen Zeiten verwendet?	**Nació** en Málaga, **había estudiado** en Galicia, **fue** un gran pintor, **se llamaba** Picasso.
6. Wurde auf die Verwendung des **subjuntivo** geachtet?	Es necesario que **tengamos** más libertad. Quiero que me **ayudes**. Ojalá **tengas** tiempo.
7. Stimmen die Zeiten des **si**-Satzes und des Hauptsatzes bei den Bedingungssätzen überein?	Si **os interesa** el arte, **os recomiendo** el IVAM. Si **van** por la costa, **llegarán** a Salango. ¿Cómo **sería** Latinoamérica, si Colón **no hubiera** llegado?
8. Stimmt die Zeitenfolge in der indirekten Rede?	**Dice** que **tiene** mucho trabajo. Me **contó** que **había visitado** Perú. Le **pedí** que me **llevara** a la estación.

LOS VERBOS · Die Verben

Die spanischen Verbformen lassen sich leichter lernen, wenn man weiß, von welcher Form sie abgeleitet werden.

Vom *infinitivo* leiten sich ab:

charlar	*futuro inmediato*	**voy a** charlar
	imperativo (vosotros)	charla**d**
	pretérito imperfecto	charl**aba**
	pretérito indefinido	charl**é**
	participio	charl**ado**
	gerundio	charl**ando**
	futuro	charlar**é**
	condicional	charlar**ía** ▷ MÓDULO 1, RESUMEN S. 27

Vom *presente de indicativo* leiten sich ab:

charl**o**	*presente de subjuntivo*	charl**e**
charl**as**	*imperativo* (tú)	charl**a**

Von der 3. Person Plural des *pretérito indefinido* leiten sich ab:

charl**aron**	*imperfecto de subjuntivo*	charl**ara** ▷ MÓDULO 2, RESUMEN S. 48

Vom *presente de subjuntivo* leiten sich ab:

charl**e/n**	*imperativo* (usted/es) und alle Formen des verneinten Imperativs	charl**e/n**

1 **Verbos auxiliares**

infinitivo	ser	estar	haber
modo indicativo presente	soy	estoy	he
	eres	estás	has
	es	está	ha ❗ hay
	somos	estamos	hemos
	sois	estáis	habéis
	son	están	han
gerundio	siendo	estando	habiendo
participio	sido	estado	habido
pretérito imperfecto	era	estaba	había
	eras	estabas	habías
	era	estaba	había
	❗ éramos	estábamos	habíamos
	erais	estabais	habíais
	eran	estaban	habían
pretérito indefinido	fui	estuve	hube
	fuiste	estuviste	hubiste
	fue	estuvo	hubo
	fuimos	estuvimos	hubimos
	fuisteis	estuvisteis	hubisteis
	fueron	estuvieron	hubieron
futuro	seré	estaré	habré
	serás	estarás	habrás
	será	estará	habrá
	seremos	estaremos	habremos
	seréis	estaréis	habréis
	serán	estarán	habrán
condicional	sería	estaría	habría
	serías	estarías	habrías
	sería	estaría	habría
	seríamos	estaríamos	habríamos
	seríais	estaríais	habríais
	serían	estarían	habrían
presente de subjuntivo	sea	esté	haya
	seas	estés	hayas
	sea	esté	haya
	seamos	estemos	hayamos
	seáis	estéis	hayáis
	sean	estén	hayan
imperfecto de subjuntivo	fuera	estuviera	hubiera
	fueras	estuvieras	hubieras
	fuera	estuviera	hubiera
	fuéramos	estuviéramos	hubiéramos
	fuerais	estuvierais	hubierais
	fueran	estuvieran	hubieran
imperativo [tú]	sé	está	
[vosotros]	sed	estad	
[usted/es]	sea/n	esté/n	

2 Los verbos regulares

2.1 Verbos en -ar

infinitivo	**charlar**	
modo indicativo *presente*	charl**o** charl**as** charl**a** charl**amos** charl**áis** charl**an**	
gerundio	charl**ando**	
participio	charl**ado**	
pretérito imperfecto	charl**aba** charl**abas** charl**aba** charl**ábamos** charl**abais** charl**aban**	

pretérito indefinido	charl**é**	❗ *-car*: bus**qu**é, buscaste …
	charl**aste**	❗ *-gar*: lle**gu**é, llegaste …
	charl**ó**	❗ *-zar*: organi**c**é, organizaste …
	charl**amos**	❗ *andar*: and**uv**e, and**uv**iste …
	charl**asteis**	
	charl**aron**	

futuro	charlar**é** charlar**ás** charlar**á** charlar**emos** charlar**éis** charlar**án**	

presente de *subjuntivo*	charl**e**	❗ *-car*: bus**qu**e, bus**qu**es …
	charl**es**	❗ *-gar*: lle**gu**e, lle**gu**es …
	charl**e**	❗ *-zar*: organi**c**e, organi**c**es …
	charl**emos**	
	charl**éis**	
	charl**en**	

imperfecto *de subjuntivo*	charl**ara** charl**aras** charl**ara** ❗ charl**áramos** charl**arais** charl**aran**	

imperativo	[tú]	charl**a**	
	[vosotros]	charl**ad**	
	[usted/es]	charl**e/n**	❗ *-car*: bus**qu**e ❗ *-gar*: lle**gu**e ❗ *-zar*: organi**c**e

2.2 Verbos en -er

infinitivo		**comprender**	
modo indicativo *presente*		comprend**o** comprend**es** comprend**e** comprend**emos** comprend**éis** comprend**en**	❗ *coger*: co**j**o, coges … ❗ *valer*: val**g**o, vales …
gerundio		comprend**iendo**	❗ *creer*: cre**y**endo ❗ *leer*: le**y**endo
participio		comprend**ido**	
pretérito imperfecto		comprend**ía** comprend**ías** comprend**ía** comprend**íamos** comprend**íais** comprend**ían**	
pretérito indefinido		comprend**í** comprend**iste** comprend**ió** comprend**imos** comprend**isteis** comprend**ieron**	❗ *creer*: cre**y**ó, cre**y**eron ❗ *leer*: le**y**ó, le**y**eron
futuro		comprender**é** comprender**ás** comprender**á** comprender**emos** comprender**éis** comprender**án**	
presente de subjuntivo		comprend**a** comprend**as** comprend**a** comprend**amos** comprend**áis** comprend**an**	❗ *coger*: co**j**a, co**j**as … también: *recoger*, *proteger*
imperfecto de subjuntivo		comprend**iera** comprend**ieras** comprend**iera** ❗ comprend**iéramos** compend**ierais** compend**ieran**	
imperativo	[tú]	comprend**e**	
	[vosotros]	comprend**ed**	
	[usted/es]	comprend**a/n**	❗ *coger*: co**j**a/n también: *recoger*, *proteger*

2.3 Verbos en *-ir*

infinitivo		*vivir*	
modo indicativo		viv**o**	❗ *salir*: sal**g**o, sales …
presente		viv**es**	
		viv**e**	
		viv**imos**	
		viv**ís**	
		viv**en**	
gerundio		viv**iendo**	
participio		viv**ido**	❗ *abrir*: **abierto**
			❗ *escribir*: **escrito**
			❗ *descubrir*: **descubierto**
pretérito imperfecto		viv**ía**	
		viv**ías**	
		viv**ía**	
		viv**íamos**	
		viv**íais**	
		viv**ían**	
pretérito indefinido		viv**í**	
		viv**iste**	
		viv**ió**	
		viv**imos**	
		viv**isteis**	
		viv**ieron**	
futuro		vivir**é**	❗ *salir*: sal**d**ré
		vivir**ás**	
		vivir**á**	
		vivir**emos**	
		vivir**éis**	
		vivir**án**	
presente de subjuntivo		viv**a**	
		viv**as**	
		viv**a**	
		viv**amos**	
		viv**áis**	
		viv**an**	
imperfecto de subjuntivo		viv**iera**	
		viv**ieras**	
		viv**iera**	
		❗ viv**iéramos**	
		viv**ierais**	
		viv**ieran**	
imperativo	[tú]	viv**e**	❗ *salir*: sal
	[vosotros]	viv**id**	
	[usted/es]	viv**a/n**	

3 | Grupos de verbos

3.1 Verbos con diptongación: *e → ie*

infinitivo	*pensar*	*perder*
modo indicativo **presente**	pienso piensas piensa pensamos pensáis piensan	pierdo pierdes pierde perdemos perdéis pierden
gerundio	pensando	perdiendo
participio	pensado	perdido
pretérito imperfecto	pensaba	perdía
pretérito indefinido	pensé	perdí
futuro	pensaré	perderé
presente de subjuntivo	piense	pierda
imperfecto de subjuntivo	pensara	perdiera
imperativo [tú]	piensa	pierde
[vosotros]	pensad	perded
[usted/es]	piense/n	pierda/n

también: *cerrar, empezar, entender, preferir, sentir, convertirse, divertirse, fregar, recomendar, defender*

⚠ *empezar*:
indefinido: empecé, empezaste …
presente de subjuntivo: empiece, empieces …
también: *comenzar*

⚠ *sentir*:
gerundio: sintiendo
indefinido: sintió, sintieron
también: *convertir(se), divertirse, preferir*

3.2 Verbos con diptongación: *o → ue*

infinitivo	*encontrar*	*volver*
modo indicativo **presente**	encuentro encuentras encuentra encontramos encontráis encuentran	vuelvo vuelves vuelve volvemos volvéis vuelven
gerundio	encontrando	volviendo
participio	encontrado	**vuelto**
pretérito imperfecto	encontraba	volvía
pretérito indefinido	encontré	volví
futuro	encontraré	volveré
presente de subjuntivo	encuentre	vuelva
imperfecto de subjuntivo	encontrara	volviera
imperativo [tú]	encuentra	vuelve
[vosotros]	encontrad	volved
[usted/es]	encuentre/n	vuelva/n

también: *aprobar, contar, acordarse, dormir, llover, soñar, demostrar, moverse, probar, recordar*

⚠ *dormir*:
gerundio: durmiendo
indefinido: durmió, durmieron

⚠ *jugar*:
presente: juego, juegas …
presente de subjuntivo: juegue, juegues …
imperativo [usted/es]: juegue/n

3.3 Verbos con debilitación vocálica: *e → i*

infinitivo	**pedir**
modo indicativo *presente*	pido pides pide pedimos pedís piden
gerundio	pidiendo
participio	pedido
pretérito imperfecto	pedía
pretérito indefinido	pedí pediste pidió pedimos pedisteis pidieron
futuro	pediré
presente de subjuntivo	pida
imperfecto de subjuntivo	pidiera
imperativo [tú]	pide
[vosotros]	pedid
[usted/es]	pida/n

3.4 Verbos del tipo *conocer* (*c → zc*)

infinitivo	**conocer**
modo indicativo *presente*	conozco conoces conoce conocemos conocéis conocen
gerundio	conociendo
participio	conocido
préterito imperfecto	conocía
préterito indefinido	conocí
futuro	conoceré
presente de subjuntivo	conozca
imperfecto de subjuntivo	conociera
imperativo [tú]	conoce
[vosotros]	conoced
[usted/es]	conozca/n

3.5 Verbos del tipo *construir*

infinitivo	**construir**
modo indicativo *presente*	construyo construyes construye construimos construís construyen
gerundio	construyendo
participio	construido
préterito imperfecto	construía
pretérito indefinido	construí construiste construyó construimos construisteis construyeron
futuro	construiré
presente de subjuntivo	construya
imperfecto de subjuntivo	construyera
imperativo [tú]	construye
[vosotros]	construid
[usted/es]	construya/n

Verbos con debilitación vocálica: *e → i*
⚠ *seguir*:
modo indicativo presente: sigo, sigues …
presente de subjuntivo: siga, sigas …
imperativo [usted/es]: siga/n
también: *conseguir, elegir, freír, vestirse*
⚠ *elegir*:
modo indicativo presente: elijo, eliges …
presente de subjuntivo: elija, elijas …
imperativo [usted/es]: elija/n

Verbos del tipo *conocer* (*c → zc*)
también: *nacer, ofrecer, parecer, aparecer, crecer, desaparecer, producir, reconocer, traducir*
⚠ *producir*:
pretérito indefinido: produje, produjiste …
también: *traducir*

4 **Verbos irregulares**

infinitivo	dar	decir	hacer	ir
modo indicativo **presente**	**doy**	**digo**	**hago**	**voy**
	das	**dices**	haces	**vas**
	da	**dice**	hace	**va**
	damos	decimos	hacemos	**vamos**
	dais	decís	hacéis	**vais**
	dan	**dicen**	hacen	**van**
gerundio	dando	diciendo	haciendo	**yendo**
participio	dado	**dicho**	**hecho**	**ido**
préterito imperfecto	daba	decía	hacía	**iba**
	dabas	decías	hacías	**ibas**
	daba	decía	hacía	**iba**
	! dábamos	decíamos	hacíamos	! **íbamos**
	dabais	decíais	hacíais	**ibais**
	daban	decían	hacían	**iban**
pretérito indefinido	**di**	**dije**	**hice**	**fui**
	diste	**dijiste**	**hiciste**	**fuiste**
	dio	**dijo**	! **hizo**	**fue**
	dimos	**dijimos**	**hicimos**	**fuimos**
	disteis	**dijisteis**	**hicisteis**	**fuisteis**
	dieron	**dijeron**	**hicieron**	**fueron**
futuro	daré	**diré**	**haré**	iré
	darás	**dirás**	**harás**	irás
	dará	**dirá**	**hará**	irá
	daremos	**diremos**	**haremos**	iremos
	daréis	**diréis**	**haréis**	iréis
	darán	**dirán**	**harán**	irán
presente de subjuntivo	**dé**	diga	haga	**vaya**
	des	digas	hagas	**vayas**
	dé	diga	haga	**vaya**
	demos	digamos	hagamos	**vayamos**
	deis	digáis	hagáis	**vayáis**
	den	digan	hagan	**vayan**
imperfecto de subjuntivo	diera	dijera	hiciera	fuera
	dieras	dijeras	hicieras	fueras
	diera	dijera	hiciera	fuera
	diéramos	dijéramos	hiciéramos	fuéramos
	dierais	dijerais	hicierais	fuerais
	dieran	dijeran	hicieran	fueran
imperativo [tú]	da	**di**	**haz**	ve
[vosotros]	dad	decid	haced	id
[usted/es]	dé / den	diga/n	haga/n	vaya/n

infinitivo	oír	poder	poner	querer
modo indicativo **presente**	**oigo** oyes oye oímos oís oyen	puedo puedes puede podemos podéis pueden	**pongo** pones pone ponemos ponéis ponen	quiero quieres quiere queremos queréis quieren
gerundio	oyendo	pudiendo	poniendo	queriendo
participio	oído	podido	**puesto**	querido
préterito imperfecto	oía oías oía oíamos oíais oían	podía podías podía podíamos podíais podían	ponía ponías ponía poníamos poníais ponían	quería querías quería queríamos queríais querían
pretérito indefinido	oí oíste oyó oímos oísteis oyeron	**pude** **pudiste** **pudo** **pudimos** **pudisteis** **pudieron**	**puse** **pusiste** **puso** **pusimos** **pusisteis** **pusieron**	**quise** **quisiste** **quiso** **quisimos** **quisisteis** **quisieron**
futuro	oiré oirás oirá oiremos oiréis oirán	podré podrás podrá podremos podréis podrán	pondré pondrás pondrá pondremos pondréis pondrán	querré querrás querrá querremos querréis querrán
presente de subjuntivo	oiga oigas oiga oigamos oigáis oigan	pueda puedas pueda podamos podáis puedan	ponga pongas ponga pongamos pongáis pongan	quiera quieras quiera queramos queráis quieran
imperfecto de subjuntivo	oyera oyeras oyera oyéramos oyerais oyeran	pudiera pudieras pudiera pudiéramos pudierais pudieran	pusiera pusieras pusiera pusiéramos pusierais pusieran	quisiera quisieras quisiera quisiéramos quisierais quisieran
imperativo [tú]	oye	**puede**	**pon**	quiere
[vosotros]	oíd	poded	poned	quered
[usted/es]	oiga/n	pueda/n	ponga/n	quiera/n

infinitivo	saber	tener	traer	venir	ver
modo indicativo	sé	tengo	traigo	vengo	veo
presente	sabes	tienes	traes	vienes	ves
	sabe	tiene	trae	viene	ve
	sabemos	tenemos	traemos	venimos	vemos
	sabéis	tenéis	traéis	venís	veis
	saben	tienen	traen	vienen	ven
gerundio	sabiendo	teniendo	trayendo	viniendo	viendo
participio	sabido	tenido	traído	venido	visto
pretérito imperfecto	sabía	tenía	traía	venía	veía
	sabías	tenías	traías	venías	veías
	sabía	tenía	traía	venía	veía
	sabíamos	teníamos	traíamos	veníamos	veíamos
	sabíais	teníais	traíais	veníais	veíais
	sabían	tenían	traían	venían	veían
pretérito indefinido	supe	tuve	traje	vine	vi
	supiste	tuviste	trajiste	viniste	viste
	supo	tuvo	trajo	vino	vio
	supimos	tuvimos	trajimos	vinimos	vimos
	supisteis	tuvisteis	trajisteis	vinisteis	visteis
	supieron	tuvieron	trajeron	vinieron	vieron
futuro	sabré	tendré	traeré	vendré	veré
	sabrás	tendrás	traerás	vendrás	verás
	sabrá	tendrá	traerá	vendrá	verá
	sabremos	tendremos	traeremos	vendremos	veremos
	sabréis	tendréis	traeréis	vendréis	veréis
	sabrán	tendrán	traerán	vendrán	verán
presente de subjuntivo	sepa	tenga	traiga	venga	vea
	sepas	tengas	traigas	vengas	veas
	sepa	tenga	traiga	venga	vea
	sepamos	tengamos	traigamos	vengamos	veamos
	sepáis	tengáis	traigáis	vengáis	veáis
	sepan	tengan	traigan	vengan	vean
imperfecto de subjuntivo	supiera	tuviera	trajera	viniera	viera
	supieras	tuvieras	trajeras	vinieras	vieras
	supiera	tuviera	trajera	viniera	viera
	supiéramos	tuviéramos	trajéramos	viniéramos	viéramos
	supierais	tuvierais	trajerais	vinierais	vierais
	supieran	tuvieran	trajeran	vinieran	vieran
imperativo [tú]	sabe	ten	trae	ven	ve
[vosotros]	sabed	tened	traed	venid	ved
[usted/es]	sepa/n	tenga/n	traiga/n	venga/n	vea/n

PEQUEÑO DICCIONARIO DE CULTURA Y CIVILIZACIÓN

ESPAÑA

LUGARES

ANDALUCÍA *7,3 mill. habitantes, 87 368 km²*
Comunidad autónoma en la región sur de España. Capital, Sevilla. Una de las regiones más extensas de España y la más poblada. En Sierra Nevada, al sur de Andalucía, está el Mulhacén, el pico más alto de la península. El nombre Andalucía viene del árabe *Al-Andalus* y significa Tierra de los Vándalos.

CATALUÑA *6,2 mill. habitantes, 31 930 km²*
Comunidad autónoma en el norte de España. Capital, Barcelona. Es una de las regiones más ricas de España con mucha industria textil, agricultura, producción de vinos e industria de automóviles. Cataluña es una de las Comunidades Autónomas bilingües de España donde se habla catalán.

CEUTA *71 000 habitantes*
Ciudad autónoma española en el norte de África, rodeada por territorio marroquí. Conquistada por los portugueses en 1415, pasó al poder de España cuando el Rey Felipe II ocupó el trono de Portugal en 1580. Actualmente es puerto franco e importante centro pesquero.

GALICIA *2,8 mill. habitantes, 29 575 km²*
Comunidad autónoma de España. Capital, Santiago de Compostela. Es parte de la región más lluviosa de España con muchos bosques y campos. A esta región se le llama la España verde. Además de español, en Galicia se habla *gallego*. Por razones económicas han emigrado muchas personas de esta región a América Latina y a otros países de Europa. Una de sus atracciones más importantes es *el camino de Santiago* que pasa por muchas regiones de Europa y termina en Santiago de Compostela.

MELILLA *63 000 habitantes*
Ciudad autónoma española en el norte de África ocupada en 1497 por las tropas castellanas. Actualmente es un importante centro militar y puerto franco.

PERSONAS

RAFAEL ALBERTI *(1902–1999)*
Poeta español, considerado uno de los más importantes de la literatura española del siglo XX. Sus obras más significativas son: *Marinero en tierra* (1924), *Cal y Canto* (1929) y *Romancero general de la guerra española* (1944).

PEDRO CALDERÓN DE LA BARCA *(1600–1681)*
Dramaturgo español. Su obra presenta por un lado el realismo *de las novelas de capa y espada* y, por otro lado, lo simbólico y fantástico. Se conocen 120 piezas teatrales y muchas más obras. Las comedias se publicaron en *cinco partes* entre 1637 y 1677. Algunas de sus obras más famosas son: *La vida es sueño, El alcalde de Zalamea* y *El gran teatro del mundo.*

MIGUEL DE CERVANTES Y SAAVEDRA *(1547–1616)*
Escritor español. Se considera como el padre de la novela moderna. Su obra maestra es *El ingenioso hidalgo don Quijote de la Mancha* (1605). La novela es la narración de las aventuras del hidalgo *Alonso Quijano* acompañado por un escudero, *Sancho Panza,* que en realidad es un campesino del pueblo.

CRISTÓBAL COLÓN *(1451–1506)*
Cristoforo Colombo nació en Génova, Italia. Como navegante español soñaba con encontrar una nueva ruta a la India. Con la ayuda de la reina Isabel la Católica salió el 3 de agosto de 1492 del puerto de Palos de Moguer con tres carabelas: la Niña, la Pinta y la Santa María. Dos meses después llegó a la isla de Guanahaní, a la que llamó San Salvador. Colón nunca llegó a la India, pero en cambio descubrió un continente desconocido para los europeos: América.

FRANCISCO FRANCO *(1892–1975)*
Militar y dictador español desde 1939 hasta 1975. Participó en el golpe militar de 1936 contra el gobierno republicano y el orden democrático que dio lugar a la sangrienta Guerra Civil. Después de ganar la guerra fue nombrado jefe del Ejército, de Estado y del Gobierno español. Ejerció, hasta su muerte, una política dictatorial y represiva de carácter fascista por lo que miles de españoles fueron apresados, asesinados y exiliados.

FEDERICO GARCÍA LORCA *(1898–1936)*
Poeta y dramaturgo andaluz y uno de los escritores españoles más importantes del siglo XX. Formó parte del movimiento literario de *La Generación del 27* y su obra tuvo también influencia del Surrealismo. En su obra mezcla la lengua culta con el lenguaje popular y con la influencia gitana. Lorca fue asesinado a principios de la Guerra Civil por seguidores del dictador Francisco Franco. Algunas de sus obras más importantes son: *Romancero Gitano* (1928) y su trilogía de obras de teatro: *Bodas de Sangre* (1933), *Yerma* (1934) y *La Casa de Bernarda Alba* (1936).

FELIPE GONZÁLEZ MÁRQUEZ *(n. 1942)*
Presidente del Gobierno español desde 1982 hasta 1996. Desde 1977 es secretario general del Partido Socialista Obrero Español (PSOE). Durante la dictadura de Franco desarrolló trabajo político clandestino bajo el seudónimo *Isidoro.*

EL REY JUAN CARLOS I *(n. 1938)*

Su Majestad el rey Juan Carlos I nació en Roma, donde residía la Familia Real, que había tenido que abandonar España al proclamarse la República en 1931. Su formación fundamental se desarrolló en España, a la que llegó por primera vez a los diez años. El artículo 56.1 de la Constitución española afirma que: «El Rey es el Jefe del Estado y asume la más alta representación del Estado Español».

PABLO RUIZ PICASSO *(1881–1973)*

Pintor español. Nació en Málaga, pero trabajó casi toda su vida en Francia. Su arte tuvo muchos estilos diferentes. Picasso es uno de los creadores del *cubismo:* la mayor revolución de la pintura contemporánea. De su época expresionista sobresale *el Guernica,* una de sus obras más famosas que en blanco y negro refleja los dolores de la guerra.

FRANCISCO PIZARRO *(1471–1541)*

Conquistador español. En 1509 navegó por primera vez hacia el nuevo mundo. En 1531 dirigió una expedición a Perú, donde capturó al inca Atahualpa y conquistó el imperio inca. En 1535 fundó la capital de Perú, Lima. Pizarro fue asesinado en 1541.

RAMÓN J. SENDER *(1902–1982)*

Escritor español. Sus obras son de carácter periodístico, político y social. Escribió también poesía y crítica literaria. Algunas de sus obras más famosas son: *Imán* (1930), *El bandido adolescente* (1946) y *Réquiem por un campesino español* (1950).

ADOLFO SUÁREZ *(n. 1932)*

Político español. En 1975 fue llamado por el rey Juan Carlos I para formar parte del nuevo gobierno. Fue jefe del Gobierno español desde 1977 hasta 1981.

OTROS

CAMINO DE SANTIAGO

El Camino de Santiago es el nombre de la ruta que recorren los peregrinos procedentes de España y de toda Europa para llegar a la ciudad de Santiago de Compostela, donde se recuerdan y se visitan las reliquias del apóstol Santiago el Mayor. Durante toda la Edad Media fue muy importante, después fue ligeramente olvidado y en la época actual ha vuelto a tomar una gran importancia. El Camino de Santiago ha sido declarado por la UNESCO Patrimonio de la Humanidad. En la época moderna, se hace la peregrinación a pie, en bicicleta o a caballo.

DÍA NACIONAL DE GALICIA

El Día Nacional de Galicia es la fiesta oficial de la comunidad autónoma de Galicia. Se celebra el día 25 de julio, día de la festividad del apóstol Santiago.

LA SEGUNDA REPÚBLICA

La Primera República en España duró sólo un año, de 1873 a 1874. Después de muchos años de inestabilidad política, surgió La Segunda República: un régimen político de abril de 1931 a marzo de 1939. Fue regida por la constitución de 1931, tuvo tres periodos diferenciados y terminó con la derrota del gobierno republicano y el establecimiento del régimen dictatorial del general Francisco Franco.

LA UNIÓN EUROPEA *(UE)*

Conjunto de países europeos, que se han comprometido a trabajar juntos para tomar decisiones sobre asuntos específicos de interés común, a escala europea.

Su creación fue propuesta por primera vez por el ministro de Asuntos Exteriores francés, Robert Schuman, en un discurso el 9 de mayo de 1950. España forma parte de la UE desde 1986.

LA XUNTA DE GALICIA

La *Xunta de Galicia* aparece definida en el Estatuto de Autonomía de Galicia como el órgano colegiado de gobierno de Galicia. Está compuesta por el presidente, vicepresidentes y consejeros.

AMÉRICA LATINA

LUGARES

ARGENTINA *36,6 mill. habitantes, 2 766 890 km²*

Es uno de los países más grandes de América del Sur. La población es en su mayoría de origen español e italiano y más de tres millones de habitantes viven en la capital, Buenos Aires.

El tango es la música más característica de Argentina. El español de Argentina es muy diferente al de España, sobre todo por el uso del voseo.

ACAPULCO *409 335 habitantes*

Ciudad y puerto de México en el Pacífico. Centro turístico internacional y comercial.

CANCÚN *50 000 habitantes*

Ciudad de México en la isla *homónima.* Centro turístico y de conferencias internacionales.

EL CARIBE

Nombre que recibe el grupo de islas *Grandes Antillas* y *Pequeñas Antillas,* así como la costa oeste de Centroamérica, Colombia y Venezuela. España, Francia, Gran Bretaña, Holanda y Dinamarca compitieron por su control en los siglos XVII y XVIII.

CHILE *15,2 mill. habitantes, 756 626 km²*
Es el país más largo y estrecho de América Latina. Capital, Santiago de Chile. El país ha sido gobernado durante muchos años por dictaduras militares. Algunos de los escritores más famosos de Chile son: Pablo Neruda, Gabriela Mistral, y Antonio Skármeta.

CHIAPAS *2,56 mill. habitantes, 73 887 km²*
Estado al suroeste de México en la frontera con Guatemala. Aquí se encuentra la ciudad arqueológica de Palenque: una de las ciudades más importantes del mundo maya. En 1994 se inició una rebelión de campesinos indígenas en Chiapas en contra de la pobreza y de los conflictos sociales.

CHIHUAHUA *2,25 mill. habitantes, 247 087 km²*
Estado al Norte de México en la frontera con los Estados Unidos. Al suroeste, en la Sierra Madre Occidental, se encuentra la Sierra Tarahumara donde viven los indígenas tarahumares: una comunidad indígena muy antigua.

COSTA RICA *3,5 mill. habitantes, 51 100 km²*
Capital: San José. País muy montañoso con muchos volcanes como el volcán Poás (2708 m.), o el Irazú (3452 m.) y muy interesado en la importancia del medio ambiente. Uno de los parques nacionales más importantes es el parque Braulio Carrillo con 45 899 hectáreas. Costa Rica es un país que no tiene ejército y se considera el más democrático de América Latina.

CUBA *11,2 mill. habitantes, 110 860 km²*
La isla más grande de las Antillas. Capital: La Habana. Sus primeros habitantes fueron los taínos. Cuba fue el último país de América Latina en independizarse de España (1898). La intervención de Estados Unidos en Cuba fue muy grande hasta 1959 cuando Fidel Castro entró en el poder y estableció un sistema socialista. Uno de los factores económicos más importantes del país es el turismo.

ECUADOR *13 mill. habitantes, 28 356 km²*
País más pequeño de la zona andina con una gran población indígena. En la capital, Quito, vive la mayor parte de la población. La línea del ecuador está a 25 km. al norte de la capital.

SAN MARCOS *(Guatemala) 12 100 habitantes*
Una de las principales fronteras de Guatemala. Es la puerta hacia México y el paso de muchos emigrantes que van hacia el norte. Su población es de origen indígena, sobre todo ladinos y mames. Los mames son descendientes de los Mayas.

MÉXICO *100,5 mill. habitantes, 1 958 201 km²*
Antiguo centro de las culturas azteca y maya. Su capital, México Distrito Federal, también fue la capital de la cultura azteca: Tenochtitlán. Es una de las megalópolis más grandes del mundo con más de 20 millones de habitantes. México es famoso por su historia, sus tradiciones, su música y por su arte.

PERÚ *24,5 mill. habitantes, 1 285 220 km²*
País andino, antiguo centro de la cultura inca, dividido en tres regiones: la costa, la sierra y la selva amazónica. En la costa vive el 60% de la población. Capital: Lima, muy cerca del Océano Pacífico. En 1551 se fundó allí la primera universidad de América: San Marcos. En Perú se encuentran todavía muchas ciudades históricas incas como Machu Picchu.

EL QUINTO SOL
En la cultura del México antiguo se creía que la humanidad ya se había destruido cuatro veces antes buscando el desarrollo del poder. Los sabios de aquel tiempo llamaban a cada periodo *Sol* y aseguraban que actualmente vivimos en el Quinto Sol que comenzó hace miles de años allá en Teotihuacán.

TUMBAS DEL SEÑOR DE SIPÁN *(Perú) 200 hectáreas*
A 780 km de Lima, a una altura de 43 m., fueron descubiertas solo hace pocos años unas tumbas de la cultura Moche (700 años d.c.), con tesoros de oro, plata y piedras preciosas. Este semidiós que fue el Señor de Sipán tuvo su reino en Chiclayo, Lambayeque. Se dice que este lugar tiene una gran fuerza cósmica.

TEOTIHUACÁN *30 140 habitantes*
Ciudad al noreste de la Ciudad de México. Centro de la cultura precolombina *homón,* donde se encuentran las pirámides del Sol y de La Luna. En Teotihuacán es muy importante también el Templo de Quetzalcóatl: dios del aire, del agua y de la naturaleza con forma de serpiente emplumada.

YUCATÁN *1,3 mill. habitantes, 39 340 km²*
Estado al sureste de México y parte de la Península de Yucatán. Esta región sigue siendo uno de los centros más importantes de la cultura maya.

PERSONAS

ATAHUALPA
Emperador inca. Después de la muerte de su padre, Atahualpa llegó al trono, pero su hermano empezó una guerra civil para controlar el imperio. En 1532, en medio de la guerra, llegaron los españoles. En Cajamarca, Atahualpa fue asesinado por Francisco Pizarro.

PORFIRIO DÍAZ *(1830–1915)*
Político mexicano. En 1876 estableció una dictadura caracterizada por la corrupción y el desorden económico que concluyó con la Revolución Mexicana en 1910. En 1911 Díaz renunció y se exilió en París.

CARLOS FUENTES *(n. 1928)*

Novelista mexicano. Ganador del Premio Nacional de Literatura de su país en 1984 y del Premio Cervantes en 1987. Algunas de sus obras más importantes son: *La región más transparente* (1958), *La cabeza de la hidra* (1978), *Agua quemada* (1982), *La campana* (1990).

NICOLÁS GUILLÉN *(1902–1989)*

Poeta cubano. Máximo representante de la poesía afrocubana. Algunas de sus obras más importantes son: *Motivos del Son* (1930), *Sóngoro Cosongo* (1931), *El diario que a diario* (1971).

MIGUEL HIDALGO *(1753–1811)*

Patriota mexicano. Desde 1803 fue cura de *Dolores* donde, en 1810, dirigió una rebelión contra los españoles: *El Grito de Dolores*. Fue secularizado y fusilado en 1811.

FRIDA KAHLO *(1907–1954)*

Pintora mexicana cuyo arte se acerca al surrealismo. Pintó principalmente autorretratos, en los que mezclaba la fantasía y el arte popular de su país. A los 16 años sufrió un grave accidente que marcó su vida. Frida Kahlo y su esposo Diego Rivera son considerados dos de los pintores latinoamericanos más importantes del siglo XX.

MANUEL ANTONIO NORIEGA *(n. 1939)*

Militar y político panameño. En 1981 se convirtió en jefe de las fuerzas armadas y «hombre fuerte» del país. En 1989 fue apresado por las tropas estadounidenses que invadieron el país y sometido a juicio.

ORISHAS

Grupo cubano de música. Mezclando el *hip hop* con la música tradicional cubana, Orishas ha creado un ritmo musical muy ambicioso. Los temas principales de sus canciones son: Cuba, la vida, la familia y los emigrantes. Sus primeros discos son: *A lo Cubano* y *Emigrantes*.

AUGUSTO PINOCHET *(n. 1915)*

Militar y político chileno. Encabezó el golpe de estado que derrotó a Salvador Allende en 1973. Después de muchos años de dictadura y crímenes, abandonó el poder en 1990.

DIEGO RIVERA *(1886–1957)*

Pintor mexicano fuertemente inspirado en su tierra, su gente y en el arte precolombino. Sus murales se han convertido en una especie de reseña histórica del pueblo mexicano. Tanto él como su esposa Frida Kahlo son grandes exponentes del arte mexicano.

MARÍA ELENA SALINAS

Periodista estadounidense de origen mexicano. Conocida sobre todo por sus reportajes sobre asuntos relacionados con la comunidad hispana en los Estados Unidos.

PANCHO VILLA *(1887–1932)*

Líder revolucionario mexicano. En 1910 apoyó a Madero contra el dictador Porfirio Díaz. Años después, junto a Emiliano Zapata, continuó impulsando guerrillas y movimientos revolucionarios hasta que fue asesinado.

EMILIANO ZAPATA *(1883–1919)*

Revolucionario mexicano. Dirigió varias revueltas campesinas y en 1910 se unió a la Revolución de Madero. En 1914 se unió a Pancho Villa.

OTROS

LOS AZTECAS

En el siglo XII los aztecas se establecieron en el territorio que hoy es México. En el siglo XV eran el pueblo dominante bajo el mando del emperador *Moctezuma*. Los aztecas eran expertos en la astrología: con sus calendarios podían señalar el mejor tiempo para la agricultura.

LA CALAVERA CATRINA

Figura creada por el artista mexicano José Guadalupe Posada. La Calavera Catrina representa la vida cotidiana de México de principios del siglo XX. Es un personaje alegre que se burla de la sociedad y hasta de su propia muerte.

LOS INCAS

Antigua civilización andina de lengua quechua. El imperio inca tuvo su capital en Cuzco (Perú) y alcanzó su máxima extensión en el siglo XV, desde el norte de Ecuador hasta el centro de Chile. Uno de los principales reyes incas fue Atahualpa. En 1533 llegaron los españoles bajo el mando del conquistador Francisco Pizarro quien capturó y ejecutó a Atahualpa en la antigua ciudad inca de Cajamarca poniendo fin al imperio.

LOS MAYAS

En territorios que hoy son México, Guatemala y Honduras, los mayas crearon una de las culturas más desarrolladas de América. Eran buenos en las matemáticas (conocían el cero) y, al igual que los aztecas, tenían un calendario muy exacto.

NÁHUATL

Lengua principal de los aztecas. Hoy en día hay muchas palabras de origen náhuatl en el español como *chocolate*, *tomate*, *chicle* o *México*. El náhuatl se habla todavía en algunos lugares de México y Centro América.

TAÍNO

Cultura caribeña muy desarrollada que habitó en las Grandes Antillas. Ésta fue la primera sociedad con la que Cristobal Colón tuvo contacto al llegar a la Hispaniola en 1492. Su lengua, el taíno, se conserva aún en el noroeste de Brasil.

LISTA CRONOLÓGICA

Symbole und Abkürzungen

~   bezeichnet die Lücke, in die das neue Wort einzusetzen ist.
=   bezeichnet Wörter und Wendungen mit gleicher oder ähnlicher Bedeutung.
≠   bezeichnet Wörter und Wendungen mit gegensätzlicher Bedeutung.
1   bezeichnet ein Wort, das angeglichen werden muss. Die richtige Form steht am Ende des Kapitels.

Grundschrift = obligatorischer Wortschatz   *kursiv* = fakultativer Wortschatz

adj.:	adjetivo, Adjektiv		*Inf.:*	Infinitiv
Adj.:	Adjektiv		*ing.:*	inglés, englisch
adv.:	adverbio, Adverb		*interj.:*	interjección, Interjektion
Adv.:	Adverb		*jd.:*	jemand
alg.:	alguien, jemand/en/-m/-s		*jdm.:*	jemandem
a/c:	alguna cosa, algo, etwas		*jdn.:*	jemanden
best. /	bestimmter /		*lat.:*	latín, lateinisch
unbest. Art.:	unbestimmter Artikel		*lat.am.:*	latinoamericano, lateinamerikanisch
(c → zc)	Verb mit Stammwechsel		*m.:*	masculino, Maskulin
cf.:	confer (compara, vergleiche)		(o → ue)	Verb mit Stammwechsel
conj.:	conjunción, Konjunktion		*pl.:*	plural, Plural
Dim.:	Diminutiv		*Pl.:*	Plural
(e → i)	Verb mit Stammwechsel		*prep.:*	preposición, Präposition
(e → ie)	Verb mit Stammwechsel		*s.:*	sustantivo, Substantiv
etw.:	etwas		*S.:*	Substantiv
f.:	femenino, Femininum		*sg.:*	singular, Singular
fam.:	familiar, umgangssprachlich		*Sg.:*	Singular
fran.:	francés, französisch		*subj.:*	subjuntivo
Imp.:	Imperativ		*ugs.:*	umgangssprachlich
inf.:	infinitivo, Infinitiv			

la tribu	der Volksstamm	En 1345 la ~ azteca llegó a México.
fundar a/c	etw.gründen	Sobre el lago Texcoco ellos ~[1] su capital, Tenochtitlán.
convertirse en a/c	werden	Tenochtitlán ~[2] en la ciudad más grande de Centroamérica.
poderoso/-a	mächtig	*cf.* poder
la época	die Epoche	
la civilización	die Zivilisation	
reducirse	sich verkleinern	La población azteca ~[3] en un 90% a causa de las invasiones y las guerras.
a causa de	wegen	
la invasión	die Invasion	
la herencia	das Erbe	Hoy en día nos queda una gran ~ de los aztecas.
enorme	enorm	
la costumbre	die Gewohnheit	
la importancia	die Wichtigkeit	*cf.* importante
extenderse	sich ausbreiten	
el territorio	das Gebiet, Territorium	*cf.* la tierra
aún	auch wenn	
dividirse	sich teilen	Los mayas ~[4] en cuatro grupos que hablan unas 30 lenguas indígenas.
étnico/-a	ethnisch	

1

indígena	Indio…, indianisch	
bilingüe	zweisprachig	Luisa habla español y quechua. Ella es ~.
el / la ladino/-a	*Bezeichnung der Mayas für alle, die nicht zu ihrer Welt gehören*	
la sociedad	die Gesellschaft	
la astronomía	die Astronomie	
el calendario	der Kalender	Los mayas tenían un ~ muy exacto.
exacto/-a	exakt	
el imperio	das Imperium	
a lo largo de	entlang	
formar a/c	etw. bilden	
la rueda	das Rad	Un coche tiene cuatro ~[5].
el caballo	das Pferd	
la carretera	die Landstraße	
existir	existieren	
la pobreza	die Armut	*cf.* pobre
político/-a	politisch	*cf.* la política
económico/-a	wirtschaftlich	
la desigualdad	die Ungleichheit	
amenazar a/c a alg.	etw., jdn. bedrohen	Los problemas de la región ~ fuertemente estas culturas de América Latina.[6]

1 A

el / la historiador/a	der / die Historiker/in	*cf.* historia
peruano/-a	peruanisch	*cf.* Perú
a través de	durch	
dominar a/c a alg.	etw., jdn. dominieren	
extenso/-a	breit	Los incas dominaron un territorio muy ~.
inmenso/-a	immens	
el ombligo	der Bauchnabel	
merecer la pena	sich lohnen	
pasado mañana	übermorgen	El día después de mañana es ~.
oficial	offiziell	
el alfabeto	das Alphabet	A, B, C, y D son letras del ~.
eficaz	wirksam	
la comunicación	die Kommunikation	
la noticia	die Nachricht	En el Imperio Inca una ~ podía llegar de Quito a Cuzco en menos de diez días.
la distancia	die Entfernung	
para ello	dafür	
el túnel	der Tunnel	
el / la dios/-a	der / die Gott, Göttin	Inti era un ~[7] inca.
el / la maestro/-a	der / die Lehrer/in	*cf.* el / la profesor/a
crear a/c	kreieren, schöpfen	
el cielo	der Himmel	
machista	chauvinistisch	
mencionar a/c	etw. erwähnen	
la luna	der Mond	
el maíz	der Mais	
la agricultura	die Landwirtschaft	
el sistema de riego	das Bewässerungssystem	
en cuanto a	bezüglich	
la carne	das Fleisch	
el ave	der Vogel, *hier:* das Geflügel	

1A

el cabayo lat. am.	das Meerschwein	
el conejillo de Indias	das Meerschwein	
¡Qué asco!	Wie eklig!	
el asco	der Ekel	
destruir a/c	etw. zerstören	≠ construir a/c
¡Qué vergüenza!	Wie peinlich! Was für eine Schande!	
la vergüenza	die Schande	

1 B

continuar + gerundio	weitermachen mit etw.	Luisa ~[8] leyendo, aunque es muy tarde.
reinar	herrschen	cf. el rey, la reina
estar por + inf.	kurz davor sein etw. zu tun	Son las 7:50, la fiesta es a las 8:00 y los invitados ~[9] llegar.
por un lado	einerseits	cf.el lado
el poder	die Macht	cf. poder
seguir + gerundio	weiterhin etw. tun	En 1492 el poder de España ~[10] creciendo.
unirse	sich vereinigen	En 1492 Castilla y Aragón ~[11].
por otro lado	andererseits	cf. por un lado
salir + gerundio	am Ende etw. tun	En 1492 los musulmanes ~[12] perdiendo.
llevar (tiempo) + gerundio	seit + Zeitangabe + etw. tun	Colón ~[13] 7 años preparando su viaje.
luchar (por / contra a/c, alg.)	kämpfen (für / gegen etw., jdn.)	Los musulmanes ~[14] contra Castilla y Aragón.
el oeste	der Westen	cf. el norte, el sur
quedarse + gerundio	längere Zeit etw. tun	Cólón ~[15] mirando al mar y sigue soñando.
la India	Indien	
el / la español/a	der / die Spanier/in	Un hombre de España es un ~[16].
el castellano	das kastilische Spanisch	
el hierro	das Eisen	
encontrarse (o → ue, yo me encuentro)	sich treffen	En 1517 Icoat y Bernal ~[17] en México.
ser cierto/-a	wahr sein	La historia ~[18], no es mentira.
igual	gleich, egal	Después del encuentro entre España y América nada fue ~.
el Caribe	die Karibik	
acercarse a	sich nähern	cf. cerca de
la moneda	die Münze	cf. el dinero
ir + gerundio	allmählich, nach und nach etw. tun	En 1492 Colón ~[19] navegando de isla en isla.
navegar	segeln	En el mar, tú ~[20] en un barco.
bienvenido/-a	Willkommen Begrüßung	¡~ a América!
el cacique lat. am.	der Häuptling, Chef	
¡Mucho gusto!	Sehr erfreut! Begrüßung	– ¡Hola!, soy el señor Pérez. – ¡~!, yo soy Carlos Carmona.
gordo/-a	dick	≠ delgado/-a
traducir a/c (c → zc, yo traduzco)	etw. übersetzen	¿Puedes ~ estas palabras en español?
el par	das Paar	Quiero comprar un ~ de zapatillas nuevas.
¡claro!	Sicher! Ausruf	
¡Yo qué sé!	Was weiß ich!	
gracioso/-a	lustig, witzig	cf. divertido/-a
hacerse el / la gracioso/-a	albern sein	
quitar a/c a alg.	jdm. etw. wegnehmen	¡No me contestes así, o te ~[21] tu paga!

1B

el tabaco	der Tabak, *auch:* Zigaretten	
el calorcito = *el calor, Dim.*	die Wärme	
el estrés	der Stress	¡La escuela … las tareas en casa … tengo tanto ~!
la hamaca	die Hängematte	
la canoa lat. am.	das Kanu	
la pensión completa	Vollpension	*cf.* el hotel
el piercing	das Piercing	
picante	scharf	¡Esta comida es muy ~!
llorar	weinen	≠ reír

VERBOS + GERUNDIO

continuar
seguir
salir
llevar *(tiempo)* $\Big\}$ *+ gerundio*
quedarse
ir

1C

el azar	der Zufall	Boris llegó a España por ~.
porque sí	*etwa: einfach so!*	
el testimonio	die Aussage	Greisi cuenta en su ~ cómo llegó a España.
pisar a/c	etw. (be)treten	El 4 de enero Greisi ~[22] España por primera vez.
el marido	der Ehemann	Pepe es ~ de Beatriz. Son los tíos de Roberto.
meses antes	vor Monaten	Ellos se casaron ~ en Cuba y luego fueron a España.
separar a/c, a alg.	etw., jdn. trennen	≠ unirse
hasta entonces	bis dann, bis dahin	
el lavaplatos *lat.am.*	die Geschirrspülmaschine	La máquina para fregar es el ~.
fomentar a/c	etw. fördern, unterstützen	
las relaciones humanas	die Beziehungen zw. den Menschen	Los cubanos fomentan mucho las ~.
es decir	*hier:* das heißt	*cf.* decir
la telenovela	*melodram. Fernsehserie*	*cf.* la novela
la televisión	das Fernsehen	*cf.* el televisor
gallego/-a	galicisch	Catuxa es una chica ~[23]. Vive en Santiago.
el / la gallego/-a	der / die Galicier/in	Un hombre de Galicia es un ~[24].
aceptar a/c	etw. akzeptieren, zusagen	Me llamaron para un trabajo y yo ~[25] venir por 20 días.
transformar a/c	etw. (ver-, um-)wandeln	La Ruta Quetzal fue una expedición que ~[26] mi vida.
sorprender a alg.	jdn. überraschen	*cf.* la sorpresa
el sentido del humor	der Sinn für Humor	Miguel es un chico muy simpático y tiene un buen ~.
recoger a/c, a alg. (yo recojo)	etw., jdn. abholen	Marta ~[27] a Lucas en el aeropuerto.
el / la exiliado/-a	der / die Exilant/in	
obligado/-a	gezwungen	Luis tiene malas notas y está ~[28] a estudiar mucho.
los militares	das Militär	*cf.* la dictadura militar
la tristeza	die Traurigkeit	*cf.* triste

marcar a/c	etw. kennzeichnen	*cf.* la marca	**1C**
recordar a/c, a alg. (o → ue, yo recuerdo)	sich an etw., jdn. erinnern	*cf.* acordarse de a/c	
lo dejado	das Verlassene	*cf.* dejar	
lo nuevo	das Neue	*cf.* nuevo/-a	
la solución	die Lösung	¡Mi problema no tiene ~!	
hacer gracia a alg.	*etwa: amüsieren*		
dar risa a alg.	jdn. zum Lachen bringen	Leo un libro muy divertido y me ~[29].	
el / la punki	der Punker, die Punkerin		
meterse con alg.	mit jdm. Streit anfangen		
asustadísimo/-a	verängstigt	*cf.* el miedo	
(no) mirar a alg. con buenos ojos *fam.*	jdm. (nicht) leiden können	*cf.* mirar	
darse bien / mal a alg.	(un)begabt sein für etw., gut / schlecht sein in etw.	A Gladys la biología ~[30] muy bien.	
el dibujo	die Zeichnung, das Zeichnen		

DAR

darse prisa	dar ganas a alg. de a/c	dar risa a alg.
dar la vuelta	dar nombre a a/c, a alg.	darse bien / mal a alg.

Das Vokabular des **Módulo 1D** ist fakultativ und enthält keine Kontextualisierungsbeispiele.

1
D

pa = para, fam.	für	*ponerse del lado de alg.*	sich auf die Seite von jdm. stellen
la desilusión	die Enttäuschung		
Rock your ear	*etwa: hör zu*	*el / la peruano/-a*	der / die Peruaner/in
tratarse de a/c.	von etw. handeln	*el / la chicano/-a*	*der / die in den USA geborene/r Mexikaner/in*
resistir a/c	etw. durchhalten, vertragen	*el / la chileno/-a*	der / die Chilene/-in
el ave fénix	der Phönix *Vogel*	*el / la colombiano/-a*	der / die Kolumbianer/in
la jaula	der Käfig	*el / la chino/-a*	der / die Chinese/-in
revivir	wieder aufleben	*el / la afroamericano/-a*	der / die Afroamerikaner/in
representar a/c	etw. vertreten	*discriminar a alg.*	jdn. diskriminieren
la inferencia	die (Schluss-) Folgerung	*la raza*	die Rasse
la penuria	der Mangel	*intentar a/c*	etw. versuchen
colonizado/-a	*hier:* erobert	*el error*	der Fehler
explotado/-a	ausgebeutet	*partir*	(weg) gehen
apretado/-a	*hier:* unterdrückt	*sin ton ni son*	ohne Grund und Anlass
atrás	hinter, hinterher	*el paraíso*	das Paradies
la nostalgia	die Sehnsucht	*la persona*	die Person
hacer trizas	zerfleddern	*común (y) corriente*	(ganz) gewöhnlich
dejando los cojones fam.	*hier:* mit viel Mühe	*la forma*	die Art
la esperanza	die Hoffnung	*lindo/-a lat. am.*	schön
puta balanza fam.	*etwa: verdammte Waage*	*sonar*	klingen

1 fundaron 2 se convirtió 3 se redujo 4 se dividen 5 ruedas 6 amenazan 7 dios 8 continúa
9 están por 10 seguía 11 se unieron 12 salieron 13 lleva 14 lucharon 15 se queda
16 español 17 se encontraron 18 es cierta 19 fue 20 navegas 21 quito 22 pisó 23 gallega
24 gallego 25 acepté 26 transformó 27 recoge 28 obligado 29 da risa 30 se le da

Opción 1   Das Vokabular der **Opciones** ist fakultativ und enthält keine Kontextualisierungsbeispiele.

mestizo/-a	gemischt *Herkunft*	escoltar	*hier:* begleiten
la raíz, las raíces *pl.*	die Wurzel	la lanza con punta de hueso	Lanze mit knöcherner Spitze
europeo/-a	europäisch	tambor de cuero y de madera	Trommel aus Leder und Holz
africano/-a	afrikanisch	gorguera en el cuello ancho	Halskrause um den kräftigen Nacken
el / la africano/-a	der / die Afrikaner/in	gris armadura guerrera	graue Kriegsrüstung
la conquista	die Eroberung		
disminuir	sich verringern, abnehmen *Zahl*	pie desnudo, torso pétreo	mit bloßem Fuß und steinerner Brust
rápidamente	schnell *Adv.*	pupilas de vidrio antártico	*hier:* eisgrüne Augen
la enfermedad	die Krankheit		
desconocido/-a	unbekannt	¡Qué largo fulgor de cañas!	*hier:* welch weiter Glanz des Zuckerrohrs
la extinción	*hier:* die Vernichtung	¡Qué látigo el del negrero!	*hier:* welch starke Sklavenpeitsche
importar a/c	importieren		
hacer a alg. hacer a/c	*hier:* jdn zwingen etwas zu tun	piedra de llanto y de sangre	Stein aus Tränen und Blut
el campo de azúcar	das Zuckerrohrfeld	venas y ojos entreabiertos	Adern und Augen halb geöffnet
la esclavitud	die Sklaverei	y madrugadas vacías	und leerer Tagesanbruch
el / la esclavo/-a	der Sklave, die Sklavin	y atardeceres de ingenio	und Dämmerung auf der Zuckerrohrpflanzung
la mina	das Bergwerk		
apenas	kaum	la voz	die Stimme
el Cono Sur	*der Süden Lateinamerikas*	despedazando el silencio	… die das Schweigen zerbricht
a través de	durch *Zeitraum*		
el elemento	das Element	callar	schweigen
la influencia	der Einfluss	juntar a alg.	jdn. zusammenbringen
la economía	die Wirtschaft	abrazarse	sich umarmen
el sistema político	das politische System	suspirar	seufzen
la costa caribeña	die karibische Küste	las fuertes cabezas alzan	sie erheben die starken Köpfe
el noreste	der Nordosten		
la costa pacífica	die Pazifikküste	mismo/-a	der- / dieselbe
el / la autor/a	der / die Autor/in	el tamaño	die Größe
el poeta, la poetisa	der / die Dichter/in	la estrella	der Stern
cubano/-a	kubanisch	el ansia *f.*	die Furcht
la poesía	die Poesie, *auch:* Gedichte		
mostrar a/c a alg.	jdm. etwas zeigen		
la fusión	die Fusion, Verschmelzung		
la balada	*die Ballade*		
la sombra	der Schatten		

2

la monarquía parlamentaria	die parlamentarische Monarchie	España es una ~.
el / la jefe/-a de Estado	der / die Staatschef/in	
a propósito	übrigens	
europeo/-a	europäisch	España y Alemania son países ~[1].
la Constitución	die Verfassung	*fran.:* la constitution, *ing.:* constitution
aprobar a/c (o → ue, yo apruebo)	*hier:* etw. verabschieden, billigen	
el día festivo	der Feiertag	*cf.* la fiesta
las elecciones legislativas	die Parlamentswahlen	
las Cortes Generales	*Name des spanischen Parlaments*	
el / la diputado/-a	der /die Abgeordnete	
el / la senador/a	der / die Senator/in	En España hay 208 ~[2].

2

el Congreso de los Diputados	die Abgeordnetenkammer	
el Senado	der Senat	*cf.* el / la senador/a
el / la representante	der / die Vertreter/in	
el / la presidente/-a	der / die Präsident/in	*fran.:* président, *ing.:* president
el / la vicepresidente/-a	der / die Vizepräsident/in	
el / la ministro/-a	der / die Minister/in	
el / la jefe/-a del Gobierno	der / die Regierungschef/in	
el parlamento	das Parlament	*fran.:* le parlement, *ing.:* parliament
las elecciones autonómicas	*die Wahlen in den autonomen Regionen*	
el gobierno autonómico	die autonome Regierung	
la Ciudad Autónoma	*die Stadt mit Autonomiestatus*	Ceuta y Melilla son ~[3].
África	Afrika	
la administración	die Verwaltung	*fran.:* la admistration, *ing.:* administration
las elecciones municipales	die Gemeindewahlen	
el / la concejal/a	das Gemeinderatsmitglied	
el / la alcalde/sa	der / die Bürgermeister/in	
el municipio	die Gemeinde	En España hay más de 8000 ~[4].
la estructura	die Struktur	
comparar a/c	etw. vergleichen	¿Puedes ~ España con Alemania?
nombrar a/c	etw. (be)nennen, *auch:* jdn. ernennen	*cf.* el nombre

la pesadilla	der Alptraum	Un sueño horrible es una ~.
la república	die Republik	
los republicanos	die Republikaner	
el exilio	das Exil	En 1931 el rey fue enviado al ~.
la reforma	die Reform	En el nuevo gobierno hubo muchas ~[5].
urgente	dringend	
la reforma agraria	die Agrarreform	
definir a/c	etw. definieren	El gobierno quiso ~ el papel de la iglesia.
el papel	*hier:* die Rolle	
por lo tanto	deshalb, daher	
católico/-a	katholisch	
la educación	die Erziehung	
el estatuto	das Statut	
la autonomía	die Autonomie	
la situación	die Situation	
ya que *conj.*	da (ja)	
combatir a/c, a alg.	etw., jdn. bekämpfen	El pueblo quería ~ la dictadura.

2A	el terrateniente	der Gutsbesitzer	
	defender a/c, a alg.	etw., jdn. verteidigen, beschützen	El gobierno quería ~ la democracia
	(e → ie, yo defiendo)		española.
	el poder central	die Zentralmacht	
	el general	der General	
	poner fin a a/c	etw. beenden	*cf.* el final
	el golpe	der Schlag	
	el golpe de Estado	der Staatsstreich, Putsch	
	liberal	liberal	*cf.* libre
	el conflicto	der Konflikt	
	la guerra civil	der Bürgerkrieg	*cf.* la guerra
	los años 50	die 50er Jahre	
	u	„u" vor „o" oder „ho"	
	la imagen	das Bild	*cf.* imaginarse a/c
	atractivo/-a	attraktiv	
	diferente	*hier:* anders	En los años 60 apareció la frase:
			«¡España es ~!»
	la autorización	die Erlaubnis	
	las autoridades	*hier:* die Behörden	
	la transición	der Übergang	Para muchos ~ terminó en 1982.
	el símbolo	das Symbol	El rey es el ~ del cambio.
	educar a alg.	jdn. erziehen, ausbilden	*cf.* la educación
	suceder a alg.	*hier:* Nachfolger werden	
	aguantar a/c	etw. aushalten, ertragen	
	la muerte	der Tod	*cf.* morir
	el esfuerzo	die Anstrengung, die Mühe	
	hacer un esfuerzo	sich anstrengen, Mühe geben	
	amplio/-a	breit, weit, ausführlich	La constitución fue aprobada por
			una ~[6] mayoría.
	conectarse con a/c	*hier:* den Anschluss finden an etw.	
	los Juegos Olímpicos	die Olympischen Spiele	*cf.* jugar
	la Expo	die Expo, die Weltausstellung	
2B	cuyo/-a	dessen, deren	
	la lluvia	der Regen	*cf.* llover
	el noroeste	der Nordwesten	
	el blog	der Blog	Un ~ es como un libro en la red.
	la sugerencia	die Empfehlung	
	el consejo	der Ratschlag	*cf.* aconsejar
	planear a/c	etw. planen	*cf.* el plan
	maravilloso/-a	wunderbar	
	mágico/-a	zauberhaft	
	tener presente a/c	etw. vor Augen haben	
	la observación	die Betrachtung	
	el / la esposo/-a	der / die Ehemann/-frau	
	deber + *inf.*	sollen	
	tener en cuenta a/c	etw. beachten	
	el / la cual	welche/r	
	excepto	außer	
	incluso	sogar	
	la estación	*hier:* die Jahreszeit	El verano es una ~.
	el paraguas	der Regenschirm	
	el tópico	das Klischee	
	la ensalada	der Salat	

sorprenderse	erstaunen	
amablemente	höflich	
el plato fuerte	das Hauptgericht	*cf.* el desayuno, la comida
santo/-a	heilig	
julio	Juli	
el / la peregrino/-a	der / die Pilger/in	
la pastelería	die Konditorei	
la tarta de Santiago	*Name eines Kuchens aus Galicien*	
la almendra	die Mandel	
el recuerdo	die Erinnerung	*cf.* recordar
el naufragio	der Schiffbruch	
el / la pescador/a	der / die Angler/in	
el cabo	der Zipfel	
la antigüedad	das Altertum	*cf.* antiguo/-a
el faro	der Leuchtturm	
la vista	die Sicht, der Anblick	*cf.* ver
el aspecto	der Aspekt	
el bosque	der Wald	
el / la último/-a	letzte	≠ primero/-a
original	originell	
el árbol	der Baum	
el roble	die Eiche	En Galicia hay bosques con árboles de ~.

de cara a	*hier:* gegenüber	*cf.* la cara
alrededor de	ringsherum, *hier:* ungefähr, circa	
la ventaja	der Vorteil	¿Qué ~[7] tiene la Unión Europea para ti?
la desventaja	der Nachteil	
unido/-a	vereinigt	*cf.* unirse
la esperanza	die Hoffnung	*cf.* esperar a/c
la preocupación	die Sorge	*cf.* preocuparse por alg.
con respecto a	bezüglich	
la mesa redonda	*hier:* die Diskussionsrunde	*cf.* la mesa
la ciudadanía	die Bürgerschaft, *hier:* die Staatsangehörigkeit	Es importante que haya una verdadera ~ europea.
el hecho	die Tatsache	
la identidad	die Identität	Es importante tener una ~ europea.
renunciar a a/c	auf etw. verzichten, ablehnen	
nacional	national	
la variedad	die Vielfalt	
el punto	der Punkt, *hier:* der Schwerpunkt	
artificial	künstlich	Yo creo que las fronteras son algo ~.
el / la ciudadano/-a	der / die Bürger/in	*cf.* la ciudadanía
estúpido/-a	blöd, dumm	
idealista	idealistisch	
la experiencia	die Erfahrung	Para Luis vivir en Alemania fue una ~.
integrarse en a/c	sich integrieren in	Para mí fue muy difícil ~[8] el ambiente de los estudiantes.
directo/-a	direkt	Yo creo que los alemanes son muy ~[9].
puntual	pünktlich	Carlos es muy ~ y nunca llega tarde.
quitarse a/c	etw. ausziehen	≠ ponerse a/c
interrumpir a/c, a alg.	etw., jdn. unterbrechen	Los españoles ~[10] siempre al hablar.
cada dos por tres	*hier:* immer wieder, andauernd	
el taco *fam.*	der Kraftausdruck, das Schimpfwort	

2C

acostumbrarse a a/c	sich an etw. gewöhnen	
ser capaz de a/c	in der Lage sein	Ella ~[11] hacer muchas cosas.
la diferencia	der Unterschied	cf. diferente
mejorar a/c	etw. verbessern	cf. mejor
la perspectiva	die Perspektive	Los idiomas son una ventaja para las ~[12] de trabajo.
el Reino Unido	das Vereinigte Königreich (Großbritannien)	
el departamento de ventas y exportación	die Verkaufs- und Exportabteilung	
a no ser que + subj.	etwa: es sei denn, dass …	
el esperanto	das Esperanto	
el punto de vista	der Standpunkt	
pase lo que pase	was auch passieren mag	
sea como sea	jedenfalls, wie dem auch sei	
al menos	wenigstens	
extranjero/-a	fremd	
grave	hier: ernst, schwerwiegend	No creo que sea un problema tan ~.

Das Vokabular des **Módulo 2D** ist fakultativ und enthält keine Kontextualisierungsbeispiele.

2D

el réquiem	das Requiem, die Toten-messe	el duque	der Herzog
el / la campesino/-a	der / die Bauer / Bäuerin	el mal	das Übel, der Schaden
reflejar a/c	etw. widerspiegeln	señalarse a alg.	sich jdn. merken
el cura m.	der Priester	por menos han caído otros	Andere sind für weniger gefallen (= gestorben)
asesinado/-a	ermordet	derramar sangre	Blut vergießen
el / la fascista	der / die Faschist/in	dar a entender a/c	etw. andeuten
enfrentarse a a/c, alg.	jdm. die Stirn bieten	de ese modo	dadurch
aterrorizar a alg.	jdn. terrorisieren	mostrar a/c a alg.	jdm. etw. zeigen
la conversación	die Unterhaltung	la nobleza	hier: der Edelmut
esconder a/c, a alg.	etw., jdn. verstecken	frenéticamente	rasend, irrsinnig Adv.
a lo largo de	im Laufe von etw.	el perro de caza	der Jagdhund
revelar a/c	etw. offenbaren	tomar el viento	Witterung aufnehmen
el escondite	das Versteck	mentir	lügen
la impresión	der Eindruck	(e → ie, yo miento)	
más valdría que no me lo hubiera dicho	er hätte es mir besser nicht gesagt	bajar la cabeza	hier: nicken
Por qué he de saber yo	Woher sollte ich wissen	la afirmación	hier: die Bestätigung
ante a/c., alg.	vor etw., jdm.	prometer a/c a alg.	jdm. etw. versprechen
el / la forastero/-a	der / die Fremde	la salvedad	der Vorbehalt, die Ausnahme
la entereza	die Standhaftigkeit		
la lealtad	die Treue, Loyalität	en su favor	zu seinen Gunsten
en vano	umsonst, vergeblich	en tropel	in wilder Hast
el centurión	der Offizier hier: der Anführer	espantado/-a	erschrocken
		el sentimiento	das Gefühl
		la liberación	die Befreiung
rezar	beten	ponerse a hacer a/c	beginnen etw. zu tun

1 europeos	2 senadores	3 Ciudades Autónomas	4 municipios	5 reformas
	6 amplia	7 ventajas	8 integrarme en	9 directos
	10 interrumpen	11 es capaz de	12 perspectivas	

Das Vokabular der **Opciones** ist fakultativ und enthält keine Kontextualisierungsbeispiele.

la saeta	*improvisiertes Lied bei Prozessionen in der Karwoche*
el canto religioso	das Kirchenlied
generalmente	normalerweise
improvisado/-a	improvisiert
el balcón	der Balkon
la procesión	die Prozession
el paso	*hier:* Heiligenfigur *Prozession*
Cristo	Jesus Christus
la Virgen	die Jungfrau (Maria)
el origen	die Herkunft
el villancico	das Weihnachtslied
el himno nacional	die Nationalhymne
el honor	die Ehre
la patria	das Vaterland
la música folclórica	die Volksmusik
de forma muy diferente a	ganz anders als
ante todo	vor allem
la celebración	die Feier
conmemorar a/c	einer Sache gedenken
la pasión	*hier:* das Leiden Christi
el Domingo de Ramos	der Palmsonntag
el Domingo de Resurrección	der Ostersonntag
la imagen	*hier:* das Heiligenbild
el recorrido	die Strecke
admirar a/c, a alg.	etw., jdn. bewundern
la Nochebuena	Heiligabend
el turrón	*spanische Süßigkeit aus Mandeln*

el cava	*spanischer Sekt*
los Reyes Magos	die Heiligen Drei Könige
el Año Nuevo	der Neujahrstag
la uva	die Weintraube
la campanada	der Glockenschlag
¡Feliz Año Nuevo!	Frohes Neues Jahr!
el Día de la Constitución	Tag der Verfassung
el franquismo	*Regierungszeit unter Francisco Franco (1939–1975)*
la etapa	*hier:* die Phase
el régimen autoritario	das autoritäre Regime
la democracia parlamentaria	die parlamentarische Demokratie
el referéndum	die Volksabstimmung
el patrón	*hier:* der Schutzheilige
el chupinazo	*Rakete, traditioneller Beginn der Sanfermines*
el cohete	die Rakete
disparar	schießen
señalar a/c	etw. zeigen
el comienzo	der Anfang
la corrida de toros	der Stierkampf
el toro	der Stier
el encierro	*hier:* das Stiertreiben
el / la mozo/-a	*hier:* der Junge, das Mädchen
bravo/-a	*hier:* wild, wütend
la plaza de toros	die Stierkampfarena
al cabo de	*hier:* nach
año tras año	Jahr für Jahr

la multitud	die Menschenmenge	En el concierto hay una ~ de gente.
movilizarse	sich bewegen	10 millones de habitantes ~[1] en metro.
a diario	täglich	*cf.* el día
el autobús	der Bus	*cf.* el bus
la motocicleta	das Motorrad	*cf.* la moto
el espectáculo	das Spektakel	Tantos coches y tanta gente en la ciudad son un ~.
la tortilla *lat. am.*	der Maisfladen	
el taco	*mexikanisches Gericht*	
la enchilada	*mexikanisches Gericht*	
la mezcla	die Mischung	En México hay una ~ de culturas.
el mole	*mexikanische pikante Schokoladensoße*	
el ingrediente	die Zutat	El mole tiene muchos ~[2].
mexicano/-a	mexikanisch	
el chile	die Chilischote	
el ajonjolí	der Sesam	
el trigo	der Weizen	
el / la pintor/a	der / die Maler/in	Diego Rivera es un ~[3] mexicano muy famoso.

3

ocuparse de a/c, alg.	sich mit etw. beschäftigen, sich um etw. kümmern	Diego Rivera ~[4] sobre todo de la historia de México.
social	sozial	Los temas ~[5] son muy importantes para Rivera.
el / la pintor/a	der / die Maler/in	Diego Rivera es un ~[6] mexicano.
el mural	das Wandgemälde	
el metro cuadrado	der Quadratmeter	Rivera pintó un mural de 78 ~[7] con la historia de México.
el recorrido	die Strecke	
la juventud	die Jugend	cf. el / la joven.
pintar	malen	
la calavera	der Totenkopf	
acompañar a alg.	jdn. begleiten	Julio ~[8] a Marta en su viaje a Panamá.
la ola	die Welle	cf. el mar
la competición	der Wettbewerb	En la playa Zicatela hay muchas ~[9].
el surfing	das Surfen	
la pirámide	die Pyramide	Las ruinas de Quetzalcoatl son un ~.
la serpiente emplumada	die gefiederte Schlange	
abandonar a/c, a alg.	etw., jdn. verlassen	En la historia mexicana, la serpiente ~[10] su pueblo.
noviembre	November	El mes número 11 del año es ~.
el / la muerto/-a	der / die Tote	cf. morir
el cementerio	der Friedhof	
dar la bienvenida a alg.	jdn. willkommen heißen	El presidente les ~[11] a los invitados.
el objeto	der Gegenstand	cf. la cosa
decorar a/c	etw. schmücken	El 1° de noviembre los mexicanos ~[12] los cementerios.
el sarcófago	der Sarg	
el mazapán	das Marzipan	
el hueso	der Knochen	

LA COMIDA MEXICANA

la tortilla	el taco	el mole	el ajonjolí	la almendra
el maíz	la enchilada	el chile	el trigo	el mazapán

3 A

el águila *f.*	der Adler	cf. el quetzal
el nopal	der Feigenkaktus	
devorar a/c	etw. verschlingen	
la serpiente	die Schlange	
anunciar a/c	etw. ankündigen	El profe ~[13] la fecha de los exámenes.
autonombrado/-a	selbst ernannt	
tocar a/c a alg.	an der Reihe sein	A Bernal le ~[14] poner la mesa y fregar.
¡Qué le vamos a hacer!	Was sollen wir tun?	
transparente	transparent, durchsichtig	
el carro lat. am.	der Wagen	cf. el coche
poblado/-a	bevölkert	cf. el pueblo
el camión lat. am.	der Bus	cf. el autobús
seguro/-a	sicher	≠ peligroso/-a, La ciudad de Mexico a veces no es ~[15].
la furgoneta lat. am.	der Lastwagen	cf. el camión
cafre *lat. am.*	verrückt	cf. loco/-a
lentamente	langsam *Adv.*	La ciudad se despierta ~.
el caos	das Chaos	A las 6:00, la ciudad se convierte en un ~.

el helicóptero	der Hubschrauber	*ing.:* helicopter
la policía	die Polizei	*ing.:* police
la avenida	die Allee	*cf.* la calle
advertir a alg. de a/c (e → ie, yo advierto)	jdn. vor etw. warnen	La policia ~[16] a los habitantes.
el atasco	der Stau	En las calles hay un ~ porque hay muchos coches.
el accidente	der Unfall	Luisa tuvo un ~ pequeño con la bici.
el robo	der Diebstahl	Esta máñana hubo un ~ en el centro.
de vez en cuando	manchmal, ab und zu	*cf.* a veces
la chamba lat. am.	die Arbeit	*cf.* el trabajo
la media mañana	der späte Vormittag	
la marcha de protesta	der Protestmarsch	El viernes hay una ~ de los alumnos.
intenso/-a	intensiv	
el smog	die Luftverschmutzung	
la prisa	die Eile	*cf.* darse prisa
almorzar a/c lat. am.	etw. zu Mittag essen	*cf.* comer
la fonda lat. am.	das Wirtshaus	*cf.* el bar
el cuate lat. am.	der Freund, Kumpel	*cf.* el amigo
arreglárselas con a/c	sich zu helfen wissen bei etw.	
el ingenio	der Einfallsreichtum	
el / la obrero/-a	der / die Arbeiter/in	*cf.* el / la trabajador/a
la construcción	*hier:* die Baustelle	*cf.* construir a/c
el arroz	der Reis	
el frijol	die Bohne	
la sirena	die Sirene	
la ambulancia	der Krankenwagen	
hacerle caso a a/c, a alg.	auf jdn. achten, jdn. beachten	Los alumnos le ~[17] al profesor.
Todo se arregla.	*etwa: Es wird schon werden.*	
Órale lat. am.	dann, so	*cf.* pues, entonces

¡Viva México!	Es lebe Mexiko!	
el grito	der Schrei	*cf.* gritar
reunirse	sich treffen, versammeln	*cf.* la reunión
el aniversario	der Jahrestag	
la independencia	die Unabhängigkeit	El 15 de septiembre es el aniversario de ~.
el balcón	der Balkon	
el Palacio Nacional	der Nationalpalast	
la campana	die Glocke	
tocar una campana	eine Glocke läuten	
la bandera	die Flagge	Verde, blanco y rojo son los colores de ~ de México.
la Revolución Francesa	die Französische Revolution	
el / la criollo/-a	*in d. Kolonie geborene/r Spanier/in*	Criollos eran los españoles nacidos en ~.
la colonia	die Kolonie	
en secreto	insgeheim, heimlich	Los criollos se reunían ~.
liberar a/c, a alg.	etw., jdn. befreien	Los criollos querían ~ el país.
el dominio	die Herrschaft	América estuvo bajo ~ español hasta 1821.
el cura	der Priester	Miguel Hidalgo fue un ~ muy importante.
la patria	das Vaterland	Miguel Hidalgo es conocido como: «El Padre de ~».

3B

hacer sonar las campanas	die Glocken läuten	
rebelarse (contra a/c, alg.)	Widerstand leisten (gegen)	El cura animó a las personas a ~.
no obstante	dennoch	cf. sin embargo
el / la estadounidense	Amerikaner/in (USA)	Un hombre de los Estados Unidos es un ~.
la revolución	die Revolution	
la república federal	die Bundesrepublik	Alemania es una ~.
el periodo	der Zeitabschnitt, Zeitraum	El presidente es elegido por un ~ de 6 años.
el / la dictador/a	der / die Diktator/in	cf. la dictadura militar
respetar a/c, a alg.	etw., jdn. respektieren	Los alumnos ~[18] al profesor.
el / la héroe / heroína	der / die Held/in	Emiliano Zapata y Pancho Villa son ~[19] mexicanos.
el movimiento popular	die Volksbewegung	Emiliano Zapata y Pancho Villa lucharon en un ~.
la reforma económica	die Wirtschaftsreform	
la educación pública	das öffentliche Schulwesen	cf. la educación
la seguridad social	die Sozialversicherung	cf. seguro/-a

3 C

el / la chicano/-a	in d. USA geborene/r Mexikaner/in	
el / la periodista	der / die Journalist/in	María Elena Salinas es ~ y escribe en la red.
el / la mexicoamericano/-a	hier: Mexikaner/in in d. USA	
el origen	die Herkunft	
hagas lo que hagas	etwa: egal, was du machst	
tratar de + inf.	etw. versuchen	¡Tú tienes que ~ ser el mejor!
el portal	hier: Website Internet	María Elena Salinas tiene un ~ en internet.
agregar a/c	etw. hinzufügen	Ella contó una historia y ~[20] que fue muy interesante.
sufrir	leiden	
la voz	die Stimme	
el reportaje	der Bericht, die Reportage	María Elena Salinas escribió un ~ sobre Leticia.
la señora	die Frau, Dame	cf. el señor
la trenza	der Zopf	
la especialidad	die Spezialität	La paella es una ~ de Valencia.
la trencita = la trenza, Dim.	das Zöpfchen	cf. la trenza
soler + inf. (o → ue, yo suelo)	etw. zu tun pflegen	
usar a/c	etw. benutzen	cf. el uso
en plan + s.	etwa: wie etwas	Quiero pasar las vacaciones ~ película.
por cabeza	pro Kopf	El hotel cobra unos 15 a 30 dólares ~.
el peso	der Peso mexikanische Währungs-einheit	cf. el dolar, el euro, el colón
platicar lat. am.	plaudern	cf. charlar
la madre soltera	die allein erziehende Mutter	cf. la madre
estar convencido/-a de a/c	von etw. überzeugt sein	Leticia ~[21] que en Estados Unidos todo será mejor.
ilegal	illegal	
cruzar a/c	etw. überqueren	Es peligroso ~ la frontera.
el coyote lat. am.	hier: der Fluchthelfer, Schlepper	
esconderse de a/c, alg.	sich verstecken vor	Leticia ~[22] las autoridades.
valer la pena	sich lohnen, die Mühe wert sein	
el sacrificio	hier: das Opfer	
mandar por alg.	jdn. holen lassen	cf. mandar a/c

la propina	das Trinkgeld	El camarero recibe mucha ~.	3C
se calcula que …	*hier:* man rechnet mit …		
la travesía	*hier:* die Überquerung	Muchos inmigrantes mueren durante ~.	
los documentos	*hier:* die Ausweispapiere	Una persona ilegal no tiene ~[23].	
estar a punto de hacer a/c	im Begriff sein etwas zu tun	Leticia ~[24] convertirse en una más en la lista.	
la estadística	die Statistik		
dignamente	würdevoll *Adv.*		

Das Vokabular des **Módulo 3D** ist fakultativ und enthält keine Kontextualisierungsbeispiele.

¡Ándale! lat. am.	*hier:* Na, los!	*permitir a/c*	etw. erlauben
mija = mi hija, fam.	*hier:* mein Kind	*quietita = quieto, Dim.*	still
no andes gastando tiempo	vertrödel nicht deine Zeit	*acabo que*	*etwa: sowieso*
		poquito = poco, Dim.	ein bisschen
apurarse	sich beeilen, *auch:* sich Sorgen machen	*doler*	wehtun
		dar lástima a alg.	jdm. Leid tun
¡qué tal que se me salga el español!	*etwa: Was ist, wenn ich Spanisch spreche?*	*pobrecito-a = pobre, Dim.*	der / die Arme
darle una nalgada a alg.	jdm. einen Klaps auf d. Hintern geben	*enojarse*	sich ärgern
		ya mero	*etwa: jetzt*

1 se movilizan 2 ingredientes 3 pintor 4 se ocupó 5 sociales 6 pintor 7 metros cuadrados
8 acompaña 9 competiciones 10 abandonó 11 da la bienvenida 12 decoran 13 anuncia
14 toca 15 segura 16 advierte 17 hacen caso 18 respetan 19 héroes 20 agregó
21 está convencida de 22 se esconde de 23 documentos 24 está a punto de

Das Vokabular der **Opciones** ist fakultativ und enthält keine Kontextualisierungsbeispiele.

los conocimientos m.pl.	die Kenntnisse	*el anuncio*	die Anzeige
el / la cocinero/-a	der Koch / die Köchin	*el diario*	die Tageszeitung
la mujer para la limpieza	die Reinigungskraft, Putzfrau	*dirigirse a alg.*	sich wenden an jdn.
		el servicio	der Dienst
la documentación en regla	korrekte Arbeitspapiere	*la carrera de magisterio*	Pädagogikstudium *Grundschullehrer/in*
imprescindible	unerlässlich	*en espera de a/c*	in Erwartung von etw.
valorar a/c	etwas wertschätzen	*el anexo*	der Anhang
el / la Au pair	Au Pair-Mädchen / -Junge	*la fotocopia*	die Fotokopie
separado/-a	getrennt	*el diploma de bachillerato*	Abiturzeugnis
el CV = curriculum vitae	der Lebenslauf		
el / la mozo/-a de almacén	*hier:* Aushilfe in e. Ladengeschäft	*el correo electrónico*	E-Mail
		la nacionalidad	die Nationalität, Staatsangehörigkeit
realizar a/c	*hier:* tun, machen		
la labor de carga y descarga	Ein- und Ausräumen, -laden	*la fecha de nacimiento*	das Geburtsdatum
		la formación	die Ausbildung
el etiquetado	das Auszeichnen *Preis*	*la capacidad*	die Fähigkeit
el producto	das Produkt	*la aptitud*	die Neigung
reponer a/c	*hier:* auffüllen	*los intereses personales*	persönliche Interessen
con referencia a	Bezug nehmend auf … *Brief*	*Múnich*	München

PALABRAS

LISTA ALFABÉTICA

*   verweist auf unregelmäßige Verben, Gruppenverben und auf Verben,
bei denen auf orthographische Besonderheiten zu achten ist, siehe Los Verbos, S. 122ff.
Worteinträge ohne Angabe der Fundstelle = Wortschatz aus Encuentros Nueva Edición Band 1.

Grundschrift = obligatorischer Wortschatz   *kursiv* = fakultativer Wortschatz

A

a nach, zu
a cada rato andauernd
a causa de wegen 1
a cualquier sitio egal wohin
a diario täglich 3
a diferencia de a/c im Unterschied zu etw.
a eso de … gegen … Uhr, ungefähr um … *Uhrzeit*
a las …um … Uhr, *Uhrzeit*
a lo largo de entlang 1
a lo mejor vielleicht
a más de + *número* hier: höher als
a partir de ab *zeitlich*
a pie zu Fuß
a propósito übrigens 2
a ratos manchmal
a tiempo rechtzeitig
a tope *hier:* sehr laut
a través de durch *Zeitraum* 1A
a veces manchmal
a ver Mal sehen!
abajo darunter, unten
abandonar a/c, a alg. etw., jdn. verlassen 3
abierto/-a offen
el / la abogado/-a der / die Rechtsanwalt/-wältin
abrazarse sich umarmen
el abrazo die Umarmung
abril *m. sg.* April
abrir a/c etw. öffnen
absolutamente absolut *Adv.*
el / la abuelo/-a der Großvater, die Großmutter
los abuelos die Großeltern
aburrido/-a langweilig
aburrirse sich langweilen
acá hier (hin)
acabar de + *inf.* etw. gerade getan haben
acabo que etwa: sowieso 3D
el accidente der Unfall 3A
el *aceite* das Öl

el *aceitunero* der Olivenpflücker
el acento der Akzent
aceptar a/c etw. akzeptieren, zusagen 1C
acercarse a sich nähern 1B
acompañar a alg. jdn. begleiten 3
aconsejar a/c a alg. (que + *subj.*) jdm. etw. raten
acordarse* de a/c sich an etw. erinnern
acostumbrarse a a/c sich an etw. gewöhnen 2C
la actividad die Aktivität, *(logística)* logistische Aktivitäten, *(náutica)* der Wassersport
activo/-a aktiv
actual aktuell
adelante vorwärts
además außerdem
¡Adiós! Auf Wiedersehen!
adivinar a/c etw. erraten, durchschauen
la administración die Verwaltung 2
admirar a/c, a alg. etw., jdn. bewundern Op2
¿adónde? wohin?
adorar a/c, a alg. etw., jdn. anbeten, vergöttern
la aduana der Zoll
adulto/-a erwachsen
advertir* a alg. de a/c jdn. vor etw. warnen 3A
el aeropuerto der Flughafen
el *afán* der Eifer
la *afirmación hier:* die Bestätigung 2D
afirmar a/c etw. feststellen
África Afrika 2
el / la *africano/-a* der / die Afrikaner/in, *adj.* afrikanisch Op1
el / la *afroamericano/-a* der / die Afroamerikaner/in 1D

afrontar a/c etw. gegenüberstellen, trotzen
agobiar a alg. jdn. überlasten, erdrücken
agosto *m. sg.* August
agradable angenehm
agregar a/c etw. hinzufügen 3C
la agricultura die Landwirtschaft 1A
el agua *f.* das Wasser
el *aguacate* die Avocado
aguantar a/c, a alg etw., jdn. aushalten, ertragen 2A
el *águila f.* der Adler 3A
ahí dort
ahora jetzt
ahorita = ahora bald *Dim.*
ahorrar a/c etw. sparen
el *aimara* Aymara *Sprache*
el aire die Luft, *(acondicionado)* die Klimaanlage
el *ajedrez* das Schach(spiel)
el *ajonjolí* der Sesam 3
al *a + el*
al cabo de hier: nach Op2
al fin y al cabo schließlich
al lado (de a/c) adv./prep. neben
al maní in Erdnusssoße
al menos wenigstens 2C
al natural hier: in natürlichem Zustand
al otro lado de auf der anderen Seite von
el albergue juvenil die Jugendherberge
el / la alcalde / alcaldesa der / die Bürgermeister/in 2
alcanzar reichen, erreichen
alegrarse (de que + *subj.*) sich freuen, dass
alegre glücklich, froh
la alegría das Glück, die Freude
el alemán Deutsch *hier:* Sprache

Alemania *f.* Deutschland
el **alfabeto** das Alphabet 1A
algo etwas
alguien jemand
alguno/-a irgendeine/r
Plural: einige
allí dort
el *alma f.* die Seele
la **almendra** die Mandel 2B
almorzar lat. am. zu Mittag
essen 3A
la **alpaca** Alpaka *Tier*
alquilar *a/c* etw. mieten
alrededor de ringsherum,
hier: ungefähr, circa 2C
los **alrededores** die Umgebung
la **alternativa** die Alternative
el **altiplano** Altiplano *Hochland in den Anden*
altivo/-a hochmütig
alto/-a hoch, laut
la **altura** die Höhe
alucinante faszinierend, toll
el / la **alumno/-a** der / die Schüler/in
alzar a/c etw. erheben
amablemente höflich 2B
amamantar a alg. jdn. stil-
len, *hier:* (er)nähren
amargo/-a bitter
amarillo/-a gelb
amarrar a/c etw. fesseln
ambicioso/-a ehrgeizig
el **ambiente** die Umgebung
la **ambulancia** der Krankenwagen 3A
amenazar *a/c a alg.* etw.,
jdn. bedrohen 1
América Latina Lateinamerika
el / la *americano/-a* der / die
Amerikaner/in, *adj.* amerikanisch
las *Américas* die Länder Nord-
und Südamerikas
el / la **amigo/-a** der / die Freund/in
el / la **amiguísimo/-a** *fam.*
der / die (beste) Freund/in
el **amor** die Liebe
amplio/-a breit, weit, ausführlich 2A
el / la **andaluz/-a** der / die Anda-
lusier/in, *Adj.* andalusisch
¡Anda! Na, los!
¡Ándale! *lat.am., hier:*
Na, los! 3D

andar gehen, laufen
andino/-a aus den Anden
el *anexo* der Anhang Op3
angustiosamente ver-
ängstigt, unruhig *Adv.*
el / la *animador/a* der / die Anima-
teur/in
animarse sich motivieren
el **aniversario** der Jahrestag 3B
el **año** das Jahr, *(Año Nuevo)*
der Neujahrstag Op2, *(año
tras año)* Jahr für Jahr Op2,
(los **años** 50) die 50er Jahre
2A
anotar a/c etw. notieren
el *ansia f.* die Furcht Op1
ante a/c., alg. vor etw., jdm.
2D, *ante todo* vor allem Op2
antes früher, eher
antiguo/-a alt, veraltet
la **antigüedad** das Altertum 2B
anunciar *a/c* etw. ankündigen, bekannt geben 3A
el **anuncio** die Anzeige
Zeitung Op3
aparecer* erscheinen, auftauchen
el **apartamento** die Ferienwohnung
el **apellido** der Nachname
apenas kaum Op1
aplastar a/c etw. zer-
quetschen
aplazar a/c hier: etw. ver-
schieben
aplicado/-a fleißig 2C
aprender *a/c* etw. lernen
el / la *aprendiz* der Lehrling
apretado/-a hier: unter-
drückt 1D
aprobar* *a/c* etw. bestehen
Prüfung, hier: etw. verabschieden, billigen 2
la **aptitud** die Neigung Op3
apuntar *a/c* etw. aufschreiben, **apuntarse** *fam.* sich anschließen, mitmachen
apurarse sich beeilen 3D
aquel / aquella jene/r
aquí hier
árabe arabisch
el *árbol* der Baum
arduamente schwer *Adv.*
el / la **argentino/-a** der / die
Argentinier/in

el **armario** der Schrank
la **arquitectura** die Architektur
el *arrabal lat.am.* die Vorstadt
arreglárselas con *a/c* sich zu
helfen wissen bei etw. 3A
el **arroz** der Reis 3A
el **arte** die Kunst
el / la *artesano/-a hier:* der Hand-
werker
artificial künstlich 2C
artístico/-a künstlerisch
asegurar *a/c* etw. versichern,
hier: feststellen
asesinado/-a ermordet 2D
así so
así que sodass
la **asignatura** das Schulfach
asociar a/c etw. assoziieren
el **aspecto** der Aspekt 2B
la **astronomía** die Astronomie 1
asustadísimo/-a verängstigt
1C
el **atasco** der Stau 3A
*atentamente mit freund-
lichen Grüßen (Brief)*
aterrorizar a alg. jdn.
terrorisieren 2D
el **Atlántico** der Atlantik
atontado/-a *hier:* benommen, baff
atractivo/-a attraktiv 2A
atraer a/c, a alg. etw., jdn.
zuziehen
atrás hinter, hinterher 1D
atravesado/-a quer drüber
el / la *Au pair* Au Pair-Mädchen /
-Junge Op3
la **audiencia** die Audienz
aún auch wenn 1
aún más hier: eher noch
aún no noch nicht
aunque obwohl,
+ *subj.* selbst wenn
el *auto lat.am.* das Auto
el **autobús** der Bus 3
el *automóvil lat.am.* das Auto
autonombrado/-a selbst
ernannt 3A
la **autonomía** die Autonomie
2A
el / la *autor/a* der / die Autor/in Op1
las **autoridades** *hier:* die Behörden 2A
la **autorización** die Erlaubnis 2A
avanzar vordringen

el **ave** der Vogel, *hier:* das Geflügel 1A, *(fénix)* der Phönix
Vogel 1D
la **avenida** die Allee 3A
la **aventura** das Abenteuer
el **avión** das Flugzeug
ayer gestern
la **ayuda** die Hilfe
ayudar a alg. jdm. helfen
el **ayuntamiento** das Rathaus
el **azar** der Zufall 1C
azteca Azteke/-in, aztekisch
el **azúcar** *f.* der Zucker
azul blau

B

el **bachillerato** das Abitur
bailar tanzen
el **baile** der Tanz
bajar a/c etw. leiser stellen, *(la
cabeza) hier:* nicken 2D
bajar(se) aussteigen
el **balcón** der Balkon 3B
la *ballena jorobada* der
Buckelwal
el **banco** die Sitzbank, *auch:*
Geldinstitut
la **banda** die Band
la **bandera** die Flagge 3B
el *bandoneón* das Bandoneon
Musikinstrument
el **baño** das Badezimmer
el **bar** die Kneipe
barato/-a billig
la **barbacoa** der Grill, Barbecue
el **barco** das Schiff
la **barra** die Theke
el **barrio** das Stadtviertel
bastante *adv.* ziemlich viel
la **basura** der Müll
el *basurero* die Müllabfuhr,
der Müllmann
la **bebida** das Getränk
la **beca** das Stipendium
la **belleza** die Schönheit
bello/-a schön
besar a alg. jdn. küssen
el **besito** das Küsschen *Dim.*
la **biblioteca** die Bibliothek
la **bici** *fam.* das Fahrrad
bien *adv.* gut *Adv.*
bienvenido/-a Willkommen
Begrüßung 1B
bilingüe zweisprachig 1

la **biología** die Biologie
el / la **biólogo/-a** der / die Biologe/-in
blanco/-a weiß
el **blog** das Blog 2B
el **bocadillo** das belegte Brötchen
el **bolígrafo** der Kugelschreiber
la *bolsa de plástico* die Plastiktüte
el *bolsillo* die Hosentasche
bonito/-a schön, hübsch
el **bono** der Sammelfahrschein
borrar wegwischen, radieren
el **bosque** der Wald 2B
la *botella* die Flasche
el **botellón** *Treffen von Jugend-
lichen am Wochenende zum
Trinken u. a. auf der Straße*
el / la *brasileño/-a* der / die Bra-
silianer/in
bravo/-a mutig, tapfer *hier:*
wild, wütend
el **brazo** der Arm
la **bronca** der Ärger, der Krach
el **buceo** das Tauchen
buen tiempo schönes Wetter
la *buena presencia* gepflegte
Erscheinung
lo **bueno** das Gute
bueno/-a gut
¡Buenos días! guten
Morgen!, guten Tag!
el **bus** der Bus, **(de noche)**
der Nachtbus
buscar a/c etw. suchen
*buscarse la vida etwa: sich
durchschlagen* Op2

C

el **caballo** das Pferd 1
la **cabaña** die Hütte
el *cabayo* das Meerschwein 1A
la *cabeza* der Kopf, **por
cabeza** pro Kopf 3C
cabezón/-ona dickköpfig
el **cabo** der Zipfel 2B
el *cacique lat.am.* der Häuptling, Chef 1B
cada + s. jede/r, **cada dos
por tres** *hier:* immer wieder,
andauernd 2C, **cada uno/-a**
jede/r, **cada vez** jedes Mal,
cada vez hay más immer
mehr

la *cadena hotelera* die Hotelkette
caer* fallen, runterfallen
el **café = la cafetería** das Café
el **café** der Kaffee
el **cafetalero** *lat.am.* der
Kaffeepflanzer
cafre lat. am. verrückt 3A
el / la *cajero/-a* der / die Kassierer/in
la **cala** die kleine Bucht
el **calamar** Tintenfisch
la *calavera* der Totenkopf 3
calcadito/-a fam. ganz ähnlich
el **calendario** der Kalender 1
la **calidad** die Qualität
el *califato* Kalifat
callar schweigen Op1
la **calle** die Straße
el **calor** die Hitze
el **calorcito = el calor** *Dim.* die
Wärme 1B
la **cama** das Bett
el / la **camarero/-a** der / die
Kellner/in
cambiar (a/c) etw. tauschen,
wechseln, ändern, **(de)** umsteigen
el **cambio** die Änderung, der
Wechsel, die Veränderung
caminar laufen
el **camino** der Weg
el **camión** der Lastwagen, der
Bus 3A
la **camisa** das Hemd
la **camiseta** das T-Shirt
la *campana* die Glocke 3B
la *campaña* die Kampagne
la *campanada* der Glocken-
schlag
el / la *campeón/-ona* der / die Sie-
ger/in
el / la *campesino/-a* der / die
Bauer / Bäuerin 2D
el **camping** der Zeltplatz
el **campo** das Feld, das Land,
(de azúcar) das Zuckerrohrfeld Op1
la **canción** das Lied
cano grau, weiß *Haare*
la **canoa** *lat.am.* das Kanu 1B
cansado/-a müde
cantar a/c etw. singen
el *cante* der Gesang *Flamenco*
la **cantidad** die Menge

la *cantilena* das Klagelied
el *canto religioso* das Kirchenlied Op2
el caos das Chaos 3A
la *capacidad* die Fähigkeit Op3
la *capital* die Hauptstadt
capturar a/c, a alg. etw., jdn. fangen, festnehmen
la cara das Gesicht
la *carabela* Karavelle *Schiff*
el Caribe die Karibik 1B
caribeño/-a karibisch
carísimo/-a sehr teuer
la carne das Fleisch 1A
caro/-a teuer
el / la *carpintero/-a* der Tischler
la *carrera de magisterio* Pädagogikstudium *Grundschullehrer/in* Op3
la *carretera* die Landstraße 1
el *carro lat. am.* der Wagen 3A
la carta der Brief
la *cartelera* das Stadtmagazin, der Veranstaltungskalender
la casa das Haus, die Wohnung
a casa nach Hause
la casa rural ländliches Anwesen
casarse con alg. jdn. heiraten
casi fast
el castellano das kastilische Spanisch 1B
el castigo die Strafe
el catalán Katalanisch *hier: Sprache*
Cataluña Katalonien
católico/-a katholisch 2A
el *cava spanischer Sekt* Op2
el cd die CD
el *ceceo ibérico die in Spanien übliche Aussprache von z und c.*
la *celebración* die Feier Op2
celebrar a/c etw. feiern
el cementerio der Friedhof 3
cenar a/c etw. zu Abend essen
céntrico/-a zentral
el centro das Zentrum, **(de arte)** die Kunstsammlung, **(cultural)** das Kulturzentrum, **(comercial)** das Einkaufszentrum
el *centurión* der Offizier, *hier:* der Anführer 2D
cerca (de a/c) *adv./prep. hier:* in der Nähe von

el cero Null
cerrar* a/c etw. schließen
el / la *chamaco/-a lat.am.* der Junge / das Mädchen
la *chamba lat. am.* die Arbeit 3A
chambón/-ona stümperhaft
el *champán* der Champagner
el *chándal* der Jogginganzug
chao Tschüss
la chaqueta die Jacke
el *charango lat.am. Musikinstrument*
charlar plaudern
chatear chatten
el / la chicano/-a *in d. USA geborene/r Mexikaner/in* 1D/3C
el chicle der Kaugummi
el / la chico / chica der Junge / das Mädchen
chiflar pfeifen
el chile die Chilischote 3
el / la *chileno/-a* der / die Chilene/-in 1D
el / la *chino/-a* der / die Chinese/-in 1D
el chocolate die Schokolade
el chorizo *spanische Paprikawurst*
el churro *in Fett ausgebackener Teig*
el ciber = el cibercafé das Internetcafé
el cielo der Himmel 1A
cierto/-a gewisse/r, ser … cierto wahr sein 1B
lo *cierto es que* … sicher ist, dass …
el *cimiento* das Fundament
el cine das Kino, *(al aire libre)* das Freiluftkino
la cita der Termin, das Treffen
la ciudad die Stadt
la Ciudad Autónoma *die Stadt mit Autonomiestatus* 2
la *ciudadanía* die Bürgerschaft, *hier:* die Staatsangehörigkeit 2C
el / la ciudadano/-a der / die Bürger/in 2C
la civilización die Zivilisation 1
la *claridad* die Helligkeit
clarísimo/-a fam. ganz klar
claro klar
¡claro! Sicher! *Ausruf* 1B

la clase die Klasse, der Unterricht
clásico/-a klassisch
clavar los ojos genau ansehen
el cliente der Kunde
el clima das Wetter, Klima
la clínica die Klinik
cobrar a/c etw. kassieren
la coca cola die Coca-Cola
el coche der Wagen, das Auto
la cocina die Küche
el / la cocinero/-a der Koch / die Köchin Op3
el *código penal* das Strafgesetzbuch
coger* a/c etw. nehmen
el *cohete* die Rakete Op2
el cole = el colegio die Schule
el / la colega der / die Kollege/-in
el collar die Halskette
el / la *colombiano/-a* der / die Kolumbianer/in 1D
el colón *costa-ricanische Währungseinheit*
la colonia die Kolonie 3B
colonizado/-a hier: erobert 1D
el color die Farbe
combatir a/c, a alg. etw., jdn. bekämpfen 2A
la combinación die Kombination
combinar a/c etw. kombinieren
la comedia die Komödie
comer a/c etw. essen
el comercio justo *etwa: fairer Handel*
cometer a/c etw. begehen
el cómic der Comic
la comida das Essen
el comienzo der Anfang Op2
como *adv.* wie, *conj.* da, weil
¿cómo? wie?
cómodo/-a bequem
el / la compañero/-a Mitschüler/in, Kollege/-in
comparar a/c, alg. etw. vergleichen 2
la comparsa Comparsa *Tanz*
el compás der Takt *Musik*
el / la *compatriota* der / die Landsmann/-frau
la competición der Wettbewerb 3

la **completo/-a** ausgebucht
la *composición* der Aufsatz
la **compra** der Kauf, der Einkauf
comprar a/c etw. kaufen
comprender a/c etw. verstehen
comprometerse a hacer a/c sich verpflichten zu etw.
común gemeinsam
común (y) corriente (ganz) gewöhnlich 1D
la **comunicación** die Kommunikation 1A
comunicar a/c etw. mitteilen, **comunicarse** hier: sich unterhalten
la **comunidad (autónoma)** die Autonomieregion, *(indígena)* hier: die indianische Bevölkerung
con mit
con la presente hiermit *Brief*
con referencia a Bezug nehmend auf … *Brief*
con respecto a bezüglich 2C
con todo el mundo mit allen
el / la **concejal/a** das Gemeinderatsmitglied 2
el **concierto** das Konzert
concreto/-a konkret, bestimmt
el *concurso* der Wettbewerb
condenado/-a verurteilt
conectar (con) a/c verbunden sein mit etw., **conectarse con** a/c hier: den Anschluss finden an etw. 2A
el *conejillo de Indias* das Meerschwein 1A
confirmar a/c etw. bestätigen *Brief*
el **conflicto** der Konflikt 2A
confrontar a/c, a alg. etw., jdn. konfrontieren 2D
el **Congreso de los Diputados** die Abgeordnetenkammer 2
conmemorar a/c einer Sache gedenken Op2
conmigo mit mir
el *Cono Sur der Süden Lateinamerikas (Chile, Argentinien, Uruguay)* Op1
conocer* a/c etw. kennen, kennen lernen
los *conocimientos m.pl.* die Kenntnisse Op3

la *conquista* die Eroberung Op1
el / la **conquistador/a** der / die Eroberer/in
conquistar a/c, a alg. etw., jdn. erobern
consagrar a/c etw. weihen, widmen
la **consecuencia** die Konsequenz
conseguir a/c, a alg. etw., jdn. erreichen
el **consejo** der Ratschlag 2B
el / la *conserje* Hausmeister/in *Schule*
la **Constitución** die Verfassung 2
la **construcción** hier: die Baustelle 3A
construir* a/c etw. bauen
contar* a/c a alg. jdm. etw. erzählen, zählen
contemplar a/c etw. betrachten
el *contemporáneo* der Zeitgenosse
contento/-a glücklich, froh, zufrieden
contestar a/c etw. antworten
contigo mit dir
el **continente** der Kontinent
continuar a/c etw. fortsetzen, + *gerundio* weitermachen mit etw. 1B
contra gegen
el **control** die Kontrolle
convencer a alg de a/c jdn. von etw. überzeugen
convenir a alg. jdm. zusagen, jdm. passen
la *conversación* die Unterhaltung 2D
convertir* en a/c in etw. verwandeln, **convertirse* en a/c** zu etw. werden 1
el *convoy* der Wagenzug
la **cooperativa** die Genossenschaft
coquetear con alg. mit jdm. flirten
el *correo electrónico* die E-Mail Op3
correr rennen, laufen
la *corrida de toros* der Stierkampf Op2
corrupto/-a korrupt

cortarse fam. verlegen werden, sich genieren
las **Cortes Generales** *Name des spanischen Parlaments* 2
la **cosa** die Sache
la **costa** die Küste, *(caribeña)* die karibische Küste, *(pacífica)* die Pazifikküste Op1
la **costumbre** die Gewohnheit 1
el **coyote** *lat.am.*, hier: der Fluchthelfer, Schlepper 3C
crear a/c kreieren, schöpfen 1A
crecer* wachsen
creciente wachsend
creer a/c etw. glauben
el / la *criollo/-a* in d. Kolonie geborene/r Spanier/in 3B
cristiano/-a christlich
Cristo Jesus Christus Op2
la *crítica* die Kritik
cruzar a/c etw. überqueren 3C
el **cuaderno** das Heft
el / la **cual** welche/r 2B
¿cuáles? *pl.* welche/r?
cuando wenn, als, **¿cuándo?** wann?
¿cuánto/-a? wie viel/e?, **cuanto antes** sofort, baldmöglichst
el **cuarto** Viertel
el *cuate lat. am.* der Freund, Kumpel 3A
el / la *cubano/-a* der / die Kubaner/in, *adj.* kubanisch Op1
la *cubata Cuba Libre, alkoholisches Getränk*
la **cuenta** die Rechnung
el **cuento** das Märchen, die Geschichte
¡Cuidado! Vorsicht!
la **cultura** die Kultur, *(clásica)* Alte Geschichte *Schulfach*
cultural kulturell
el **cumpleaños** der Geburtstag
cumplir a/c hier: etw. erfüllen, *auch:* vollenden
el **cura** *m.* der Priester 2D/3B
curioso/-a hier: neugierig
el *curro fam.* der Job, die Arbeit
cursi kitschig
el **curso** der Kurs
cuyo/-a dessen, deren 2B
el *CV= currículum vitae* Lebenslauf Op3

D

el *dado* der Würfel
dar* a/c a alg. jdm. etw. geben, *(a entender a/c)* etw. andeuten 2D, (ganas a alg. de a/c) Lust bekommen auf etw., (la bienvenida a alg.) jdn. willkommen heißen 3, *(la vuelta)* drehen, um … herum fahren, *(lástima a alg.)* jdm. Leid tun 3D, (nombre a a/c, alg.) etw., jdn. benennen, (pánico a alg.) jdm. Angst machen, (risa a alg.) jdn. zum Lachen bringen 1C, (un paseo) e. Spaziergang machen, (un toque a alg. *fam.*) jdm. Bescheid sagen, (la mano a alg.) jdm. die Hand geben, (un beso a alg.) jdn. küssen
darle una nalgada a alg. jdm. einen Klaps auf d. Hintern geben 3D
darse* (cuenta de a/c) etw. merken, (bien/ mal a alg.) (un)begabt sein für etw., gut / schlecht sein in etw. 1C, (prisa) sich beeilen
de von, aus
de … a … *hier:* von …bis … *Uhrzeit*
de alguna manera irgendwie
de cara a hier: gegenüber 2C
¿de dónde? woher?
de ese modo dadurch 2D
de mala gana ungern, widerwillig
de momento zur Zeit
¿De parte de quién? Wer spricht dort, bitte? *Telefon*
de primer orden von allererster Güte
de repente plötzlich
de todas formas auf alle Fälle
de todas las latitudes etwa: aus allen Regionen der Welt
de todo alles Mögliche
de una vez endlich mal
debajo (de a/c) *adv./prep.* darunter, unter
deber + *inf.* sollen 2B

los **deberes** die Hausaufgaben
deberse a a/c sich ergeben aus etw., wegen etw.

decidir a/c etw. entscheiden
decir* (a/c a alg.) jdm. etw. sagen, (*misa*) die Messe abhalten *Religion*

la *decisión* die Entscheidung
declarar a/c etw. erklären, ausrufen
decorar a/c etw. schmücken 3
defender* a/c, a alg. etw., jdn. verteidigen, beschützen 2A
definir a/c etw. definieren 2A

lo **dejado** das Verlassene 1C
dejar a/c, a alg. etw., jdn. verlassen, (hacer a/c) jdn. etw. machen lassen
del *de + el*
delante (de a/c) *adv./prep.* davor, vor *örtlich*
delgado/-a schlank, dünn
delirar irrereden, phantasieren

el *delito* die Straftat
el *delta* das Delta

los/las **demás** die Anderen
demasiado zu viel, zu + *Adj.*

la **democracia** die Demokratie, *(parlamentaria)* die parlamentarische Demokratie Op2
democrático/-a demokratisch
dentro de in, innerhalb *Zeit*

el **deporte** der Sport
deprimido deprimiert
deprisa eilig

a la **derecha (de a/c)** *adv./prep.* rechts (von)

el *derecho* das Recht, *(penal)* das Strafrecht

los *derechos humanos* die Menschenrechte
derramar sangre Blut vergießen 2D
desaparecer* verschwinden

el **desastre** das Desaster
desayunar a/c etw. frühstücken
descansar sich ausruhen

el **descanso** die Pause

el / la **descendiente** der Nachkomme
desconcertado/-a verlegen, verwirrt, ratlos
desconocido/-a unbekannt Op1

el **descubrimiento** die Entdeckung

descubrir a/c etw. entdecken
desde *hier:* von *Uhrzeit,* *(entonces)* seit damals, (hace) seit
desear a/c sich etw. wünschen
desenterrar* a/c etw. ausgraben

la **desigualdad** die Ungleichheit 1

la *desilusión* die Enttäuschung 1D
despacio langsam

la *despedida* der Abschied
despedir* a alg. jdn. verabschieden

el **despertador** der Wecker 3A
después (de a/c) *adv./prep.* nach, danach *zeitlich*

el *destino* das Schicksal
destruir a/c etw. zerstören 1A

la *desventaja* der Nachteil 2C
determinado/-a bestimmt
devorar a/c etw. verschlingen 3A

el *detalle* das Detail
detrás (de a/c) *adv./prep.* hinter

el **día** der Tag, (festivo) der Feiertag 2

el **diálogo** der Dialog

el *diario* das Tagebuch, die Tageszeitung Op1
dibujar a/c etw. zeichnen

el **dibujo** die Zeichnung, das Zeichnen 1C

el **dicho** der Spruch
dicho y hecho gesagt, getan

el / la **dictador/a** der / die Diktator/in 3B

la **dictadura militar** die Militärdiktatur
dictar a/c, a alg. jdm. etw. diktieren, vorschreiben

la **diferencia** der Unterschied 2C
diferente unterschiedlich, *hier:* anders 2A
difícil schwer, schwierig

la **dificultad** die Schwierigkeit
¡Diga! Ja, bitte! *Telefon*
dignamente würdevoll *Adv.* 3C

el **dinero** das Geld
el / la **dios/a** der / die Gott / Göttin 1A

el *diploma de bachillerato* Abiturzeugnis Op3

el / la **diputado/-a** der /die Abgeordnete 2

la **dirección** die Adresse, *auch:*
die Richtung

directamente direkt *Adv.*

directo/-a direkt 2C

el / la **director/a** der / die Direktor/in

dirigirse a alg. sich wenden
an jdn. Op3

discapacitado/-a behindert

la **disco** = la **discoteca** die
Diskothek

discriminar a alg. jdn. diskri-
minieren 1D

la **discusión** der Streit

el / la **diseñador/a** der / die
Designer/in

disfrutar de a/c etw. genießen

disminuir sich verringern, abnehmen *Zahl* Op1

disparar schießen Op2

la **distancia** die Entfernung
1A

distinto/-a anders

la *distribución* die Verteilung

divertido/-a lustig, unterhaltsam

divertirse* sich amüsieren

dividir a/c etw. trennen, teilen

dividirse sich teilen 1

las *divisas* Devisen

la *documentación en regla*
korrekte Arbeitspapiere Op3

los **documentos** *hier:* die Ausweispapiere 3C

el **dólar** der Dollar

doler wehtun 3D

dominar a/c a alg. etw., jdn.
dominieren 1A

el **domingo** der Sonntag, *(de
Ramos)* der Palmsonntag, *(de
Resurrección)* der Ostersonn-
tag Op2, **los domingos** *hier:*
sonntags

el **dominio** die Herrschaft 3B

don / doña Herr / Frau *(v. d.
Vornamen)*

¿dónde? wo?

dormir* schlafen

los / las **dos** die beiden, beide

ducharse sich duschen

el / la **dueño/-a** der / die Besitzer/in

el *duque* der Herzog 2D

durante während

durar dauern

duro/-a hart

E

e „y" *vor* „i" *oder* „hi"

echar de menos a/c, a alg.
etw., jdn. vermissen

la **ecología** die Ökologie

ecologista ökologisch

la *economía* die Wirtschaft Op1

económico/-a preiswert,
wirtschaftlich 1

el *ecoturismo* der Ökotourismus

el *ecuador* der Äquator

la **edad** das Alter

el **edificio** das Gebäude

la **educación** die Erziehung
2A, **(a distancia)** das Fernstudium, **(física)** Sportunterricht, **(primaria)** Grundschule, **(pública)** das öffentliche Schulwesen 3B

educar a alg. jdn. erziehen,
ausbilden 2A

el **efecto** der Effekt, *hier:* die
Wirkung

eficaz wirksam 1A

el **ejemplo** das Beispiel

ejercer* a/c etw. ausüben

el der *best. Art. M. Sg.*

las **elecciones** die Wahlen,
(autonómicas) *die Wahlen in
den autonomen Regionen*,
(legislativas) die Parlaments-
wahlen, **(municipales)** die
Gemeindewahlen 2

la **electricidad** der Strom, die
Elektrizität

elegante elegant

elegir* a/c, a alg. etw., jdn.
auswählen, wählen

el *elemento* das Element Op1

el **e-mail** die E-Mail

el / la **emigrante** der / die
Emigrant/in

emigrar auswandern

emocionante aufregend

empañarse beschlagen
Glas

el *emperador*, la *emperatriz*
der / die Herrscher/in, Kaiser/in

empezar* a/c etw. anfangen

el / la **empleado/-a** der / die Angestellte

la **empresa** die Firma

empujar a/c, a alg. etw., jdn.
stoßen

en in, auf, an

en alemán auf Deutsch

en busca de a/c auf der Suche
nach etw.

en casa zu Hause, **en nuestra
casa** bei uns (zu Hause)

en cuanto a bezüglich 1A

en espera de in Erwartung
von etw. Op3

en fin na gut, also

en general normalerweise

en la fecha acordada zum
vereinbarten Termin

en lugar de anstelle von

en medio de a/c mittendrin

en su favor zu seinen Gunsten 2D

en vez de anstelle von

en vivo live

enamorarse de alg. sich in
jdn. verlieben

el / la *enano/-a* der Zwerg, der / die
Kleine

encantar a alg. sehr gut
gefallen, bezaubern

encaramarse en a/c hinauf-
klettern

encarrilar a/c etw. auf den
Weg bringen

la *enchilada mexikanisches
Gericht* 3

el *encierro* *hier:* das Stiertreiben
Op2

encima (de a/c) *adv./prep.*
darauf, auf

encontrar* a/c etw. finden

encontrarse* a/c sich treffen 1B,
(en) sich befinden in *Ort*

el **encuentro** das Zusammentreffen

enero *m. sg.* Januar

la *enfermedad* die Krankheit
Op1

enfrentarse a a/c, alg. jdm.
die Stirn bieten 2D

enfrente (de a/c) *adv./prep.*
gegenüber

enojarse (con alg.) sich
ärgern (über jdn.)

enorme enorm 1

enrollarse con alg. sich mit
jdm. einlassen

la **ensalada** der Salat 2B

enseguida sofort

enseñar (a/c) etw. zeigen,
(a/c a alg.) jdm. etw. beibringen

la *ensoñación* der Tagtraum
entender* a/c etw. verstehen
la *entereza* die Standhaftigkeit 2D
entonces dann, also, damals
la entrada der Eingang, die Eintrittskarte
entrañable innig
entrar eintreten, (en la universidad) zur Uni gehen, ein Studium beginnen
entre zwischen
la entrevista das Interview
la época die Epoche 1
el *equipo* das Team
equivocarse sich irren
el *error* der Fehler 1D
es decir *hier:* das heißt 1C
es importante que + *subj.* Es ist wichtig, dass
es que ... da, weil ...
escaparse flüchten
la *esclavitud* die Sklaverei Op1
el / la *esclavo/-a* der / die Sklave, Sklavin Op1
escoltar hier: begleiten Op1
esconder a/c, a alg. etw., jdn. verstecken 2D, esconderse de a/c, alg. sich verstecken 3C
el *escondite* das Versteck 2D
escribir a/c etw. schreiben
el / la escritor/a der / die Schriftsteller/in
el escritorio der Schreibtisch
escuchar a/c etw. hören
la escuela (de idiomas) die Schule, Sprachschule
ese/-a diese/r dort
el esfuerzo die Anstrengung, die Mühe 2A
eso das
el espacio (cultural) der (kulturelle) Raum, (de encuentros internacionales) Raum f. internationale Begegnungen, (verde) die Grünfläche
la *espalda* der Rücken
España *f.* Spanien
el / la español/a der / die Spanier/in 1B, *adj.* spanisch Op1
espantado/-a erschrocken 2D
especial besonders
la especialidad die Spezialität 3C
el espectáculo das Spektakel 3
el *esperanto* das Esperanto 2C

la esperanza die Hoffnung 1D/2C
esperar a/c, a alg. warten auf, *auch:* erwarten, hoffen (que + *subj.*) hoffen, dass
el / la esposo/-a der Ehemann, die Ehefrau 2B
esquiar Ski laufen
la *esquina* die Ecke
la estación der Bahnhof, (central) der Hauptbahnhof
la estación *hier:* die Jahreszeit 2B
el estadio das Stadion
la estadística die Statistik 3C
el *estado* der Staat
el / la estadounidense Amerikaner/in *(USA)* 3B
la estancia der Aufenthalt
la estantería das Regal
estar* sein, (a punto de hacer a/c) im Begriff sein etwas zu tun 3C, (al sol) in der Sonne liegen, (convencido/-a de a/c) von etw. überzeugt sein 3C, (de acuerdo con a/c, alg.) mit etw., jdm. einverstanden sein, (detrás de alg.) hinter jdm. her sein, (en forma) fit sein, (enamorado/-a de alg.) in jdn. verliebt sein, (enrollado/-a con a/c *fam.*) zu viel mit etw. beschäftigt sein, (harto/-a de a/c) etw. satt haben, (hasta las narices de a/c *fam.*) etw. satt haben, (por + *inf.*) kurz davor sein etw. zu tun 1B
el estatuto das Statut 2A
este/-a diese/r
el estilo der Stil
estimado/-a sehr geehrte/r Anrede (Brief)
esto dieses hier, das hier
estornudar niesen
estrecharle la mano a alg. jdm. die Hand reichen
la *estrella* der Stern Op1
el estrés der Stress 1B
la estructura die Struktur 2
el / la estudiante der / die Student/in, der / die ältere Schüler/in
estudiar a/c etw. studieren, lernen
el estudio das Studium, Schulausbildung
estupendo/-a hervorragend

la *estupidez* die Blödheit, Dummheit
estúpido/-a blöd, dumm 2C
la *etapa hier:* die Phase Op2
eternamente ewig *Adv.*
el *etiquetado* das Auszeichnen *Kaufpreis* Op3
étnico/-a ethnisch 1
el euro der Euro
Europa Europa
el / la europeo/-a der / die Europäer/in, *adj.* europäisch Op1/2
exactamente exakt *Adv.*
exacto/-a exakt 1
exagerar a/c etw. übertreiben
el / la ex-alumno/-a der / die Exschüler/in
el examen die Prüfung
excepto außer
la excursión der Ausflug
la excusa die Ausrede, Entschuldigung
el / la exiliado/-a der / die Exilant/in 1C
el exilio das Exil 2A
existir existieren 1
el *éxito* der Erfolg
la expedición die Expedition
el / la *expedicionario/-a* der / die Expeditionsteilnehmer/in
la experiencia die Erfahrung 2C
experimentar a/c etw. erfahren
el / la experto/-a der / die Experte/-in, Fachmann/-frau
explicar a/c a alg jdm. etw. erklären
explotado/-a ausgebeutet 1D
el / la explotador/a der / die Ausbeuter/in
explotar explodieren *auch:* ausbeuten
la Expo die Weltausstellung 2A
expresar a/c etw. äußern
la expulsión die Vertreibung
extenderse sich ausbreiten 1
extenso/-a weit, ausführlich, breit 1A
la *extinción hier:* die Vernichtung Op1
extrañar *hier:* erstaunt sein über
extranjero/-a fremd 2C
el / la extranjero/-a der / die Ausländer/in, el extranjero das Ausland
extraño/-a seltsam

F

fácil einfach

la **facultad** die Fakultät

la **falda** der Rock

la **fama** der Ruhm

la **familia** die Familie

famoso/-a berühmt

el **faro** der Leuchtturm 2B

el / la *fascista* der/die Faschist/in 2D

fastidiar a alg. jdn. ärgern

fatal furchtbar, fatal

el **favor** der Gefallen

favorito/-a Lieblings-

la **fe** der Glaube

febrero *m. sg.* Februar

la **fecha** das Datum, *(de nacimiento)* das Geburtsdatum Op3

feliz glücklich, froh, **¡Feliz Año Nuevo!** Frohes Neues Jahr! Op2

¡Fenomenal! Fabelhaft!, Super!

feo/-a hässlich

el **fertilizante** das Düngemittel

la **fiesta** das Fest, die Party, **(de barrio)** das Straßenfest, *(informática)* die Computerparty

fijar a/c etw. festlegen, festsetzen

fijarse en a/c *hier:* etw. bemerken

fijo/-a fest

la **filosofía** die Philosophie

el **fin** das Ende, **(de semana)** das Wochenende, **(de curso)** der Kursabschluss

el **final** das Ende, **(al)** am Ende, *a finales del siglo XIX* Ende des 19. Jhs.

la **finca** der Bauernhof *hier:* die Pflanzung

el *finde = fin de semana fam.* das Wochenende

el / la *fiscal* der / die Staatsanwalt/-wältin

la **física** die Physik

el **flamenco** der Flamenco

el **flechazo** *fam.* Liebe a. d. ersten Blick

la **flor** die Blume

el **folleto** die Broschüre

fomentar a/c etw. fördern, unterstützen 1C

la *fonda lat. am.* das Wirtshaus 3A

el / la *forastero/-a* der / die Fremde 2D

la *forma* die Art 1D *(de forma consecuente)* konsequent *Adv.* *(de forma muy diferente a)* ganz anders als Op2

la *formación* die Ausbildung Op3

formar a/c etwas bilden 1, **(parte de a/c)** zu etw. gehören, an etw. teilnehmen

la **foto** das Foto

la **fotocopia** die Fotokopie Op3

la *fotografía* die Fotografie

el **francés** Französisch *Sprache*

el *franquismo Regierungszeit unter Francisco Franco (1939–1975)* Op2

la *frase* der Satz

fregar* a/c abwaschen *Geschirr*

freír* a/c etw. braten

frenéticamente rasend, irrsinnig *Adv.* 2D

la *frente* die Stirn

el **frijol** die Bohne 3A

el **frío** die Kälte

la **frontera** die Grenze

la **fruta** das Obst, die Frucht **¡Fue un palo!** *fam.* Es war der Hammer! *ugs.*

el **fuego** das Feuer

fuerte stark

fumar a/c etw. rauchen

funcionar funktionieren

fundar a/c etw. gründen 1

la *furgoneta lat. am.* der Lastwagen 3A

la *fusión* die Fusion, Verschmelzung Op1

el **fútbol** der Fußball

el **futuro** die Zukunft

G

el / la **gallego/-a** der / die Galicier/in, *adj.* galicisch 1C

el **gallego** Galicisch *Sprache* **ganar a/c** etw. verdienen, *auch:* gewinnen

la **garantía** die Garantie **gastar a/c** ausgeben

el *gazpacho spanische kalte Gemüsesuppe*

la **generación** die Generation

el **general** der General 2A *generalmente* normalerweise Op2 *generar a/c* etw. erzeugen **genial** genial

la **gente** *sg.* die Leute *pl.*

la **geografía** die Geographie *geográfico/-a* geographisch

la **geología** die Geologie *gitano/-a* Zigeuner…

la **globalización** die Globalisierung

el *globo* der Luftballon *gobernar* a/c* etw. regieren

el **gobierno** die Regierung, **(autonómico)** die autonome Regierung 2, *(catalán)* die katalanische Regierung

los *godos hier:* die Westgoten

el *golpe* der Schlag 2A, **(de Estado)** der Staatsstreich, Putsch 2A

la **goma de borrar** der Radiergummi **gordo/-a** dick 1B **gracias a a/c, alg.** dank **¡Gracias!** Danke! **gracioso/-a** lustig, witzig 1B

la **gramática** die Grammatik **grande, gran** groß

el *grano* der Pickel, *auch:* das Korn **gratis** kostenlos, umsonst **gratuito/-a** kostenlos **grave** *hier:* ernst, schwerwiegend 2C **gris** grau **gritar (a alg.)** schreien, jdn. anschreien

el **grito** der Schrei 3B

el **grupo** die Gruppe, *(de deporte)* die Sportgruppe **guapo/-a** hübsch, gut aussehend **¡guau!** *fam.* toll

el **guaraní** Guaraní *Sprache* **guardar a/c** etw. wegpacken, einpacken

la **guardería** der Kindergarten **guay** *fam.* toll, super

la **guerra** der Krieg

la **guerra civil** der Bürgerkrieg 2A

el / la **guía** der / die Reiseführer/in

el / la **guiri** *fam. ausländ. Tourist/in in Spanien*
gustar a alg. etw. jdm. gefallen
el **gusto** der Geschmack

H

haber* haben *Hilfsverb*
hábil geschickt
la *habilidad* die Fähigkeit
la **habitación** das Zimmer, **(doble)** das Doppelzimmer
el / la **habitante** der Einwohner
hablar sprechen
hace + *Zeitangabe* vor
hacer* a/c etw. machen, tun, *(a alg. hacer a/c) hier:* jdn. zwingen etwas zu tun Op1, **(calor / frío)** heiß / kalt sein *Wetter,* **(caso a a/c, a alg.)** auf jdn. achten, jdn. beachten 3A *(cosquillas a alg.)* jdn. kitzeln, *(falta)* fehlen, *(gestiones)* verhandeln, **(gracia a alg.)** *etwa: amüsieren* 1C, **(la cama)** das Bett machen, **(la compra)** einkaufen gehen, **(puente)** *e. Tag zw. zwei Feiertagen freinehmen,* **(sonar las campanas)** die Glocken läuten 3B, *(trizas)* zerfleddern 1D, *(un esfuerzo)* sich anstrengen, Mühe geben 2A, **(un trato)** *etwa: einen Deal machen,* **(un favor)** e. Gefallen tun **hacerse (el / la gracioso/-a)** albern sein 1B, **(realidad)** Wirklichkeit werden, *(rico/-a)* reich werden **hagas lo que hagas** *etwa: egal, was du machst* 3C
la **hamaca** die Hängematte 1B
el *hambre* f. der Hunger
la **hamburguesa** der Hamburger *Essen*
hasta bis, **(entonces)** bis dann, bis dahin 1C
hay es gibt, es ist
hay que + *inf.* man muss
el *hecho* die Tatsache 2C
hecho/-a polvo *fam.* erschöpft
la *hectárea* der Hektar
el *helado* das Speiseeis
el *helicóptero* der Hubschrauber 3A
la **herencia** das Erbe 1

la *herida* die Wunde
las *hermanas siamesas* die siamesischen Zwillingsschwestern
el / la **hermano/-a** der Bruder / die Schwester
los **hermanos** *m. pl.* die Brüder, Geschwister
la *hermosura* die Schönheit
el / la *héroe / heroína* der / die Held/in 3B
el **hielo** Eis(würfel)
el **hierro** das Eisen 1B
el / la **hijo/-a** der Sohn, die Tochter
los **hijos** die Söhne, *auch:* die Kinder
el *himno nacional* die Nationalhymne Op2
el / la *hispano/-a* Lateinamerikaner/in in den USA
el / la *hispanohablante* der / die Spanischsprechende
la **historia** die Geschichte
el / la **historiador/a** der / die Historiker/in 1A
histórico/-a historisch, geschichtlich
la **hoja** das Blatt
¡Hola! Hallo!
el **hombre** der Mann, der Mensch
el *honor* die Ehre Op2
la **hora** die Stunde
el **horario** der Stundenplan, der Zeitplan
la *horchata* *Erfrischungsgetränk aus Erdmandeln*
horrible furchtbar
el **horror** der Horror, der Schrecken
el **hostal** einfaches Hotel, Pension
el **hotel** das Hotel
hoy heute, el **hoy** das Heute, **hoy en día** heutzutage
el *hueso* der Knochen
el **huevo** das Ei
huir fliehen, flüchten
la *humanidad* die Menschheit
humano/-a menschlich

I

la **idea** die Idee
ideal ideal
idealista idealistisch 2C
la **identidad** die Identität 2C

el **idioma** die Sprache
la **iglesia** die Kirche
igual gleich, egal 1B
ilegal illegal 3C
la *imagen* das Bild, Heiligenbild 2A
la *imaginación* die Phantasie
imaginarse a/c sich etw. vorstellen
inmenso/-a immens 1A
el *imperio* das Imperium 1
la *importancia* die Wichtigkeit 1
importante wichtig
importar a alg. jdm. wichtig sein
importar a/c etw. importieren Op1
imposible unmöglich
imprescindible unerlässlich Op3
la *impresión* der Eindruck 2D
impresionante beeindruckend
improvisado/-a improvisiert Op2
el / la **inca** *s., adj.* Inka, Inka…
incapaz unfähig
incluso sogar 2B
incorporar a/c etw. eingliedern
la **independencia** die Unabhängigkeit 3B
la **India** Indien 1B
indicar a/c etw. zeigen
indígena m./f. indianisch, Indio … 1
la *indigestión* die Verdauungsstörung
indio/-a Indio …
la *infamia* die Verworfenheit
la *inferencia* die (Schluss-) Folgerung 1D
la *influencia* der Einfluss
la *información* die Information
la **informática** die Informatik
el **ingenio** der Einfallsreichtum 3A
el *inglés* Englisch *Sprache*
el **ingrediente** die Zutat 3
el **ingreso** das Einkommen
iniciar a/c etw. anfangen
inmenso/-a immens
el / la **inmigrante** der / die Immigrant/in
la *inquietud hier:* das Anliegen

la *inseguridad* die Unsicherheit
el **instituto** das (staatliche) Gymnasium
integrarse en a/c sich integrieren in 2C
inteligente intelligent
intenso/-a intensiv 3A
intentar a/c etw. versuchen 1D
intercultural interkulturell
interesante interessant
interesar a alg. jdn. interessieren
interesarse por a/c sich für etw. interessieren
los *intereses personales* persönliche Interessen Op3
internacional international
el **internet** das Internet
interrumpir a/c etw. unterbrechen 2C
la *intuición* die Intuition
la **invasión** die Invasion 1
inventar a/c etw. erfinden
el **invierno** der Winter
el / la **invitado/-a** Gast
invitar a alg. jdn. einladen
ir* (a) gehen (zu, in), **(a tomar algo)** etw. trinken gehen, **(bien con a/c)** gut passen zu, **(+ gerundio)** allmählich, nach und nach etw. tun 1B
irónico/-a ironisch
irse* gehen, weggehen, **(a la cama)** schlafen gehen
la **isla** die Insel
el *italiano* Italienisch *Sprache*
a la **izquierda (de a/c)** *adv./prep.* links (von)

J

jamás nie
el **jamón** der Schinken
el **jardín** der Garten
el **jardín botánico** der Botanische Garten
la *jardinera* der Blumenkasten
la *jaula* der Käfig 1D
el / la **jefe** der / die Chef-/in, **(del Gobierno)** der / die Regierungschef/in 2, **(de Estado)** der /die Staatschef/-in 2
el **jersey** der Pullover
¡Jo! O je!
jocoso/-a lustig
jodido/-a *fam. hier:* aufgeschmissen

el / la **joven** der / die Jugendliche
judío/-a jüdisch
el *juego* das Spiel
los **Juegos Olímpicos** die Olympischen Spiele 2A
el *jueves* der Donnerstag
jugar* a/c etw. spielen
julio Juli 2B
junio *m. sg.* Juni
juntar a/c etw. sammeln
juntos zusammen
justo hier: genau

K

el **kilo** das Kilo
el **kilómetro** der Kilometer

L

la die *best. Art. F. Sg.*
el **lado** die Seite
el **lago** der See
la **lámpara** die Lampe
el *lapislázuli* Lapislazuli
el **lápiz** der Bleistift
largarse abhauen
largo/-a lang
a lo *largo de* im Laufe von etw. 2D
la **lata** die Dose
el *lavaplatos lat.am.* die Geschirrspülmaschine 1C
lavar a/c etw. waschen
el *lavarropas lat.am.* die Waschmaschine
la *lealtad* die Treue, Loyalität 2D
la *lectura* die Lektüre
leer a/c etw. lesen
lejos (de a/c) weit weg von, entfernt von
el *lema* das Motto
la **lengua** die Sprache, *(oficial) hier:* Nationalsprache
lentamente langsam *Adv.* 3A
la *letra* Buchstabe, Text *Lied*
levantar a/c hier: einbringen *Ernte*
levantarse aufstehen
la *ley* das Gesetz
la *liberación* die Befreiung 2D
liberal liberal 2A
liberar a/c, a alg. etw., jdn. befreien 3B
la **libertad** die Freiheit
libre frei
libremente frei *Adv.*
el **libro** das Buch

ligarse a alg. mit jdm. flirten
el **limón** die Zitrone
limpiar a/c etw. reinigen
limpio/-a sauber
lindo/-a lat.am. schön 1D
la **línea** die Linie *auch:* die U-Bahn
la *línea ecuatorial / equinoccial* der Äquator
lírico/-a lyrisch
la **lista** die Liste, **(de la compra)** der Einkaufszettel
listo/-a fertig
la **literatura** die Literatur
la *llama* Lama *Tier*
llamar (a alg.) (an)rufen, telefonieren, **(a/c)** etw. benennen, **(la atención a alg.)** jdm. auffallen
llamarse heißen
llegar (an)kommen
lleno/-a voll
llevar a/c etw. tragen *Kleidung,* **(+ Zeitangabe)** sich aufhalten, sein, **(a/c a alg.)** (hin-)bringen, mitnehmen, *(tiempo + gerundio)* seit + *Zeitangabe* + etw. tun 1B
llevarse bien /mal con alg. sich mit jdm. gut /schlecht verstehen
llorar weinen 1B
llover* regnen
la **lluvia** der Regen 2B
lo que das was
lo que Dios quiera *etwa: wie Gott will*
lo que sea egal was
¡Lo siento! Es tut mir Leid!
lo típico das Übliche
lo único das einzige
loco/-a verrückt
lograr a/c etw. erreichen, erlangen
el **logo** das Logo
la *loma* der Hügel
Londres London
los / las die *best. Art., Pl.*
la **lucha** der Kampf
luchar (por / contra a/c, alg.) kämpfen (für / gegen etw., jdn.) 1B
luego nachher, später
el **lugar** der Ort
la **luna** der Mond 1A
el **lunes** der Montag

M

machista chauvinistisch 1A

la **madre** die Mutter, **(soltera)** die allein erziehende Mutter 3C

el / la *madridista* fam. Anhänger *von Real Madrid*

la **madrugada** der frühe Morgen

el / la *maestro/-a* der / die Lehrer/in *Grundschule* 1A

mágico/-a zauberhaft 2B

el **maíz** der Mais 1A

majo/-a nett

mal *adv.* schlecht

el *mal* das Übel, der Schaden 2D

la **mala racha** die Pechsträhne

la *maldición* der Fluch

maldito/-a verdammt

lo **malo** das Schlechte

malo/-a schlecht

la **mamá** die Mama

mañana *adv.* morgen, la **mañana** der Vormittag, la **media mañana** der späte Vormittag 3A, el **mañana** das Morgen

mandar a/c etw. senden, verschicken, **(por alg.)** jdn. holen lassen 3C

la **manera** die Art

el *maní, lat.am.* die Erdnuss

la **mano** *f.* die Hand

el *manuscrito* das Manuskript

el **mapa** die Landkarte

el **mapuche** Mapuche *Sprache*

maquillarse sich schminken

la *máquina de escribir* die Schreibmaschine

el **mar** das Meer

la **maravilla** das Wunder

maravilloso/-a wunderbar 2B

la **marca** die Marke

marcar a/c etw. kennzeichnen 1C

la **marcha** *fam.* Spaß, Stimmung, Atmosphäre, **(de protesta)** der Protestmarsch 3A

marcharse weggehen, verlassen *Ort*

marchoso/-a stimmungsvoll, spaßig

el **marido** der Ehemann 1C

el *marinero* Seemann

marino/-a Meeres…

marrón braun

Marruecos Marokko 2

el **martes** der Dienstag

más mehr, *más allá de* weiter weg von

más de … mehr als + *Zahlen*

más o menos mehr oder weniger

más … que … *Komparativ*

matar a alg. jdn. töten

las **matemáticas** Mathematik

mates *fam.* Mathe *ugs.*

el / la **maya** Maya, Maya…

mayo *m. sg.* Mai

mayor größer, älter, **(de edad)** volljährig

la **mayoría** die Mehrheit

el *mazapán* das Marzipan 3

me mir, *auch:* mich

me encanta que + *subj.* mir gefällt sehr, dass

me fastidia que + *subj.* Es ärgert mich, dass

me gustaría + *inf.* Ich würde gern

me gusta que + *subj.* mir gefällt, dass

me parece estupendo que + *subj.* Ich finde es toll, dass

la **medicina** die Medizin

el / la **médico/-a** der Arzt, die Ärztin

el **medio ambiente** die Umwelt

medio/-a halb

la *megalópolis* die Millionenstadt

mejor besser, lieber, el / la **mejor** der / die beste

mejorar a/c etw. verbessern 2C

mencionar a/c etw. erwähnen 1A

menor *hier:* jünger

menos weniger, *hier:* außer

menos mal zum Glück

el **mensaje** die Nachricht, die Botschaft

el / la **mensajero/-a** der / die Bote/-in

*mentir** lügen 2D

el / la **mentiroso/-a** der / die Lügner/in

menudo/-a *fam. etwa: jede Menge, sehr viel*

el **mercado** der Markt

la *mercancía* die Ware

el *merengue* Merengue *lat. am. Musik*

merecer la pena sich lohnen 1A

el **mes** der Monat

la **mesa** der Tisch

la **mesa redonda** *hier:* die Diskussionsrunde 2C

el / la *mesero/-a lat.am.* der / die Kellner/in

meses antes vor Monaten 1C

mestizo/-a gemischt *Herkunft* Op1

meter ruido Lärm machen, laut sein

meterse sich begeben *Ort,* **(con alg.)** mit jdm. Streit anfangen 1C

el **metro** die U-Bahn, *auch:* der Meter, **(cuadrado)** der Quadratmeter 3

el / la *mexicano/-a* der / die Mexikaner/in, *adj.* mexikanisch 3

el / la *mexicoamericano/-a hier:* Mexikaner/in in d. USA 3C

la **mezcla** die Mischung

la **mezquita** die Mezquita, Moschee

mi, mis *pl.* mein, meine

el **michelín** *fam.* das Speckpolster *ugs.*

la *micro lat.am.* Kleinbus

el **microondas** die Mikrowelle

el **miedo** die Angst

el *miembro* das Mitglied

mientras während

mientras (que) + *subj.* solange

el **miércoles** der Mittwoch

mija = mi hija fam. hier: mein Kind 3D

mil tausend

el **milagro** das Wunder

los **militares** das Militär 1C

el **millón** die Million

la *mina* das Bergwerk Op1

el / la **ministro/-a** der / die Minister/in 2

el **minuto** die Minute

¡Mira! Schau mal!, Sieh mal!

la *mirada* der Blick

mirar a/c etw. (an)schauen, (an)sehen, **(no) mirar a alg. con buenos ojos** *fam.* jdm. (nicht) leiden können 1C *mismo/-a* der- / dieselbe Op1, lo **mismo** dasselbe

la **mitad** die Hälfte

la **mochila** der Rucksack

la **moda** die Mode

el / la **modelo** das Model

moderno/-a modern

el *mole mexikanische pikante Schokoladensoße* 3

el **momento** der Moment

la **monarquía parlamentaria** die parlamentarische Monarchie 2

la **moneda** die Münze 1B

la **montaña** der Berg, *auch:* die Berge

el **montón (de)** der Haufen, die Menge

morir* sterben

la *mosca* die Fliege

mostrar a/c a alg. jdm. etw. zeigen Op1/2D

la **moto** *fam.* = la **motocicleta** das Motorrad 3

mover* a/c etw. bewegen, **moverse*** sich bewegen

el **móvil** das Mobiltelefon

movilizarse sich bewegen 3

el **movimiento popular** die Volksbewegung 3B

el / la *mozo/-a hier:* der Junge, das Mädchen Op2, *(de almacén) hier:* Aushilfe in e. Ladengeschäft Op3

muchas veces oft

muchísimo/-a sehr viel

mucho/-a viel/e, *adv.* viel

¡mucho gusto! Sehr erfreut! *Begrüßung* 1B

mudarse umziehen

la **muerte** der Tod 2A

el / la **muerto/-a** der / die Tote 3, **(de hambre)** *fam.* vor Hunger sterben

la **mujer** die Frau, *(para la limpieza)* die Reinigungskraft, Putzfrau Op3

la **multa** die (Geld-) Strafe

la **multitud** die Menschenmenge 3

mundial *adj.* Welt …

el **mundo** die Welt

Múnich München Op3

el **municipio** die Gemeinde 2

el **mural** das Wandgemälde 3

la *muralla* die Mauer, Stadtmauer

el **museo** das Museum

la **música** die Musik

la *música folclórica* die Volksmusik Op2

musulmán/-ana islamisch

muy *adv.* sehr

N

nacer* geboren werden

nacional national 2C

la *nacionalidad* Nationalität, Staatsangehörigkeit Op3

las *Naciones Unidas ONU* die Vereinten Nationen UNO

nada nichts, **(de nada)** ganz und gar nicht/s, **(especial)** nichts Besonderes

nadie niemand

náhuatl Nahuatl *Sprache*

la **naranja** die Orange, *adj.* orange

la **nariz** die Nase

la *narración* die Erzählung

la **naturaleza** die Natur

el *naufragio* der Schiffbruch 2B

navegar segeln 1B, *auch:* surfen *Internet*

la **Navidad** Weihnachten

necesario nötig, notwendig

necesitar a/c, a alg. etw., jdn. brauchen

el *negocio* das Geschäft

negro/-a schwarz

¡Ni fu ni fa! fam. so lala

ni idea keine Ahnung *ugs.*

ni siquiera nicht einmal

la **nieve** der Schnee

ningún + *s. m. sg.* kein

ninguno/-a keine/r

el / la **niño/-a** das Kind

el *ninot* Figur aus Pappmaché, *Fallas*

no nein, nicht

no creo que + *subj.* Ich glaube nicht, dass

no dar ni golpe *fam.* keinen Handschlag tun

no es para tanto *fam.* Es ist nicht so schlimm

¡no me digas! Sag bloß!

no me importa que + *subj.* Es macht mir nichts aus, dass

¡No me vengas con …! Komm mir bloß nicht mit …!

no … ni weder … noch

no obstante dennoch 3B

¡No sé! Ich weiß nicht!

no sólo nicht nur

la *nobleza hier:* die Vornehmheit 2D

la **noche** die Nacht, *(lectiva) Lesenacht*

la *Nochebuena* Heiligabend Op2

el *nómada* Nomade

nomás lat.am. nur

nombrar a/c etw. (be)nennen, *auch:* jdn. ernennen 2

el *nombre* der (Vor-)Name

el *nopal* der Feigenkaktus 3A

el *noreste* der Nordosten Op1

la **norma** die Norm 1

normal normal

normalmente normalerweise *Adv.*

el *noroccidente* Nordwest

el *noroeste* Nordwest, der Nordwesten 2B

el **norte** der Norden

la *nostalgia* die Sehnsucht 1D

la **nota** die Note, die Zensur

notable gut *Schulnote*

la *noticia* die Nachricht 1A

la *notita* die Notiz, *Dim.*

la **novela** der Roman

la **novela corta** der Kurzroman

noviembre November 3

el / la **novio/-a** der / die (feste) Freund/in, der / die Verlobte

Nueva York New York

nuevo/-a neu, lo **nuevo** das Neue 1C

el **número** die Nummer, die Zahl

nunca nie, niemals

O

o oder

o sea ebenso

el **objeto** der Gegenstand 3

obligado/-a gezwungen 1C

el *ombligo* der Bauchnabel 1A

la **obra** das Werk, *hier:* die Baustelle, **(de teatro)** das Theaterstück

el / la **obrero/-a** der / die Arbeiter/in 3A

la **observación** die Betrachtung 2B

el *Océano Atlántico* der Atlantik

octubre *m. sg.* Oktober

ocuparse de a/c, alg. sich mit etw. beschäftigen, sich um etw. kümmern 3

ocurrir a/c etw. geschehen

ocurrírsele a/c a alg. jdm. etw. einfallen

odiar a/c, a alg. etw., jdn. hassen

el oeste der Westen 1B

oficial offiziell 1A

la oficina das Büro, (de turismo) das Fremdenverkehrsamt

el *oficio* der Beruf

ofrecer* a/c a alg. jdm. etw. anbieten

oír* a/c etw. hören

ojalá (que + *subj.*) hoffentlich

el *ojo* das Auge

la ola die Welle 3

olvidarse de a/c etw. vergessen

omitir a/c etw. unterlassen, auslassen

la *ONG = organización no gubernamental* regierungsunabhängige Hilfsorganisation

opinar a/c etw. meinen

la opinión die Meinung

la oportunidad die Gelegenheit

la *oposición staatl.* Prüfung f. best. Berufe

la *optativa* das Wahlfach

órale lat. am. dann, so 3A

el ordenador der Computer

la organización die Organisation

organizar a/c etw. organisieren

orgulloso/-a stolz

el origen die Herkunft, der Ursprung Op2/3C

original originell 2B

el oro das Gold

otra vez noch einmal

otro/-a ein/e andere/r, noch eine/r

¡Oye! Hör mal! *Imp.*

P

pa = para fam. für 1D

la *pachamama* Mutter Erde *indian. Bez.*

el padre der Vater

los padres die Eltern

la paella Paella *Essen*

la paga die Bezahlung, *hier:* Taschengeld

pagar a/c etw. bezahlen

la página (web) die Seite, Webseite

el país das Land, (Vasco) Baskenland

el *pájaro* der Vogel

la palabra das Wort

el *Palacio Nacional* der Nationalpalast 3B

el pan das Brot

la pandilla *fam.* die Clique *ugs.*

el pánico *hier:* die Angst

el pantalón die Hose

el pañuelo das Taschentuch

el papá der Papa

los papás *fam.* die Eltern

el papel *hier:* die Rolle 2A

el par das Paar 1B

un par de + *s.* ein paar + S.

para (+ *inf.*) um zu … + Inf., (+ s.) für + S., para ello dafür 1A, para mí für mich, para ti für dich

para que + *subj.* damit

¿para qué? wozu?

el *paraíso* das Paradies 1D

el paraguas der Regenschirm 2B

parar *hier:* aufhören

parecer* a alg. scheinen, finden *Meinung*

parecerse a alg.* ähneln

parecido/-a ähnlich

París Paris

el Parlamento das Parlament 2

el parque der Park, (nacional) der Nationalpark

la parte das Teil

participar en a/c an etw. teilnehmen

el partido die Partei, (de fútbol) das Fußballspiel

partir (weg)gehen 1D,

partirle la cara a alg. jdm. eine runterhauen *ugs.*

el pasado die Vergangenheit

pasado mañana übermorgen 1A

pasar vergehen, verbringen *Zeit,* hereinkommen, *auch:* vorbeigehen *Zeit,* (de a/c) jdm. etw. egal oder lästig sein,

(dinero) *fam.* Geld geben, (por) vorbeikommen, (por) *hier:* durchmachen *Zeit,* (a/c a alg.) jdm. etw. passieren, (hambre) hungern, pasárselo bien / mal viel / wenig Spaß haben

pase lo que pase was auch passieren mag 2C

la *pasión* die Leidenschaft, *auch:* das Leiden Christi Op2

el paso der Schritt, *auch:* Heiligenfigur *Prozession* Op2

paso a paso Schritt für Schritt

la pastelería die Konditorei 2B

la patata die Kartoffel

las patatas fritas die Pommes frites

el patio der Hof, Innenhof

la patria das Vaterland Op2/3B

el *patrón hier:* der Schutzheilige Op2

la paz der Frieden

PD (post data) PS (Postskriptum) *Brief*

pedir* a/c etw. bestellen, um etw. bitten

peinado/-a gekämmt

el *peldaño* die (Treppen-) Stufe

pegadito/-a hier: ganz nah beieinander

las *pelas fam.* das Geld

la película der Film, (de amor) Liebesfilm

peligroso/-a gefährlich

pendiente unerledigt

pensar* en a/c, alg denken (an)

la pensión completa Vollpension 1B

la *penuria* der Mangel 1D

el peón der Hilfsarbeiter

el / la peor der / die schlimmste

pequeño/-a klein

perder* a/c etw. verlieren

perderse* sich verlaufen

perdonar a alg. jdn. entschuldigen, jdm. verzeihen

el / la peregrino/-a der / die Pilger/in 2B

perezoso/-a faul

la *perfección* die Perfektion

perfectamente *hier:* ganz genau *Adv.*

el *periódico* die Tageszeitung

el / la **periodista** der / die Journalist/in 3C

el **periodo** der Zeitabschnitt, Zeitraum 3B
permitir a/c etw. erlauben 3D
pero aber

el / la *perro/-a* der Hund, die Hündin, *(de caza)* der Jagdhund 2D

la *persona* die Person 1D

la **perspectiva** die Perspektive 2C

el / la *peruano/-a* der / die Peruaner/in 1D
peruano/-a peruanisch 1A

la *pesadilla* der Alptraum 2A
pesado/-a hier: lästig, aufdringlich
pesar hier: schwer liegen auf

el / la **pescador/a** der / die Fischer/in 2B

el **pesimismo** der Pessimismus

el **peso** *mexikanische Währungseinheit* 3C

el *petróleo* das Erdöl
picante scharf 1B

el **pick up** *Transporter mit offener Ladefläche*

el **picnic** das Picknick
y **pico** *fam.* etwas mehr, später

el **pie** der Fuß

la *piedra* der Stein

el *piercing* das Piercing 1B

la *pierna* das Bein

la *pieza de ajuar* das Schmuckstück
pillar a alg. jdn. erwischen
pintar malen 3

el / la **pintor/a** der / die Maler/in 3

la *pipa* die Pfeife

la *pirámide* die Pyramide 3

el *piropo* das Kompliment
pisar a/c etw. (be)treten 1C

la *piscina* der Swimmingpool, das Schwimmbad

el **pisito** *fam.* = el **piso** die Wohnung, *auch:* das Stockwerk
pisotear a/c, a alg. etw., jdn. treten

la *pistola* die Pistole 2D

la *pizarra* die Tafel

la *pizza* die Pizza

el **plan** der Plan, **(en plan + s.)** wie etwas 3C

la *plancha* das Bügeleisen
planear a/c etw. planen 2B

el **plano** der Stadtplan, **(del metro)** der U-Bahn-Plan

la *planta de energía solar* die Solaranlage
plástica y visual Kunstunterricht

la **plata** das Silber, *hier:* Geld *fam.*
platicar *lat.am.* plaudern 3C

el **plato** der Teller, *hier:* das Gericht, **(fuerte)** das Hauptgericht 2B

la **playa** der Strand

la **plaza** der Platz, *(de toros)* die Stierkampfarena Op2

la **población** die Bevölkerung
poblado/-a bevölkert 3A
pobre arm
pobrecito/-a = pobre Dim. der / die Arme 3D

la **pobreza** die Armut 1
poco *adv.* etwas, ein wenig
poco/-a wenig/e

el **poder** die Macht 1B, **(central)** die Zentralmacht 2A
poder* a/c etw. können, dürfen
poderoso/-a mächtig 1

la *poesía* die Poesie, *auch:* Gedichte Op1

el / la *poeta / poetisa* der / die Dichter/in Op1

el *polaco* Polnisch *Sprache*

la *policía* die Polizei 3A

la **política** die Politik

el / la *político/-a* der / die Politiker/in
político/-a politisch 1

el **polo sur** der Südpol
poner* a/c etw. stellen, setzen, legen, **(fin a a/c)** etw. beenden 2A, **(la mesa)** den Tisch decken, *(música)* Musik auflegen, **(una multa a alg.)** jdn. mit einer Geldstrafe belegen
ponerse* *(a hacer a/c)* beginnen etw. zu tun 2D, **(al teléfono)** ans Telefon kommen, **(a/c)** etw. anziehen, *(+ adj.)* werden, *(del lado de alg.)* sich auf die Seite von jdm. stellen 1D
popular populär

el *poquito = poco Dim.* ein bisschen 3D
por *hier:* durch
por aquel entonces damals

por aquí cerca hier in der Nähe

el **por ciento** das Prozent
por cierto übrigens
por debajo de a/c unter
por dentro (von) drinnen
por ejemplo zum Beispiel
por eso deshalb
por favor bitte
por fin endlich
por fuera (von) draußen
por la mañana *adv.* morgens
por lo menos mindestens
por lo tanto deshalb, daher 2A
por otro lado andererseits 1B
por primera vez zum ersten Mal
¿por qué? warum?
por su cuenta auf eigene Rechnung
por todas partes überall
por un lado einerseits 1B
porque weil
porque sí *etwa: einfach so!* 1C

el **portal** *hier:* Website *Internet* 3C

el **portugués** Portugiesisch *Sprache*

el / la *portugués/-esa* der / die Portugiese/-in

el **porvenir** die Zukunft

la **posibilidad** die Möglichkeit
posible möglich
positivo/-a positiv

la **postal** die Postkarte

la **práctica** *hier:* das Praktikum
prácticamente praktisch *Adv.*
practicar a/c trainieren, etw. üben, **(deporte)** Sport treiben

el **precio** der Preis *Geld*
precioso/-a wunderschön
precisamente genau *Adv.*
precisar de a/c, alg. etw., jdn. brauchen
precolombino/-a präkolumbisch
preferir* a/c etw. bevorzugen

la **pregunta** die Frage
preguntar a/c etw. fragen, **(por alg.)** nach jdm. fragen

el *premio* der Preis, die Belohnung, *(Nobel de la Paz)* der Friedensnobelpreis, *(Nobel de Literatura)* der Literaturnobelpreis

la **preocupación** die Sorge 2C

preocuparse por a/c, alg. sich um etw., jdn. Sorgen machen

preparar a/c etw. vorbereiten, zubereiten

presentar a/c a alg. etw. jdm. vorstellen

presente anwesend

el **presente** die Gegenwart

el / la **presidente/-a** der / die Präsident/in 2

la **presión** der Druck

prestigioso/-a angesehen, wichtig

preveer a/c etw. vorhersehen

la **primavera** der Frühling

primero *hier:* zuerst

el / la **primero/-a** der / die erste

el / la **primo/-a** der / die Cousin/e

el **principio** der Anfang, **al principio** am Anfang

la **prisa** die Eile 3A

el *privilegio* das Privileg

probablemente wahrscheinlich

probar* a/c etw. kosten, probieren

el **problema** das Problem

el *prócer* der Führer

la *procesión* die Prozession Op2

proclamar a/c etw. ausrufen

producir* a/c etw. herstellen *hier:* wachsen, *auch:* verursachen

el *producto* das Produkt Op3

el / la **profesor/a** Lehrer/in, **(de alemán)** der / die Deutschlehrer/in

el **programa** das Programm

programar a/c etw. programmieren

el **progreso** der Fortschritt

prohibir a/c etw. verbieten

prometer a/c a alg. jdm. etw. versprechen 2D

pronto bald

la *propia letra* die eigene Schrift

la *propina* das Trinkgeld 3C

propio/-a eigen

proponer* a/c, a alg. jdm. etw. vorschlagen

prosaico/-a prosaisch

prosperar sich verbessern, vorankommen

el / la *protagonista* der / die Hauptdarsteller/in

proteger* a/c, a alg.etw., jdn. (be)schützen

protestar protestieren

la **provincia** die Provinz

el / la **próximo/-a** der / die nächste

el **proyecto** das Projekt

publicar a/c etw. veröffentlichen

la **publicidad** die Werbung

en *público* in der Öffentlichkeit

el **pueblo** das Dorf, das Volk

el **puente** die Brücke

la **puerta** die Tür

el **puerto** der Hafen, *(libre)* der Freihafen

el / la *puertorriqueño/-a* der / die Puertorikaner/in

pues *interj.* na, also

el / la *punki* der Punker / die Punkerin 1C

los **puntitos** *fam.* Umlaut

el **punto** der Punkt, *hier:* der Schwerpunkt 2C, **de vista** Standpunkt 2C

puntual pünktlich 2C

la **puntualidad** die Pünktlichkeit 3A

Q

qué + s. was für ein/e …, wie … Ausruf

que + subj. *etwa: Ich wünsche dir / euch, dass …*

¡Qué asco! Wie eklig! 1A

¿Qué diferencia hay? Was macht das f. e. Unterschied?

¡Qué ilusión! Wie schön!

¡Qué le vamos a hacer! Was sollen wir tun! 3A

¡Que lo paséis bien! *etwa: Viel Spaß!*

¡Qué más da! *etwa: Ist doch egal!*

¡Qué palo! Wie hart!

¡Qué pena! Wie schade!

¿Qué tal? Wie geht's?

¡Qué va! Ganz und gar nicht!

¡Qué vergüenza! Wie peinlich! Was für eine Schande 1A

¿qué? was?

el **quechua** Quechua *Sprache*

quedar sich treffen, sich verabreden, übrig bleiben, **(a/c a alg.)** (ver)bleiben, übrig bleiben

quedarse bleiben, **(atontado/-a)** baff, verblüfft sein, *(con a/c)* etw. behalten, (+ *gerundio) längere Zeit etw. tun* 1B

quejarse de a/c sich beschweren über etw.

quemarse sich verbrennen

querer* a/c etw. wollen, *auch:* etw./jdn. lieben

querido/-a liebe/r *hier: Anrede Brief*

el **queso** der Käse

el **quetzal** der Quetzal *Vogel* **¿quién? ¿quiénes?** *pl.* wer?

la **química** die Chemie

el **quintal** der Zentner

quitar a/c a alg. jdm. etw. wegnehmen 1B

quitarse a/c etw. ausziehen 2C

quizás vielleicht

R

la **radio** das Radio

la *raíz*, las *raíces pl.* die Wurzel Op1

rápidamente schnell *Adv.* Op1

rapidito fam. schnell

rápido/-a schnell

raro/-a seltsam

el **rastro** die Spur

el *ratito* = el **rato** *fam.* das Weilchen

el **rato** die Weile

raudo schnell, jäh

la *raza* die Rasse 1D

real echt

la **realidad** die Wirklichkeit

realizar a/c hier: tun, machen Op3

realmente *adv.* wirklich

rebelarse contra a/c, alg. Widerstand leisten (gegen) 3B

el / la **recepcionista** der / die Angestellte an der Rezeption

recibir a/c etw. bekommen, empfangen

reclamar a/c a alg. sich beklagen

recoger* a/c, a alg. etw., jdn. abholen 1C

recomendar* a/c a alg. (que + subj.) jdm. etw. empfehlen

reconocer* a/c etw. anerkennen, *hier:* etw. zugeben

la **reconquista** die Wiedereroberung
recordar* *a/c, a alg.* sich an
etw., jdn. erinnern 1C

el **recorrido** die Strecke Op2/3

el **recreo** die Pause
recto/-a gerade

el **recuerdo** die Erinnerung 2B
recuperar a/c etw. zurückbe-
kommen

el *recurso* die Mittel

la **red** das Netz, Internet
reducirse sich verkleinern 1
reencontrar* a/c, a alg.
etw., jdn. wiederfinden

la **referencia** der Betreff *Brief*

el *referéndum* die Volksabstimmung Op2
reflejar a/c etw. widerspiegeln, zeigen 2D

la **reforma** die Reform 2A,
(agraria) die Agrarreform 2A,
(económica) die Wirtschaftsreform 3B
regalar *a/c* etw. schenken

el **regalo** das Geschenk

el *régimen autoritario* das
autoritäre Regime Op2

la **región** die Region
¡Regular! *hier:* es geht
reinar herrschen 1B

el **reino** das Reich

el **Reino Unido** das Vereinigte
Königreich (Großbritannien) 2C
reírse* de *a/c* über etw. lachen

las **relaciones humanas** die Be-
ziehungen zw. den Menschen
1C

la **religión** die Religion
relucir glänzen
renunciar a *a/c* auf etw. verzichten 2C
repartir *a/c* etw. verteilen

el *reparto* die Auslieferung 1D

el *repertorio* das Repertoire
reponer* a/c hier: auffüllen
Op3

el **reportaje** der Bericht, die
Reportage 3C

el / la **representante** der / die Ver-
treter/in 2
representar a/c etw. vertreten 1D

la **república** die Republik 2A,
(federal) die Bundesrepublik
3B

los **republicanos** die Republikaner 2A

el *réquiem* das Requiem, die
Totenmesse 2D

la **reserva** die Reservierung,
(ecológica) das ökologische
Schutzgebiet
reservar *a/c* etw. reservieren
resistir a/c etw. durchhalten,
vertragen 1D
respetar *a/c, a alg.* etw., jdn.
respektieren 3B
responsable verantwortlich

la **respuesta** die Antwort

el **restaurante** das Restaurant

el **resto** der Rest

el *retraso* die Verspätung

la **reunión** das Treffen, die Besprechung
reunirse sich treffen, versammeln 3B
revelar a/c etw. offenbaren
2D

la **revista** die Zeitschrift
revivir wiederaufleben 1D

la **revolución** die Revolution
3B, la *Revolución Francesa*
die Französische Revolution
3B

el **rey**, la **reina** der / die König/in

los **Reyes (Católicos)** die Katholischen Könige, **(Magos)** die
Heiligen Drei Könige Op2
rezar beten 2D
rico/-a reich, schmackhaft

el **rincón** die Ecke *Zimmer*

el **río** der Fluss

la **riqueza** der Reichtum
riquísimo *hier:* köstlich

el **ritmo** der Rhythmus

el **ritual** das Ritua
robar a/c etw. klauen

el **robo** der Diebstahl 3A

el **rock** der Rock *Musik*
rojo/-a rot

el **rollo** *fam.* die Schwierigkeit

la **ropa** die Kleidung
rosa rosa *Farbe*
rubio/-a blond

la **rueda** das Rad 1

el **ruido** der Lärm

las **ruinas** *pl.* die Ruine/n
rural ländlich

el *ruso* Russisch *Sprache*

la **ruta** die Route, der Reiseweg

S

el **sábado** der Samstag

el **saber** das Wissen 1
saber* *a/c* etw. wissen, etw.
erfahren
sacar a/c etw. heraus holen

el *sacrificio hier:* das Opfer 3C

la *saeta improvisiertes Lied bei
Prozessionen in der Karwoche*
Op2
salir* ausgehen, weggehen,
erscheinen *Zeitung*, (+ *gerundio*) am Ende etw. tun 1B
salir* adelante vorwärts
kommen
salirle* granos a alg. Pickel
bekommen

el **salón** das Wohnzimmer

la *salsa* Salsa *lat.am. Musik*

la **salsa de tomate** Tomatensauce

la *salsoteca Disko mit Salsa-
musik*

la **salud** die Gesundheit
saludar a *alg* jdn. grüßen
salvar *a/c, a alg.* etw., jdn.
retten

el / la *salvavidas* der / die Lebens-
retter/in

la *salvedad* der Vorbehalt, die
Ausnahme 2D
sangriento/-a blutig
sano/-a gesund
santo/-a heilig 2B

el *sarcófago* der Sarg 3

el *saxo = saxofón* das Saxophon
sea como sea wie dem auch
sei 2C
se calcula que … hier: man
rechnet mit … 3C
seco/-a trocken

el *secreto* das Geheimnis,
en secreto insgeheim 3B

la **secundaria** *etwa: Mittelstufe (Schule)*

la **sed** der Durst
seguir* *a/c* weitermachen,
(a alg.) jdn. verfolgen, (+ *gerundio*) weiterhin etw. tun 1B
según nach, gemäß, laut

el / la **segundo/-a** der / die zweite
seguramente sicherlich *Adv.*

la **seguridad social** die Sozialversicherung 3B

seguro/-a sicher 3A, **seguro
que …** sicherlich …
seleccionar a/c, a alg. etw.,
jdn. auswählen

la *selectividad Zulassungs-
prüfung z. Studium*

la **semana** die Woche, **(pasada)**
letzte Woche, vergangene
Woche, la **Semana Santa** die
Osterwoche

el **Senado** der Senat 2

el / la **senador/a** der / die Senator/in
2

señalar a/c etw. zeigen Op2,
señalarse a alg. sich jdn.
merken 2D

sencillo/-a einfach

el **señor** der Herr

la **señora** die Frau, Dame 3C

la *señorita* die (junge) Frau

la **sensación** die Sensation, *hier:*
das Gefühl

la *sensibilidad* die Sensibilität
sentarse* sich setzen

el *sentido* der Sinn, **(del humor)**
der Sinn für Humor 1C

el *sentimiento* das Gefühl 2D
sentir* a/c (que + *subj.*) etw.
fühlen, bedauern, spüren
sentirse* sich fühlen
separado/-a getrennt Op3
separar a/c, a alg. etw., jdn.
trennen 1C

septiembre *m. sg.* September
sepultar a/c, a alg. etw., jdn.
beerdigen
ser* sein, **(capaz de a/c)** in
der Lage sein 2C, **(cierto/-a)**
wahr sein 1B, **(un rollo)** lästig, unangenehm sein, **(una
lástima que** + *subj.*) schade
sein, **(necesario que** + *subj.*)
notwendig sein, dass, *(deter-
minante)* entscheidend sein,
a no ser que + *subj. etwa: es
sei denn …* 2C

la *seriedad hier:* die Zuverlässig-
keit
serio/-a ernst

la *serpiente* die Schlange 3A,
(emplumada) die gefiederte
Schlange 3

el *servicio* der Dienst Op3

el / la **sevillano/-a** der / die
Sevillaner/in

el **sexo** der Sex, *auch:* das Geschlecht
si *condicional* wenn, ob
sí ja
siempre immer

el **siglo** das Jahrhundert
significar bedeuten

el / la *siguiente* der / die folgende

la **silla** der Stuhl

el *sillón* der Sessel

el **símbolo** das Symbol 2A
simpático/-a sympathisch
simplemente einfach *Adv.*
sin ohne
sin embargo trotzdem
sin precedentes hier: ohne
Beispiel
sin ton ni son ohne Grund
und Anlass 1D
singular hier: besonders
sino sondern

la **sirena** die Sirene 3A

el **sistema** das System,
(político) das politische
System Op1, *(de riego)* das
Bewässerungssystem 1A

el **sitio** der Ort, der Platz

la **situación** die Situation,
Lage 2A

el **smog** die Luftverschmutzung
3A
sobre über, gegen *zeitlich*
sobre todo *hier:* vor allem
sobrepasar a/c etw. überstei-
gen
sobresaliente sehr gut *Schulnote*
sobrevivir überleben

la *soca* Soca *lat.am. Musik*
social sozial 3

la **sociedad** die Gesellschaft 1

el / la **socio/-a** *hier:* das Mitglied

el **sol** die Sonne
solamente *adv.* nur
solar *adj.* Solar …
soler* + *inf.* etw. zu tun
pflegen 3C

la **solidaridad** die Solidarität
sólo *adv.* nur
solo/-a allein

la **solución** die Lösung 1C
solucionar a/c etw. lösen

la **sombra** der Schatten Op1

el **son** Son *lat.am. Musik.*
sonar klingen 1D

soñar* con a/c, alg. von
etw., jdm. träumen
sonreírle* a alg. jdn. anlächeln
sorprender a alg. jdn. überraschen 1C, **sorprenderse**
erstaunen 2B

la **sorpresa** die Überraschung
sostener* a/c, a alg. etw.,
jdn. halten, versorgen

el *spanglish Mischung v.
Englisch und Spanisch*

el *spot publicitario* der Werbespot

el **squash** das Squash *Sportart*
su sein/e, ihr/e
subir hochkommen, hochgehen, einsteigen, **subir(se)** einsteigen
subrayar a/c etw. unterstreichen
suceder a alg. *hier:* Nachfolger werden 2A

la **sudadera** das Sweatshirt, der
Pullover

el *sudor* der Schweiß

el **sueldo** das Gehalt

el **sueño** der Traum

la **suerte** das Glück

lo *suficiente* genug
sufrir leiden 3C

la **sugerencia** die Empfehlung 2B
sumir hier: versinken
superdeprimido/-a *fam.* sehr
deprimiert

el *supermercado* der Supermarkt
suponer* a/c etw. vermuten

el **sur** der Süden

el **surfing** das Surfen 3

el *suspenso ungenügend, nicht
bestanden (Schulnote)*
suspirar seufzen Op1

el **susto** der Schreck

T

el *tabaco* der Tabak, *auch:*
Zigaretten 1B

la *taberna literaria* das Litera-
turcafé

el *taco fam.* der Kraftausdruck,
das Schimpfwort 2C, *mexikanisches Gericht* 3

el **taller** die Werkstatt, Arbeits-
gruppe, **(de prensa)** *etwa:
Journalismus-AG*, **(de
teatro)** *etwa: Theater-AG*

el *tamaño* die Größe Op1
también auch
tampoco auch nicht
tan + *adj.* so + *Adj.*, **tan …
como …** genauso … wie…
tanto/-a so viel/e, **tanto …
como …** so …wie …

la *tapa* hier: Vorspeise,
kl. Portion

la *tarde* der Nachmittag, der
frühe Abend
tarde *adv.* spät

la *tarea* die Aufgabe, las **tareas
domésticas** die Hausarbeit

la *tarjeta* die Karte
¿te fijas? *fam. etwa: Siehst
du?, Fällt dir was auf?*

la **tarta de Santiago** *Name
eines Kuchens aus Galicien* 2B

el **teatro** das Theater

el *techo* das Dach

el *técnico superior Abschluss e.
Fachschul-, Berufsausbildung*

la **tecnología** die Technologie

el *tedio* der Überdruss

la **tele** = la **televisión** das Fernsehen 1C

el *telediario* die Tagesschau

el *teleférico* die Seilbahn

el *teléfono* das Telefon

la *telenovela melodram. Fernsehserie* 1C

el *televisor* der Fernseher

el *tema* das Thema

el *temor* die Furcht

la *temporada* die Saison
temprano früh
tener* a/c etw. haben, **(años)**
… Jahre alt sein, **(cuidado con
a/c)** aufpassen mit, **(de todo)**
alles haben, **(en cuenta a/c)**
etw. beachten 2B, **(libre)** frei
haben, **(clase)** Unterricht haben, **(que** + *inf.*) müssen,
(buen gusto) e. guten Geschmack haben, **(ganas de)**
Lust haben auf, **(hambre /
sed)** Hunger / Durst haben,
(que ver con a/c) mit etw. zu
tun haben, *(miedo a a/c,
alg.)* Angst vor etw., jdm. haben, **(miedo de que** + *subj.*)
Angst haben, dass, **(presente
a/c)** etw. vor Augen haben 2B

el / la   **tercero/-a** der / die dritte

terminar a/c etw. beenden

el **terrateniente** der Gutsbesitzer 2A

la **terraza** die Terrasse
terrible furchtbar

el *territorio* das Gebiet,
Territorium 1

el *tesoro* der Schatz

el *testimonio* die Aussage 1C

el *tiempo* die Zeit, *auch:* das
Wetter, **(libre)** die Freizeit

la **tienda** der Laden

la *tierra* die Erde
¡tío! Mensch! *Ausruf*

el *tío*, la **tía** der Onkel, die Tante
típico/-a (de) typisch (für)

el *tipo* hier: die Art
¡Tirando! hier: es geht, (so)
einigermaßen
tirar a/c etw. (weg)werfen,
(la monedita) eine Münze
werfen

el *título* der Titel

la *tiza* die Kreide
tocar a/c etw. spielen *Musik*,
(a/c a alg.) an der Reihe sein
3A, **(una campana)** eine Glocke läuten 3B, **(a alg.
hacer a/c)** an der Reihe sein,
hier: etw. tun müssen
tocarse sich anfassen
todavía noch, immer noch,
todavía no noch nicht
todo alles, **todo/-a** ganz, alle,
todos/-as alle, **todo el día**
den ganzen Tag lang, **todo el
mundo** jedermann, alle,
todo recto geradeaus
Todo se arregla *etwa: Es
wird schon werden* 3A

la *tolerancia* die Toleranz
tolerar a/c etw. aushalten,
dulden

tomar a/c etw. nehmen, trinken, **(el pelo a alg.)** jdn. auf
den Arm nehmen, *(el viento)*
Witterung aufnehmen 2D

el **tomate** die Tomate

el *tópico* das Klischee 2B

el *toro* der Stier Op2

la **torre** der Turm

la **tortilla** *spanisches Omelett
mit Kartoffeln, (lat.am.)* der
Maisfladen 3

el **tostador** der Kaffeeröster

total total, ganz
trabajador/a *adj.* arbeitsam
trabajar arbeiten, **(de)** als
etw. arbeiten

el **trabajo** die Arbeit

el **tractor** der Traktor

la **tradición** die Tradition
tradicional traditionell
tradicionalmente traditionell *Adv.*
traducir* a/c etw. übersetzen 1B
traer* a/c a alg. (mit-, her-)
bringen
tragar a/c hier: herunter-
bekommen
traicionar a alg. jdn.
betrügen
tranquilo/-a ruhig
transformar a/c (ver-, um)
wandeln 1C

la **transición** der Übergang 2A
transparente transparent,
durchsichtig 3A

el **transporte** *hier:* der Verkehr

el **tranvía** die Straßenbahn
tratar (a alg.) jdn. behandeln, **(de** + *inf.*) etw. versuchen 3C
tratarse de a/c. von etw.
handeln 1D

el **trato** die Abmachung

la **travesía** *hier:* die Überquerung 3C

el *trayecto* die Strecke

el *trazado hier:* der Verlauf
tremendo/-a fam. fürchterlich

el **tren** der Zug

la **trenza** der Zopf 3C, la
trencita *Dim.* das Zöpfchen
3C

tres cuartos drei Viertel
tricotar stricken

la *tribu* der Volksstamm 1

el *trigo* der Weizen 3

el **trimestre** das Trimester
triste traurig

la *tristeza* die Traurigkeit 1C

en *tropel* in wilder Hast 2D
tropezarse con a/c über etw.
stolpern
tu, tus *pl.* dein/e

el **túnel** der Tunnel

el *turco* Türkisch *Sprache*

el **turismo** der Tourismus

el / la **turista** der / die Tourist/in

el *turrón spanische Süßigkeit aus Mandeln* Op2

la *tutoría* Tutorium

U

u „o" *vor* „o" *oder* „ho" 2A

ubicado/-a lokalisiert

el / la **último/-a** der / die Letzte, **último/-a** letzte 2B

una vez a la semana ein Mal in der Woche

el / la **único/-a** *s., adj.* der / die Einzige, einzigartig

la *unidad monetaria* die Währung

unido/-a a a/c vereinigt 2C

la **Unión Europea** die Europäische Union

unirse sich vereinigen 1B

la **universidad** die Universität

uno/-a ein/e *unbest. Art. Sg.*, eine/r

unos + *número* um die … *Zahlenangabe*, **unos días después** ein paar Tage später

urgente dringend 2A

usar a/c etw. benutzen 3C

el **uso** der Gebrauch

útil nützlich

utilizar a/c etw. benutzen, verwenden

la *uva* die Weintraube Op2

V

las **vacaciones** die Ferien, der Urlaub

vagar wandern

vago/-a hier: vage

vale einverstanden

valenciano/-a valenzianisch

valer* kosten, wert sein, **(la pena)** sich lohnen, die Mühe wert sein 3C

el **valle** das Tal

valorar a/c etw. wertschätzen Op3

en *vano* umsonst 2D

los **vaqueros** *pl.* die Jeans

variado/-a gemischt

la **variedad** die Vielfalt 2C

varios/-as einige, verschiedene

el **vasco** Baskisch *Sprache*

el **vaso** das Glas

el / la **vecino/-a** der / die Nachbar/in

el / la *vendedor/a* der / die Verkäufer/in

vender a/c etw. verkaufen

el *veneno* das Gift

venir* kommen, **venirse*** kommen

la **ventaja** der Vorteil 2C

la *ventanilla* das Fenster

ver a/c (no ver ni rastro) keine Spur sehen von etw.

veranear den Sommerurlaub verbringen

el *veraneo* die Sommerfrische

el **verano** der Sommer

la **verdad** die Wahrheit

¿Verdad? *etwa: Stimmt's?*

verde grün

el **vestido** das Kleid

vestirse* anziehen

la **vez** das Mal, **de vez en cuando** manchmal, ab und zu 3A

viajar reisen

el **viaje** die Reise

el / la **vicepresidente/-a** der / die Vizepräsident/in 2

la **vida** das Leben

el **vídeo** der Videorekorder

viejo/-a alt

el **viento** der Wind

el **viernes** der Freitag

el *villancico* das Weihnachtslied Op2

el *vino tinto* der Rotwein

la **violencia** die Gewalt

violeta violett

la *Virgen* die Jungfrau (Maria) Op2

la **visita** der Besuch

visitar a/c, a alg. etw. besichtigen, jdn. besuchen

la **vista** Sicht, der Anblick

la **vivienda** die Wohnung

vivir leben, wohnen

el **volcán** der Vulkan

la *voluntad* der Wille

volver* zurückkommen, **volverse* loco/-a** verrückt werden

votar wählen, **(en blanco)** *etwa: e. leeren Stimmzettel abgeben (Wahl)*

el **voto** die Wahl, Stimme

la **voz** die Stimme Op1/3C

la **vuelta** *hier:* die Rundreise

Y

y und

ya schon

ya mero lat.am. etwa: jetzt 3D

ya no (jetzt) nicht mehr

ya que da (ja) 2A

¡Yo qué sé! Was weiß ich! 1B

Z

las **zapatillas de deporte** die Sportschuhe

el **zapato** der Schuh

la **zona** die Zone

el **zumo** der Saft

DEUTSCH-SPANISCHES WÖRTERBUCH

* verweist auf unregelmäßige Verben, Gruppenverben und auf Verben,
bei denen auf orthografische Besonderheiten zu achten ist, siehe Los Verbos, S. 117 ff.

Grundschrift = obligatorischer Wortschatz   *kursiv* = fakultativer Wortschatz

A

ab a partir de *zeitlich*
ab und zu de vez en cuando 3A
der **Abend (frühe)** la tarde
das **Abenteuer** la aventura
aber pero
abgeben (eine [ungültige] Stimme) votar [en blanco] *Wahl*
der/die **Abgeordnete** el/la diputado/-a 2
die **Abgeordnetenkammer** el Congreso de los Diputados 2
abhauen *largarse*
abholen (etw., jdn.) recoger* a/c, a alg. 1C
das **Abitur** el bachillerato
Abiturzeugnis *el diploma de bachillerato* Op3
die **Abmachung** el trato
abnehmen *disminuir Zahl* Op1
der **Abschied** la despedida
absolut absolutamente *Adv.*
abwaschen fregar* a/c *Geschirr*
achten (auf jdn.) hacer* caso a a/c, a alg. 3A
der **Adler** el águila *f.* 3A
die **Adresse** la dirección
Afrika África 2
der/die **Afrikaner/in** *el/la africano/-a* Op1
afrikanisch *africano/-a adj.* Op1
der/die **Afroamerikaner/in** *el/la afroamericano/-a* 1D
ähneln *parecerse* a alg.*
ähnlich parecido/-a
Ahnung (keine) ni idea *ugs.*
aktiv activo/-a
die **Aktivität** la actividad
aktuell actual
der **Akzent** el acento

akzeptieren (etw.) aceptar a/c 1C
alle todos/-as
die **Allee** la avenida 3A
allein solo/-a
alles todo, (... Mögliche) de todo
das **Alpaka** *la alpaca Tier*
das **Alphabet** el alfabeto 1A
der **Alptraum** la pesadilla 2A
als cuando
also en fin, entonces, pues *interj.*
alt antiguo/-a, viejo/-a
das **Alter** la edad
älter mayor
die **Alternative** la alternativa
das **Altertum** la antigüedad 2B
Altiplano el altiplano *Hochland in den Anden*
der/die **Amerikaner/in** *el/la americano/-a*, (US-...) el/la estadounidense 3B
amerikanisch *americano/-a adj.*
amüsieren (sich) divertirse*, hacer* gracia a alg. 1C
an en
anbeten (etw., jdn.) adorar a/c, a alg.
anbieten (jdm. etw.) ofrecer* a/c a alg.
der **Anblick** la vista 2B
der/die **Andalusier/in** el/la andaluz/a
andalusisch andaluz/a *adj.*
andauernd cada dos por tres 2C
Anden (aus den) *andino/-a*
die **Anderen** los/las demás
andererseits por otro lado 1B
ändern cambiar (a/c)
anders distinto/-a, diferente 2A

die **Änderung** el cambio
andeuten (etw.) *dar* a entender a/c* 2D
anerkennen (etw.) reconocer* a/c
der **Anfang** el principio, **(am)** al principio, *el comienzo* Op2
anfangen (etw.) empezar* a/c
anfassen (sich) *tocarse*
angenehm agradable
angesehen *prestigioso/-a*
der/die **Angestellte** el/la empleado/-a, **(an der Rezeption)** el/la recepcionista
der/die **Angler/in** el/la pescador/a 2B
die **Angst** el pánico, el miedo
der **Anhang** *el anexo* Op3
ankommen llegar
ankündigen (etw.) *anunciar a/c*
anlächeln (jdn.) *sonreírle* a alg.*
anrufen (jdn.) llamar a alg.
anschließen (sich) apuntarse *fam.*
anschreien (jdn.) gritar (a alg.)
anstelle von en vez de, *en lugar de*
anstrengen (sich) hacer* un esfuerzo 2A
die **Anstrengung** el esfuerzo 2A
die **Antwort** la respuesta
antworten (etw.) contestar a/c
anwesend presente
die **Anzeige** *el anuncio Zeitung* Op3
anziehen (etw.) ponerse* a/c, vestirse*
April abril *m. sg.*
der **Äquator** el ecuador
arabisch árabe

die **Arbeit** el trabajo, el curro *fam., la chamba lat. am.* 3A **(korrekte Arbeitspapiere)** *documentación en regla* **arbeiten** trabajar, **(als etw.)** trabajar de

der/die **Arbeiter/in** el/la obrero/-a 3A **arbeitsam** trabajador/a *adj.*

die **Architektur** la arquitectura

der/die **Argentinier/in** el/la argentino/-a

der **Ärger** la bronca *fam.* **ärgern (jdn.)** fastidiar a alg., **(sich über jdn. ärgern)** enojarse con alg.

der **Arm** *el brazo* **arm** pobre

die **Armut** la pobreza 1

die **Art** el tipo, la manera, *la forma* 1D

der **Arzt, die Ärztin** el médico/-a **assoziieren (etw.)** *asociar a/c*

der **Aspekt** el aspecto 2B

die **Astronomie** la astronomía 1

der **Atlantik** el Atlántico, *el Océano Atlántico* **attraktiv** atractivo/-a 2A **Au Pair-Mädchen/-Junge** *el/la Au pair* Op3 **auch** también, **(auch nicht)** tampoco, **(auch wenn)** aún 1 **auf** en, encima (de a/c) **auf alle Fälle** de todas formas **Auf Wiedersehen!** ¡Adiós! **aufdringlich** *hier: pesado/-a*

der **Aufenthalt** la estancia **auffallen (jdm.)** llamar la atención a alg.

die **Aufgabe** *la tarea* **aufgeschmissen** *ugs. hier: jodido/-a fam.* **aufhalten (sich)** llevar + *Zeitangabe* **aufhören** *hier:* parar **auflegen** *poner* música **aufpassen mit** tener cuidado con a/c

aufregend emocionante

der **Aufsatz** la composición **aufschreiben (etw.)** apuntar a/c **aufstehen** levantarse **auftauchen** aparecer*

das **Auge** *el ojo* **August** agosto *m. sg.* **aus** de **ausbeuten** explotar **ausbilden (jdn.)** educar a alg. 2A

die **Ausbildung** *la formación* Op3 **ausbreiten (sich)** extenderse 1

der **Ausflug** la excursión **ausführlich** *extenso/-a, amplio/-a* 2A **ausgeben** gastar a/c **ausgebucht** completo/-a **ausgehen** salir* **ausgraben (etw.)** desenterrar* a/c **aushalten (etw., jdn.)** aguantar a/c, a alg 2A, *tolerar a/c*

die **Aushilfe (im Laden)** *hier: el/la mozo/-a de almacén*

das **Ausland** el extranjero

der/die **Ausländer/in** el/la extranjero/-a

die **Auslieferung** *el reparto Waren*

die **Ausrede** la excusa **ausrufen (etw.)** *declarar a/c, proclamar a/c* **ausruhen (sich)** descansar

die **Aussage** el testimonio 1C **außer** excepto 2B, menos **außerdem** además **äußern (etw.)** *expresar a/c* **aussteigen** bajar(se) **ausüben (etw.)** *ejercer* a/c **auswählen (etw., jdn.)** elegir* a/c, a alg., *seleccionar a/c, a alg.* **auswandern** emigrar

die **Ausweispapiere** *hier:* los documentos 3C **ausziehen (etw.)** quitarse a/c 2C

das **Auto** el coche, *auto= automóvil lat.am.*

die **Autonomie** la autonomía 2A

die **Autonomieregion** la comunidad autónoma

der/die **Autor/in** *el/la autor/a* Op1

das **autoritäre Regime** *el régimen autoritario* Op2

die **Avocado** *el aguacate*

das **Aymara** *el aimara Sprache*

der/die **Azteke/-in** el/la azteca, **(aztekisch)** azteca *adj.* 1C

B

das **Badezimmer** el baño **baff** *hier:* atontado/-a

der **Bahnhof** la estación, **(der Haupt…)** estación central **bald** pronto **baldmöglichst** cuanto antes

der **Balkon** el balcón Op2/3B

die **Band** la banda *Musik*

das **Barbecue** la barbacoa

das **Baskenland** el País Vasco **Baskisch** el vasco *Sprache*

der **Bauchnabel** *el ombligo* 1A **bauen (etw.)** construir* a/c

der **Bauer, die Bäuerin** *el/la campesino/-a* 2D

der **Bauernhof** la finca

der **Baum** *el árbol*

die **Baustelle** la obra, *la construcción* 3A **beachten (etw.)** tener en cuenta a/c 2B, **(jdn.)** hacer* caso a a/c, a alg. 3A **bedauern (etw.)** sentir* a/c (que + subj.) **bedeuten** significar **bedrohen (etw., jdn.)** amenazar a/c a alg. 1 **beeilen (sich)** darse* prisa, *apurarse* 3D **beeindruckend** impresionante **beenden (etw.)** terminar a/c, poner* fin a a/c 2A **befinden in (sich)** encontrarse* en *Ort* **befreien (etw., jdn.)** liberar a/c, a alg. 3B

die **Befreiung** *la liberación* 2D

begeben (sich)
meterse *Ort* 1C
beginnen etw. zu tun
ponerse* a hacer a/c 2D,
(ein Studium beginnen)
entrar en la universidad
begleiten (jdn.)
acompañar a alg. 3
behalten (etw.)
quedarse con a/c
behandeln (jdn.)
tratar (a alg.)
behindert discapacitado/-a
die Behörden
hier: las autoridades 2A
beibringen (jdm. etw.)
enseñar a/c a alg.
beide los/las dos *auch:* die
beiden
das Bein *la pierna*
das Beispiel el ejemplo, (zum)
por ejemplo
bekämpfen (etw., jdn.)
combatir a/c, a alg. 2A
bekommen (etw.) recibir
a/c, (Pickel …) *salirle**
granos a alg.
belegen (jdn. mit einer
Geldstrafe) poner* una
multa a alg.
die Belohnung *el premio*
bemerken (etw.) *hier:*
fijarse en a/c
benennen (etw., jdn.)
llamar a/c, a alg., dar*
nombre a a/c, alg.
benommen atontado/-a
benutzen (etw.) utilizar
a/c, usar a/c 3C
bequem cómodo/-a
der Berg la montaña *auch:* die
Berge
das Bergwerk *la mina* Op1
der Bericht el reportaje 3C
berühmt famoso/-a
beschäftigen (sich mit
etw.) ocuparse de a/c, alg. 3
beschlagen empañarse
Glas
beschützen (etw., jdn.)
defender* a/c, a alg. 2A
beschweren (sich über
etw.) quejarse de a/c
besichtigen (etw.)
visitar a/c

der/die Besitzer/in
el/la dueño/-a
besonders especial
die Besprechung la reunión
besser mejor
bestätigen (etw.)
confirmar a/c *Brief*
die Bestätigung
hier: la afirmación 2D
der/die beste el/la mejor
bestehen (etw.) aprobar*
a/c *Prüfung*
bestellen (etw.) pedir* a/c
bestimmt concreto/-a,
determinado/-a
der Besuch la visita
besuchen (jdn.)
visitar a alg.
betrachten (etw.)
contemplar a/c
die Betrachtung
la observación 2B
der Betreff la referencia *Brief*
betrügen (jdn.)
traicionar a alg.
das Bett la cama
bevölkert poblado/-a 3A
die Bevölkerung
la población 3
bevorzugen (etw.)
preferir* a/c
bewegen (etw.) *mover**
a/c, (sich) moverse*,
movilizarse 3
bewundern (etw., jdn.)
admirar a/c, a alg. Op2
bezahlen (etw.) pagar a/c
die Bezahlung la paga
bezaubern encantar a alg.
Bezug nehmend auf *con*
referencia a Brief Op3
bezüglich en cuanto a 1A,
con respecto a 2C
die Bibliothek la biblioteca
das Bild la imagen 2A
bilden *hier: formar a/c* 1
billig barato/-a
billigen (etw.) *hier:*
aprobar* a/c 2
der/die Biologe/-in el/la biólogo/-a
die Biologie la biología
bis hasta, (bis dann, bis
dahin) hasta entonces 1C
bisschen (ein) un poco,
el poquito Dim. 3D

bitte por favor
bitten (um etw.) pedir* a/c
bitter amargo/-a
das Blatt la hoja
blau azul
bleiben quedarse, (übrig)
quedar a/c a alg.
der Bleistift el lápiz
der Blick *la mirada,* la vista 2B
blöd estúpido/-a 2C
die Blödheit *la estupidez*
das Blog el blog 2B
blond rubio/-a
die Blume la flor
blutig sangriento/-a
die Bohne el frijol 3A
der/die Bote/-in el/la mensajero/-a
die Botschaft el mensaje
der/die Brasilianer/in *el/la*
brasileño/-a
braten (etw.) freír* a/c
brauchen (etw., jdn.)
necesitar a/c, a alg.,
precisar de a/c, alg.
braun marrón
breit amplio/-a 2A,
extenso/-a 1A
der Brief la carta
(hin-)bringen (etw.)
llevar (a/c), (mit-, her-)
traer* a/c a alg., (etw. auf
den Weg) encarrilar a/c
die Broschüre el folleto
das Brot el pan, (das belegte
Brötchen) el bocadillo
die Brücke el puente
der Bruder el hermano
das Buch el libro
Buchstabe la letra
die Bucht (kleine) la cala
der Buckelwal *la ballena*
jorobada 3C
das Bügeleisen la plancha
der/die Bürger/in el/la
ciudadano/-a 2C
der Bürgerkrieg
la guerra civil 2A
der/die Bürgermeister/in el/la
alcalde/alcaldesa 2
die Bürgerschaft
la ciudadanía 2C
das Büro la oficina
der Bus el bus, (Nacht-) el bus
de noche, el autobús 3,
(der Klein-) *la micro lat.am.*

C

das **Café** la cafetería
die **CD** el cd
das **Chaos** el caos 3A
    chatten chatear
    chauvinistisch *machista* 1A
der/die **Chef/-in** el/la jefe
die **Chemie** la química
der/die **Chilene/-in** *el/la chileno/-a* 1D
die **Chilischote** el chile 3
der/die **Chinese/-in** *el/la chino/-a* 1D
    christlich cristiano/-a
    circa alrededor de 2C
die **Clique** *ugs.* la pandilla *fam.*
die **Coca-Cola** la coca cola
der **Comic** el cómic
der **Computer** el ordenador
der/die **Cousin/e** el/la primo/-a

D

    da como *adv.,* es que …
das **Dach** *el techo*
    dadurch *de ese modo* 2D
    dafür para ello 1A
    daher por lo tanto 2A
    damals entonces, *por aquel entonces*
die **Dame** la señora 3C
    damit para que + subj.
    danach después (de a/c) *zeitlich*
    dank gracias a a/c, alg.
    Danke! ¡Gracias!
    dann entonces, *órale lat. am.* 3A
    darauf encima (de a/c)
    darunter debajo (de a/c) *adv./prep.,* abajo
    das eso
    das heißt es decir 1C
    das hier esto
    das was lo que
    dasselbe lo mismo
das **Datum** la fecha, **(Geburts-)** *fecha de nacimiento*
    dauern durar
    davor delante (de a/c) *adv./prep. örtlich*
    decken poner* la mesa *Tisch*
    definieren (etw.) definir a/c 2A

    dein/e tu, tus *pl.*
die **Demokratie** la democracia, **(parlamentarische)** *democracia parlamentaria* Op2
    demokratisch democrático/-a
    denken (an) pensar* en a/c, alg
    dennoch no obstante 3B
    deprimiert deprimido/-a, **(sehr)** superdeprimido/-a *fam.*
    der el *best. Art. M. Sg.*
    der-/dieselbe *mismo/-a* Op1
das **Desaster** el desastre
    deshalb por eso, por lo tanto 2A
der/die **Designer/in** el/la diseñador/a
    dessen/deren cuyo/-a 2B
das **Detail** el detalle
    Deutsch el alemán *Sprache,* **(auf)** en alemán
    Deutschland Alemania *f.*
    Devisen las divisas
der **Dialog** el diálogo
der/die **Dichter/in** *el/la poeta/ poetisa* Op1
    dick gordo/-a 1B
    dickköpfig cabezón/-ona
die **die** la *best. Art. F. Sg.,* los/ las *best. Art., Pl.*
der **Diebstahl** el robo 3A
der **Dienst** *el servicio* Op3
der **Dienstag** el martes
    diese/r este/-a
    diese/r (dort) ese/-a
    dieses (hier) esto
der/die **Diktator/in** el/la dictador/a 3B
    diktieren (jdm. etw.) dictar a/c, a alg.
    direkt directo/-a 2C, directamente *Adv.*
der/die **Direktor/in** el/la director/a
die **Diskothek** la disco = la discoteca
    diskriminieren (jdn.) *discriminar a alg.* 1D
die **Diskussionsrunde** la mesa redonda 2C
der **Dollar** el dólar

    dominieren (etw., jdn.) dominar a/c a alg. 1A
der **Donnerstag** el jueves
das **Dorf** el pueblo
    dort allí, *ahí*
die **Dose** la lata
    draußen (von) por fuera
    dringend urgente 2A
    drinnen (von) por dentro
der/die **Dritte** el/la tercero/-a
der **Druck** la presión
    dulden (etw.) *tolerar a/c*
    dumm estúpido/-a 2C
die **Dummheit** *la estupidez* 1D
das **Düngemittel** el fertilizante
    dünn delgado/-a
    durch por, a través de *Zeit-raum* 1A
    durchhalten (etw.) *resistir a/c* 1D
    durchmachen *hier:* pasar por *Zeit*
    durchschlagen (sich) *etwa: buscarse la vida*
    durchsichtig transparente 3A
    dürfen (etw.) poder* a/c
der **Durst** la sed
    duschen (sich) ducharse

E

    ebenso o sea
    echt real
die **Ecke** la esquina, el rincón *Zimmer*
der **Effekt** el efecto
    egal igual 1B, **(was)** lo que sea, **(was du machst)** hagas lo que hagas 3C
die **Ehefrau** la esposa 2B
der **Ehemann** el marido 1C, el esposo 2B
    eher antes, **(eher noch)** *aún más*
die **Ehre** *el honor* Op2
    ehrgeizig ambicioso/-a
das **Ei** el huevo
    eigen propio/-a
die **Eile** la prisa 3A
    eilig deprisa
    ein Mal in der Woche una vez a la semana
    ein paar + S. un par de + s.

ein/e andere/r otro/-a
ein/e, eine/r uno/-a
unbest. Art. Sg.

der **Eindruck** *la impresión* 2D
einerseits por un lado 1B
einfach fácil, sencillo/-a, simplemente *Adv.*, **(einfach so!)** porque sí 1C
einfallen (jdm. etw.) *ocurrírsele a/c a alg.*

der **Einfallsreichtum** el ingenio 3A

der **Einfluss** la influencia

der **Eingang** la entrada
einige varios/-as

der **Einkauf** la compra

der **Einkaufszettel** la lista de compra

das **Einkommen** el ingreso
einladen (jdn.) invitar a alg.
einlassen (sich mit jdm.) enrollarse con alg.
einsteigen subir
eintreten entrar

die **Eintrittskarte** la entrada
einverstanden vale

der **Einwohner** el/la habitante
einzigartig único/-a

der/die **Einzige** el/la único/-a, **(das Einzige)** *lo único*
Eis(würfel) el hielo

das **Eisen** el hierro 1B
elegant elegante

die **Elektrizität** la electricidad

das **Element** *el elemento* Op1

die **Eltern** los padres, los papás *fam.*

die **E-Mail** el e-mail, *el correo electrónico* Op3

der/die **Emigrant/in** el/la emigrante
empfangen (etw.) recibir a/c
empfehlen (jdm. etw.) recomendar* a/c a alg. (que + *subj.*)

die **Empfehlung** la sugerencia 2B

das **Ende** el fin, el final **(am)** al final, **(19. Jhs)** a finales del siglo XIX
endlich por fin
Englisch el inglés *Sprache*
enorm enorme 1

entdecken (etw.) descubrir a/c

die **Entdeckung** el descubrimiento
entfernt von lejos (de a/c)

die **Entfernung** la distancia 1A
entlang a lo largo de 1
entscheiden (etw.) decidir a/c

die **Entscheidung** la decisión
entschuldigen (jdn.) perdonar a alg.

die **Entschuldigung** la excusa
entstehen nacer*

die **Enttäuschung** *la desilusión* 1D

die **Epoche** la época 1

das **Erbe** la herencia 1

die **Erde** la tierra

die **Erdnuss** *el maní, lat.am.*

das **Erdöl** *el petróleo*
erdrücken (jdn.) agobiar a alg.
erfahren (etw.) *experimentar a/c, saber* a/c*

die **Erfahrung** la experiencia 2C
erfinden (etw.) inventar a/c

der **Erfolg** *el éxito*
erfüllen (etw.) *hier:* cumplir a/c
ergeben (sich aus etw.) deberse a a/c
erinnern (sich an etw., jdn.) recordar* a/c, a alg. 1C, acordarse* de a/c

die **Erinnerung** el recuerdo 2B
erklären (jdm. etw.) explicar a/c a alg, *declarar* a/c
erlangen (etw.) *lograr a/c*
erlauben (etw.) *permitir a/c* 3D

die **Erlaubnis** la autorización 2A
ermordet *asesinado/-a* 2D
ernennen (jdn.) *nombrar a/c* 2
ernst serio/-a, grave 2C

der/die **Eroberer/in** el/la conquistador/a
erobern (etw., jdn.) conquistar a/c, a alg.

die **Eroberung** *la conquista* Op1

erraten (etw.) *adivinar a/c*
erreichen (etw., jdn.) *conseguir a/c, a alg.,* alcanzar a/c, *lograr a/c*
erscheinen aparecer*, salir* *Zeitung*
erschöpft hecho/-a polvo *fam.*
erstaunen sorprenderse 2B

der/die **Erste** el/la primero/-a
ertragen (etw., jdn.) aguantar a/c, a alg 2A
erwachsen adulto/-a
erwähnen (etw.) mencionar a/c 1A
erwarten (etw., jdn.) esperar a/c, a alg.
erwischen (jdn.) pillar a alg.
erzählen (etw., jdn.) contar* a/c a alg.

die **Erzählung** *la narración*
erzeugen (etw.) generar a/c
erziehen (jdn.) educar a alg. 2A

die **Erziehung** la educación 2A
Es ärgert mich, dass me fastidia que + *subj.*
es geht ¡Regular!, ¡Tirando!
es gibt hay
Es ist nicht so schlimm no es para tanto
Es ist wichtig, dass es importante que + *subj.*
Es macht mir nichts aus, dass no me importa que + *subj.*
Es tut mir Leid! ¡Lo siento!
Es war der Hammer! *ugs.* ¡Fue un palo! *fam.*
Es wird schon werden *etwa:* Todo se arregla 3A

das **Esperanto** el esperanto 2C
essen (etw.) comer a/c, **(etw. zu Mittag essen)** *almorzar lat. am.* 3A, **(etw. zu Abend)** cenar a/c

das **Essen** la comida
ethnisch étnico/-a 1
etwas algo, poco *Adv.*

der **Euro** el euro
Europa Europa

der/die **Europäer/in** el/la europeo/-a 2, **(europäisch)** *europeo/-a* Op1

die **Europäische Union** la
Unión Europea
ewig Adv. eternamente
exakt Adj. exacto/-a 1, Adv.
exactamente
das **Exil** el exilio 2A
der/die **Exilant/in** el/la exiliado/-a
1C
existieren existir 1
die **Expedition**
la expedición
der/die **Expeditionsteilnehmer/in**
el/la expedicionario/-a
Experte/-in
el/la experto/-a
explodieren explotar
der/die **Exschüler/in**
el/la ex-alumno/-a

F

Fabelhaft! ¡Fenomenal!
der/die **Fachmann/-frau**
el/la experto/-a
die **Fähigkeit** la capacidad
Op3
fahren (um … herum)
dar* la vuelta
das **Fahrrad** la bici fam.
fairer Handel etwa:
comercio justo
die **Fakultät** la facultad
fallen caer*
die **Familie** la familia
fangen (etw., jdn.)
capturar a/c, a alg.
die **Farbe** el color
der/die **Faschist/in** el/la fascista 2D
fast casi
faszinierend alucinante
fatal fatal
faul perezoso/-a
Februar febrero m. sg.
fehlen hacer* falta
der **Fehler** el error 1D
die **Feier** la celebración Op2
feiern (etw.) celebrar a/c
das **Feld** el campo, (**das**
Zuckerrohrfeld) el campo
de azúcar Op1
die **Ferien** las vacaciones
die **Ferienwohnung** el
apartamento
das **Fernsehen** la tele =
la televisión 1C
Fernsehserie (melo-
dram.) la telenovela 1C

das **Fernstudium**
la educación a distancia
fertig listo/-a
fest fijo/-a
das **Fest** la fiesta, (**das Straßen-**
fest) fiesta de barrio
festlegen (etw.) fijar a/c
feststellen (etw.)
hier: asegurar a/c,
afirmar a/c
das **Feuer** el fuego
der **Film** la película
finden (etw.) encontrar*
a/c, parecer* a alg. Mei-
nung, (**den Anschluss fin-**
den an etw.) conectarse
con a/c 2A
die **Firma** la empresa
die **Flagge** la bandera 3B
der **Flamenco** el flamenco
die **Flasche** la botella
das **Fleisch** la carne 1A
fleißig aplicado/-a
fliehen huir
flirten (mit jdm.) ligarse a
alg., coquetear con alg.
flüchten escaparse, huir
der **Fluchthelfer**
hier: el coyote lat.am. 3C
der **Flughafen** el aeropuerto
das **Flugzeug** el avión
der **Fluss** el río
der/die **Folgende** el/la siguiente
fördern (etw.)
fomentar a/c 1C
der **Fortschritt** el progreso
fortsetzen (etw.)
continuar a/c
das **Foto** la foto
die **Fotografie** la fotografía
die **Fotokopie** la fotocopia Op3
die **Frage** la pregunta
fragen (etw.) preguntar
a/c, (**nach jdm. fragen**)
preguntar a/c por alguien
Französisch el francés
Sprache
die **Frau** la mujer, la señora 3C,
doña v. d. Vornamen,
(**die junge**) la señorita
frei libre, libremente Adv.
die **Freiheit** la libertad
der **Freitag** el viernes
fremd extranjero/-a 2C
das **Fremdenverkehrsamt**
la oficina de turismo

die **Freude** la alegría
freuen (sich) (,dass)
alegrarse (de que + subj.)
der/die **Freund/in** el/la amigo/-a,
el cuate lat. am. 3A
(**der/die beste**) el/la
amiguísimo/-a fam., (**der/**
die feste) el/la novio/-a
der **Frieden** la paz
der **Friedensnobelpreis** el
premio Nobel de la Paz
der **Friedhof** el cementerio 3
froh alegre, contento/-a,
feliz
die **Frucht** la fruta
früh temprano
früher antes
der **Frühling** la primavera
frühstücken (etw.)
desayunar a/c
fühlen (etw.) sentir* a/c,
(**sich fühlen**) sentirse*
funktionieren funcionar
für para (**für dich**) para ti
(**für mich**) para mí,
(**für + S.**) para + s.
furchtbar fatal, terrible,
horrible, (**fürchterlich**)
tremendo/-a fam.
die **Fusion** la fusión Op1
der **Fuß** el pie, (**zu Fuß**) a pie
der **Fußball** el fútbol, (**-spiel**)
el partido de fútbol

G

der/die **Galicier/in** el/la gallego/-a
Galicisch el gallego Sprache
galicisch gallego/-a adj. 1C
ganz todo/-a, total
ganz genau
perfectamente Adv.
ganz und gar nicht!
¡Qué va!, nada de nada
die **Garantie** la garantía
der **Garten** el jardín, (**der Bo-**
tanische Garten) el jardín
botánico
Gast el/la invitado/-a
das **Gebäude** el edificio
geben (etw. jdm.) dar*
a/c a alg. (**jdm. die Hand**)
dar* la mano a alg., (**Geld**)
pasar dinero, (**etw. be-**
kannt) anunciar a/c 3A,
(**sich Mühe**) hacer* un
esfuerzo 2A

das Gebiet el territorio 1
geboren werden nacer*
der Gebrauch el uso Op1
das Geburtsdatum *la fecha de nacimiento* Op3
der Geburtstag el cumpleaños
die Gedichte *la poesía* Op1
gefährlich peligroso/-a
der Gefallen el favor
gefallen (etw. jdm.) gustar a alg., (sehr gut gefallen) encantar a alg.
das Geflügel el ave 1A
das Gefühl *el sentimiento* 2D, la sensación
gegen contra, (gegen … Uhr) a eso de … *Uhrzeit*, sobre *zeitlich*
der Gegenstand el objeto 3
gegenüber enfrente (de a/c) *adv./prep.*, de cara a 2C
die Gegenwart el presente
das Gehalt el sueldo
das Geheimnis *el secreto*
gehen (zu, in) ir* (a), andar, (weggehen) irse*, *partir* 1D, salir*, marcharse, (etw. trinken) ir a tomar algo, (schlafen) irse a la cama, (zur Uni) entrar en la universidad, (einkaufen) hacer* la compra
gehören (zu etwas) formar parte de a/c
gelb amarillo/-a
das Geld el dinero, *las pelas fam.*, la plata *fam.*
Geldinstitut el banco
die Gelegenheit la oportunidad
gemäß según
die Gemeinde el municipio 2
das Gemeinderatsmitglied el/la concejal/a 2
gemeinsam común
gemischt variado/-a, *mestizo/-a Herkunft* Op1
genau justo, precisamente *Adv.*
genauso … wie … tan + *adj.* + como
der General el general 2A
die Generation la generación
genial genial

genieren (sich) cortarse *fam.*
genießen (etw.) disfrutar de a/c
die Genossenschaft la cooperativa
genug lo suficiente
die Geographie la geografía
geographisch *geográfico/-a*
die Geologie la geología
gerade recto/-a, (geradeaus) todo recto
gerade getan haben (etw.) acabar de + *inf.*
das Gericht *hier:* el plato *Essen*
das Geschäft la tienda
geschehen (etw.) ocurrir a/c
das Geschenk el regalo
die Geschichte la historia, el cuento
geschichtlich histórico/-a
geschickt hábil
die Geschirrspülmaschine el lavaplatos *lat.am.* 1C
das Geschlecht el sexo
der Geschmack el gusto
die Geschwister los hermanos *m. pl.*
die Gesellschaft la sociedad 1
das Gesetz *la ley*
das Gesicht la cara
gestern ayer
gesund sano/-a
die Gesundheit la salud
das Getränk la bebida
die Gewalt la violencia
gewinnen (etw.) ganar a/c
gewisse/r cierto/-a
gewöhnen (sich an etw.) acostumbrarse a a/c 2C
die Gewohnheit la costumbre 1
gewöhnlich (ganz) *común (y) corriente* 1D
gezwungen obligado/-a 1C
das Gift *el veneno*
das Glas el vaso
der Glaube la fe
glauben (etw.) creer a/c
gleich igual 1B
die Globalisierung la globalización
die Glocke la campana 3B

das Glück la alegría, la suerte, (zum Glück) menos mal
glücklich alegre, contento/-a, feliz
das Gold el oro
der/die Gott/Göttin el/la dios/a 1A
die Grammatik la gramática
grau gris, *cano Haare*
die Grenze la frontera
der Grill la barbacoa
groß grande, gran, (größer) mayor
die Größe *el tamaño* Op1
die Großeltern los abuelos
die Großmutter la abuela
der Großvater el abuelo
grün verde
gründen (etw.) fundar a/c 1
die Grünfläche el espacio verde
die Gruppe el grupo, (Sport-) *grupo de deporte*, (Arbeits-) el taller *Schule*
Grüßen (mit freundlichen) *atentamente Brief*
grüßen (jdn.) saludar a alg
Guaraní el guaraní *Sprache*
gut bueno/-a, bien *Adv.*, notable *Schulnote*
gut aussehend guapo/-a
das Gute lo bueno
guten Morgen! ¡Buenos días! *auch:* guten Tag!
der Gutsbesitzer el terrateniente 2A
das Gymnasium (staatliche) el instituto

H

haben (etw.) tener* a/c, (alles) de todo, (frei) tener libre, (Unterricht) tener clase, (e. guten Geschmack) tener buen gusto, (etw. vor Augen) tener presente a/c 2B, (Lust haben auf) tener ganas de, (Hunger/Durst) tener hambre/sed, (mit etw. zu tun) tener que ver con a/c, (Angst vor etw., jdm.) *tener miedo a a/c, alg.*, (etw.

satt) estar* harto/-a de a/c, estar* hasta las narices de a/c *fam.*, (Angst haben, dass) tener miedo de que + *subj.*, haber* *Hilfsverb*, (Spaß haben [viel/wenig]) pasar(se)lo bien/mal

der **Hafen** el puerto, (der Freihafen) el puerto libre

halb medio/-a

die **Hälfte** la mitad

Hallo! ¡Hola!

die **Halskette** el collar

halten (etw., jdn.) sostener* a/c, a alg.

der **Hamburger** la hamburguesa *Essen*

die **Hand** la mano *f.*, (jdm. die Hand reichen) estrecharle la mano a alg.

handeln (von etw.) *tratarse de a/c* 1D

die **Hängematte** la hamaca 1B

hart duro/-a

hassen (etw., jdn.) *odiar a/c, a alg.*

hässlich feo/-a

der **Haufen** el montón (de)

der/die **Hauptdarsteller/in** *el/la protagonista*

das **Hauptgericht** el plato fuerte 2B

der **Häuptling** *hier: el cacique lat.am.* 1B

die **Hauptstadt** la capital

das **Haus** la casa, (zu Hause) en casa, (bei uns zu Hause) en nuestra casa, (nach Hause) a casa

die **Hausarbeit** las tareas domésticas

die **Hausaufgaben** los deberes

der/die **Hausmeister/in** el/la conserje *Schule*

das **Heft** el cuaderno

heilig santo/-a 2B

Heiligabend *la Nochebuena* Op2

heiraten (jdn.) casarse con alg.

heißen llamarse

der **Hektar** la hectárea

der/die **Held/in** el héroe, la heroína 3B

helfen (jdm.) ayudar a alg.

die **Helligkeit** *la claridad*

das **Hemd** la camisa

hereinkommen pasar

die **Herkunft** el origen Op2/3C

der **Herr** el señor, don *v. d. Vornamen*

die **Herrschaft** el dominio 3B

herrschen reinar 1B

der/die **Herrscher/in** el emperador, la emperatriz

herstellen (etw.) producir* a/c

hervorragend estupendo/-a

der **Herzog** *el duque* 2D

heute hoy, (das Heute) el hoy, (heutzutage) hoy en día

hier aquí, (hier hin) *acá*, (hiermit) con la presente *Brief*

die **Hilfe** la ayuda

der **Hilfsarbeiter** el peón *Land*

der **Himmel** el cielo 1A

hinter detrás (de a/c), *atrás* 1D

hinzufügen (etw.) agregar a/c 3C

historisch histórico/-a

der/die **Historiker/in** el/la historiador/a 1A

die **Hitze** el calor

hoch alto/-a

hochgehen subir

der **Hof** el patio

hoffen (etw.) esperar a/c (dass) esperar que + *subj.*

hoffentlich ojalá (que + subj.)

die **Hoffnung** la esperanza 1D/2C

höflich amablemente 2B

die **Höhe** la altura

höher als *hier: a más de + número*

holen (etw. heraus) *sacar a/c*, holen lassen (jdn.) mandar por alg. 3C

Hör mal! *Imp.* ¡Oye!

hören (etw.) escuchar a/c, oír* a/c

der **Horror** el horror

die **Hose** el pantalón

die **Hosentasche** *el bolsillo*

das **Hotel** el hotel (einfaches Hotel) el hostal

die **Hotelkette** *la cadena hotelera*

hübsch bonito/-a, guapo/-a

der **Hubschrauber** el helicóptero 3A

der **Hunger** el hambre *f.*

hungern pasar hambre

die **Hütte** la cabaña

I

Ich finde es toll, dass me parece estupendo que + *subj.*

Ich weiß nicht! ¡No sé!

Ich würde gern me gustaría + *inf.*

ideal ideal

idealistisch idealista 2C

die **Idee** la idea

die **Identität** la identidad 2C

illegal ilegal 3C

im Unterschied zu etw. *a diferencia de a/c*

immens inmenso/-a 1A

immer siempre, (mehr) cada vez hay más, (wieder) cada dos por tres 2C

der/die **Immigrant/in** el/la inmigrante

das **Imperium** el imperio 1

importieren (etw.) *importar a/c* Op1

improvisiert *improvisado/-a* Op2

in en, dentro de *Zeit*

indianisch indígena *m./f.* Op1/3

die **Indianische Bevölkerung** *hier:* la comunidad indígena

Indien la India 1B

Indio … indígena 1, *indio/-a*

die **Informatik** la informática

die **Information** la información

Inka el/la inca

der **Innenhof** el patio
innerhalb dentro de *Zeit*
die **Insel** la isla
insgeheim en secreto
3B
integrieren in (sich)
integrarse en a/c 2C
intelligent inteligente
intensiv intenso/-a 3A
interessant interesante
Interessen (persönliche)
los intereses personales
Op3
interessieren (jdn.)
interesar a alg., **(sich für**
etw) interesarse por a/c
interkulturell
intercultural
international internacional
das **Internet** el internet, la red
das **Internetcafé**
el ciber = cibercafé
das **Interview** la entrevista
die **Invasion** la invasión 1
irgendeine/r alguno/-a,
Plural: einige
irgendwie de alguna
manera
ironisch irónico/-a
irren (sich) equivocarse
islamisch musulmán/-ana
Ist doch egal! *etwa:* ¡Qué
más da!
Italienisch *el italiano*
Sprache

J

ja sí
Ja, bitte! ¡Diga! *Telefon*
die **Jacke** la chaqueta
das **Jahr** el año, **(der Neujahrs-**
tag) *Año Nuevo* Op2,
(Jahr für Jahr) año tras
año Op2, **(die 50er Jahre)**
los años 50 2A, **(Frohes**
Neues Jahr!) *¡Feliz Año*
Nuevo! Op2, **(der Jahres-**
tag) el aniversario 3B, **(das**
Jahrhundert) el siglo
die **Jahreszeit** la estación 2B
Januar enero *m. sg.*
die **Jeans** los vaqueros *pl.*
jede Menge *etwa:*
menudo/-a *fam.*
jede/r cada + s., cada uno/-a

jedermann todo el mundo
jemand alguien
jene/r aquel/aquella
Jesus Christus *Cristo* Op2
jetzt ahora
der **Job** el curro *fam.*
der **Jogginganzug** el chándal
Journalismus-AG *hier:* el
taller de prensa *Schule*
der/die **Journalist/in**
el/la periodista 3C
jüdisch judío/-a
die **Jugendherberge**
el albergue juvenil
der/die **Jugendliche** el/la joven
Juli julio 2B
der **Junge** el chico
jünger *hier:* menor
die **Jungfrau (Maria)**
la Virgen Op2
Juni junio *m. sg.*

K

der **Kaffee** el café
der **Kaffeepflanzer**
el cafetalero *lat.am.*
der **Kaffeeröster** el tostador
der/die **Kaiser/in** *el emperador,*
la emperatriz
der **Kalender** el calendario 1
die **Kälte** el frío
die **Kampagne** *la campaña*
der **Kampf** la lucha
kämpfen (für/gegen
etw., jdn.) luchar (por/
contra a/c, alg.) 1B
das **Kanu** *la canoa* 1B
Karavelle *la carabela*
Schiff
die **Karibik** el Caribe 1B
karibisch caribeño/-a *adj.*
die **Karte** la tarjeta
die **Kartoffel** la patata
der **Käse** el queso
kassieren (etw.) cobrar
a/c
der/die **Kassierer/in** *el/la cajero/-a*
Katalanisch el catalán
hier: Sprache
Katalonien Cataluña
katholisch católico/-a 2A
der **Kauf** la compra
kaufen (etw.) comprar a/c
der **Kaugummi** el chicle
kaum *apenas* Op1

kein ningún + *s. m. sg.*
keine/r ninguno/-a
keinen Handschlag tun
no dar ni golpe *fam.*
der/die **Kellner/in** el/la camarero/
-a, el/la mesero/-a *lat.am.*
kennen (etw., jdn.)
conocer* a/c, a alg. *auch:*
etw., jdn. kennen lernen
die **Kenntnisse** *los*
conocimientos m. pl. Op3
kennzeichnen (etw.)
marcar a/c 1C
das **Kilo** el kilo
der **Kilometer** el kilómetro
das **Kind** el/la niño/-a
die **Kinder** los niños, *auch:*
los hijos
der **Kindergarten** la guardería
das **Kino** el cine, **(das Freiluft-**
kino) *cine al aire libre*
die **Kirche** la iglesia
kitschig cursi
kitzeln (jdn.) hacer*
cosquillas a alg.
klar *claro,* **(ganz klar)**
clarísimo/-a *fam.*
die **Klasse** la clase
klassisch clásico/-a
klauen (etw.) *robar a/c*
das **Kleid** el vestido
die **Kleidung** la ropa
klein pequeño/-a
das **Klima** el clima
die **Klimaanlage** el aire
acondicionado
klingen *sonar** 1D
die **Klinik** la clínica
das **Klischee** el tópico 2B
die **Kneipe** el bar
der **Knochen** el hueso
der **Koch/die Köchin**
el/la cocinero/-a Op3
der/die **Kollege/-in** el/la
compañero/-a, el/la colega
die **Kolonie** la colonia 3B
der/die **Kolumbianer/in**
el/la colombiano/-a 1D
die **Kombination**
la combinación
kombinieren (etw.)
combinar a/c
Komm mir bloß nicht
mit …! ¡No me vengas
con …!

kommen venir*, venirse*, llegar, (vorwärts) salir* adelante, (ans Telefon) ponerse al teléfono

die **Kommunikation** la comunicación 1A

die **Komödie** la comedia

das **Kompliment** *el piropo*

die **Konditorei** la pastelería 2B

der **Konflikt** el conflicto 2A

konfrontieren (etw., jdn.) *confrontar a/c, a alg.* 2D

der/die **König/in** el rey, la reina, (die Katholischen Könige) los Reyes Católicos, (die Heiligen Drei Könige) *los reyes magos* Op2

konkret concreto/-a

können (etw.) poder* a/c

die **Konsequenz** la consecuencia

der **Kontinent** el continente

die **Kontrolle** el control

das **Konzert** el concierto

der **Kopf** *la cabeza*, (pro Kopf) por cabeza 3C

das **Korn** el grano

korrupt corrupto/-a

kosten valer*, probar* a/c *Essen*

kostenlos gratis, gratuito/-a

köstlich *hier:* riquísimo

der **Krach** la bronca *Streit*

der **Krankenwagen** la ambulancia 3A

die **Krankheit** *la enfermedad* Op1

die **Kreide** la tiza

kreieren crear a/c 1A

der **Krieg** la guerra

die **Kritik** *la crítica*

der/die **Kubaner/in** *el/la cubano/-a* Op1

kubanisch *cubano/-a adj.* Op1

die **Küche** la cocina

der **Kugelschreiber** el bolígrafo

die **Kultur** la cultura

kulturell cultural

kümmern (sich um etw.) ocuparse de a/c, alg. 3

der **Kumpel** *el cuate lat. am.* 3A

der **Kunde** el cliente

die **Kunst** el arte, (-sammlung) el centro de arte

künstlerisch *artístico/-a*

künstlich artificial 2C

der **Kurs** el curso

der **Kursabschluss** el fin de curso

das **Küsschen** el besito *Dim.*

küssen (jdn.) besar a alg., dar* un beso a alg.

die **Küste** la costa (die karibische Küste) costa caribeña, (die Pazifikküste) costa pacífica Op1

L

lachen reírse* de a/c, (jdn. zum Lachen bringen) dar* risa a alg. 1C

der **Laden** la tienda

die **Lage** la situación 2A

das **Lama** *la llama Tier*

die **Lampe** la lámpara

das **Land** el país, el campo

die **Länder Nord- und Südamerikas** *las Américas*

die **Landkarte** el mapa

ländlich rural

ländliches Anwesen la casa rural

der/die **Landsmann/-frau** el/la compatriota

die **Landstraße** la carretera 1

die **Landwirtschaft** la agricultura 1A

lang largo/-a

langsam despacio, lentamente *Adv.* 3A

langweilen (sich) aburrirse

langweilig aburrido/-a

der **Lärm** el ruido, (Lärm machen) meter ruido

lästig *hier:* pesado/-a

der **Lastwagen** el camión, *la furgoneta lat. am.* 3A

Lateinamerika América Latina, (der Süden) *el Cono Sur* Op1

Lateinamerikaner/in in den USA *el/la hispano/-a*

laufen correr, andar, caminar, (Ski laufen) esquiar, (im Laufe von etw.) a lo largo de 2D

laut alto/-a, según (sehr laut) *hier:* a tope

läuten (die Glocken) hacer* sonar las campanas 3B

das **Leben** la vida

leben vivir

Lebenslauf *el CV = currículum vitae* Op3

legen (etw.) poner* a/c

der/die **Lehrer/in** el/la profesor/a, el/la maestro/-a 1A, (Deutsch-) el/la profesor/a de alemán

der **Lehrling** *el/la aprendiz*

leiden sufrir 3C

die **Leidenschaft** *la pasión*

die **Lektüre** *la lectura*

lernen (etw.) estudiar a/c, aprender a/c

lesen (etw.) leer a/c

der/die **Letzte** el/la último/-a

der **Leuchtturm** el faro 2B

die **Leute** *pl.* la gente *sg.*

letzte el/la último/-a 2B

liberal liberal 2A

die **Liebe** el amor, (Liebe a. d. ersten Blick) el flechazo

liebe/r querido/-a *Anrede Brief*

lieben (etw., jdn.) querer* a/c, a alg.

der **Liebesfilm** la película de amor

Lieblings- favorito/-a

das **Lied** la canción

liegen (in der Sonne) estar* al sol

die **Linie** la línea

links (von) a la izquierda (de a/c) *adv./prep.*

die **Liste** la lista

die **Literatur** la literatura

der **Literaturnobelpreis** *el premio Nobel de Literatura*

live en vivo

das **Logo** el logo

lohnen (sich) merecer la pena 1A, valer la pena

London Londres

lösen (etw.) solucionar a/c

die **Lösung** la solución 1C

die **Luft** el aire
der **Luftballon** el globo
die **Luftverschmutzung**
el smog 3A
lügen *mentir* * 2D
der/die **Lügner/in** el/la
mentiroso/-a
Lust bekommen auf etw.
dar* ganas a alg. de a/c
lustig divertido/-a,
gracioso/-a 1B

M

machen (etw.) hacer*
a/c, *realizar a/c* Op3,
(einen Deal) *etwa:* hacer
un trato, **(jdm. Angst)**
dar* pánico a alg., **(e. Spaziergang)** dar* un paseo,
(jdn. etw. machen lassen)
dejar a alg. hacer a/c **(mit-)**
apuntarse *fam.*, **(allmählich, nach und nach etw.)**
ir* + *gerundio* 1B, **(etw. seit
+ Zeitangabe)** llevar + *Zeitangabe + gerundio* (a/c) 1B,
**(sich um etw., jdn. Sor-
gen)** preocuparse por a/c,
alg., **(weiterhin etw.)**
seguir* + *gerundio* 1B, **(sich
lustig machen über jdn.)**
burlarse de alg. 2B
die **Macht** el poder 1B
mächtig poderoso/-a 1
das **Mädchen** la chica
Mai mayo *m. sg.*
der **Mais** el maíz 1A
das **Mal** la vez, **(jedes)** cada
vez, **(endlich)** de una vez,
(Mal sehen!) a ver, **(zum
ersten)** por primera vez
malen pintar 3
der/die **Maler/in** el/la pintor/a 3
die **Mama** la mamá
man muss hay que + *inf.*
man rechnet mit … *hier:*
se calcula que … 3C
manchmal a veces, a
ratos, de vez en cuando 3A
die **Mandel** la almendra 2B
der **Mangel** *la penuria* 1D
der **Mann** el hombre
das **Manuskript** *el manuscrito*
Mapuche el mapuche
Sprache

das **Märchen** el cuento
die **Marke** la marca
der **Markt** el mercado
das **Marzipan** *el mazapán* 3
Mathematik las
matemáticas, **(Mathe
ugs.)** mates *fam.*
die **Mauer** *la muralla*
Maya, Maya … el/la maya
die **Medizin** la medicina
das **Meer** el mar
mehr más, **(als + Zahlen)**
más de …, **(oder weniger)**
más o menos
das **Meerschwein** *el cabayo* 1A,
el conejillo de Indias 1A
die **Mehrheit** la mayoría
mein, meine mi, mis *pl.*
meinen (etw.) opinar a/c
die **Meinung** la opinión
die **Menge** la cantidad,
el montón (de)
der **Mensch** el hombre,
(Mensch!) ¡tío! *Ausruf*,
(die Menschenmenge)
la multitud 3
die **Menschheit** *la humanidad*
menschlich *humano/-a*
merken (etw.)
darse* cuenta de a/c
der **Meter** el metro
Mexikaner/in *el/la
mexicano/-a* 3, **(mexikanisch)** *mexicano/-a adj.* 3,
(in d. USA) *el/la
mexicoamericano/-a* 3C
die **Mezquita** la mezquita
mieten (etw.) alquilar a/c
die **Mikrowelle** el microondas
das **Militär** los militares 1C
die **Militärdiktatur**
la dictadura militar
die **Million** el millón
die **Millionenstadt**
la megalópolis
mindestens por lo menos
der/die **Minister/in** el/la
ministro/-a 2
die **Minute** el minuto
mir gefällt sehr, dass
me encanta que + *subj.*
mir gefällt, dass
me gusta que + *subj.*
mir me, *auch:* mich
die **Mischung** *la mezcla*

mit con, **(mit allen)** *con
todo el mundo*, **(mit dir)**
contigo, **(mit mir)** *conmigo*
das **Mitglied** el/la socio/-a,
el miembro
mitnehmen (jdn.)
llevar (a alg.)
der/die **Mitschüler/in**
el/la compañero/-a
mitteilen (etw.)
comunicar a/c
Mittelstufe *etwa:*
la secundaria *Schule*
mittendrin
en medio de a/c
der **Mittwoch** el miércoles
das **Mobiltelefon** el móvil
die **Mode** la moda
das **Model** el/la modelo
modern moderno/-a
möglich posible
die **Möglichkeit**
la posibilidad
der **Moment** el momento
die **Monarchie (parlamentarische)** la monarquía
parlamentaria 2
der **Monat** el mes, **(vor Monaten)** meses antes 1C
der **Mond** la luna 1A
der **Montag** el lunes
morgen mañana *adv.*,
(früher Morgen) la
madrugada, **(das Mor-
gen)** el mañana, **(mor-
gens)** por la mañana *adv.*
motivieren (sich) animarse
das **Motorrad** la moto *fam.* =
la motocicleta 3
das **Motto** *el lema*
müde cansado/-a
die **Mühe** el esfuerzo 2A
der **Müll** la basura
München *Múnich*
die **Münze** la moneda 1B
das **Museum** el museo
die **Musik** la música
müssen tener que + *inf.*,
(etw. tun müssen) tocar a
alg. hacer a/c
mutig bravo/-a Op2
die **Mutter** la madre, **(allein
erziehende Mutter)** *la
madre soltera* 3C

N

na pues *interj.,* (na gut) en fin, (Na, los!) ¡Anda!
nach a *örtlich,* después (de a/c) *zeitlich, al cabo de* Op2, según
der/die Nachbar/in el/la vecino/-a
nachher luego
der Nachkomme el/la descendiente
der Nachmittag la tarde
der Nachname el apellido
die Nachricht el mensaje, la noticia 1A
der/die nächste el/la próximo/-a
die Nacht la noche
der Nachteil la desventaja 2C
Nähe (hier in der) por aquí cerca, in der Nähe von *hier:* cerca (de a/c) *adv./prep.*
nähern (sich) acercarse a 1B
Nahuatl *náhuatl Sprache*
der Name (Vor-) el nombre
die Nase la nariz
national nacional 2C, (Nationalhymne) *el himno nacional* Op2, (Nationalpalast) *el Palacio Nacional* 3B, (Nationalpark) el parque nacional, (die Nationalsprache) *la lengua oficial*
die Nationalität *la nacionalidad* Op3
die Natur la naturaleza
das Naturschutzgebiet *la reserva ecológica*
neben al lado (de a/c) *adv./prep.*
nehmen (etw.) tomar a/c, coger* a/c, (jdn. auf den Arm) tomar el pelo a alg., (e. Tag zw. zwei Feiertagen frei) hacer* puente
nein no
(be)nennen (etw.) nombrar a/c 2
nett majo/-a
das Netz la red
neu nuevo/-a
das Neue lo nuevo 1C
neugierig *hier:* curioso/-a
New York Nueva York
nicht no
nicht einmal ni siquiera

nicht mehr (jetzt) ya no
nicht nur no sólo
nichts nada, (nichts Besonderes) nada especial
nie, niemals nunca
niemand nadie
niesen estornudar
noch (immer) todavía
noch eine/r otro/-a
noch einmal otra vez
noch nicht todavía no, aún no
der Norden el norte
der Nordosten *el noreste* Op1
der Nordwesten el noroeste 2B
die Norm la norma
normal normal
normalerweise generalmente Op2, normalmente *Adv.*
die Note la nota
nötig necesario
notwendig necesario
November noviembre 3
Null el cero
die Nummer el número
nur sólo *adv.,* solamente *adv., nomás lat.am.*
nützlich útil

O

o je ¡Jo!
ob si *condicional*
das Obst la fruta
obwohl aunque + *subj.*
oder o, u *vor „o" oder „ho"*
offen abierto/-a
das öffentliche Schulwesen la educación pública 3B
Öffentlichkeit (in der) *en público*
offiziell oficial 1A
öffnen (etw.) abrir a/c
oft muchas veces
ohne sin
die Ökologie la ecología
ökologisch ecologista
der Ökotourismus el ecoturismo
Oktober octubre *m. sg.*
das Öl el aceite
der Onkel el tío
das Opfer *hier:* el sacrificio 3C
die Orange la naranja, (orange *adj.*) naranja

die Organisation la organización, (regierungsunabhängige Hilfsorganisation) *la ONG = organización no gubernamental*
organisieren (etw.) organizar a/c
originell original 2B
der Ort el sitio, el lugar

P

das Paar el par 1B
Paella la paella *Essen*
der Papa el papá
das Paradies *el paraíso* 1D
Paris París
der Park el parque
das Parlament el Parlamento 2
die Partei el partido
die Party la fiesta, (die Computer-) fiesta informática
passen (jdm.) convenir a alg., (gut passen zu) ir* bien con a/c
passieren (jdm. etw.) pasar a/c a alg.
die Pause el recreo, el descanso
die Pechsträhne la mala racha
die Pension el hostal
die Perfektion *la perfección*
die Person *la persona* 1D
die Perspektive la perspectiva 2C
der/die Peruaner/in el/la *peruano/-a* 1D
peruanisch peruano/-a 1A
der Pessimismus el pesimismo
die Pfeife *la pipa*
pfeifen *chiflar*
das Pferd el caballo 1
die Pflanzung *hier:* la finca
pflegen (etw. zu tun) soler* + *inf.* 3C
die Phantasie *la imaginación*
phantasieren *delirar*
die Phase *hier: la etapa* Op2
die Philosophie la filosofía
die Physik la física
der Pickel el grano
das Picknick el picnic
der/die Pilger/in el/la peregrino/-a 2B
die Pistole *la pistola* 2D
der Plan el plan
planen (etw.) planear a/c 2B

die **Plastiktüte** *la bolsa de plástico*
der **Platz** *la plaza, el sitio*
plaudern *charlar*
plötzlich *de repente*
die **Poesie** *la poesía* Op1
die **Politik** *la política*
der/die **Politiker/in** *el/la político/-a*
politisch *político/-a* 1
die **Polizei** *la policía* 3A
Polnisch *el polaco Sprache*
die **Pommes frites** *las patatas fritas*
populär *popular*
der/die **Portugiese/-in** *el/la portugués/-esa*
Portugiesisch *el portugués Sprache*
positiv *positivo/-a*
die **Postkarte** *la postal*
präkolumbisch *precolombino/-a*
das **Praktikum** *hier: la práctica*
praktisch *Adv. prácticamente*
der/die **Präsident/in** *el/la presidente/-a* 2
der **Preis** *el premio, el precio Geld*
preiswert *económico/-a*
der **Priester** *el cura m.* 2D/3B
das **Privileg** *el privilegio*
probieren (etw.) *probar* a/c
das **Problem** *el problema*
das **Produkt** *el producto* Op3
das **Programm** *el programa*
programmieren (etw.) *programar* a/c
das **Projekt** *el proyecto*
prosaisch *prosaico/-a*
protestieren *protestar*
der **Protestmarsch** *la marcha de protesta* 3A
die **Provinz** *la provincia*
das **Prozent** *el por ciento*
die **Prüfung** *el examen*
PS (Postskriptum) PD *(post data) Brief*
der/die **Puertorikaner/in** *el/la puertorriqueño/-a*
der **Pullover** *el jersey, la sudadera*
der **Punker, die Punkerin** *el/la punki* 1C

der **Punkt** *el punto* 2C
pünktlich *puntual* 2C
die **Pünktlichkeit** *la puntualidad* 3A
der **Putsch** *el golpe de estado* 2A
die **Putzfrau** *la mujer para la limpieza* Op3
die **Pyramide** *la pirámide* 1

Q

der **Quadratmeter** *el metro cuadrado*
die **Qualität** *la calidad*
Quechua *el quechua Sprache*
quer drüber *atravesado/-a*
der **Quetzal** *el quetzal Vogel*

R

das **Rad** *la rueda* 1
radieren *borrar*
der **Radiergummi** *la goma de borrar*
das **Radio** *la radio*
die **Rasse** *la raza Herkunft* 1D
der **Rat** *el consejo*
raten (jdm. etw.) *aconsejar a/c a alg. (que + subj.)*
das **Rathaus** *el ayuntamiento*
ratlos *desconcertado/-a*
der **Ratschlag** *el consejo* 2B
rauchen *fumar*
der **Raum (kulturelle)** *el espacio (cultural) (f. internationale Begegnungen) espacio de encuentros internacionales*
die **Rechnung** *la cuenta, (auf eigene) por su cuenta*
das **Recht** *el derecho, (das Strafrecht) derecho penal, (die Menschenrechte) los derechos humanos*
rechts (von) *a la derecha (de a/c) adv./prep.*
der/die **Rechtsanwalt/-wältin** *el/la abogado/-a*
rechtzeitig *a tiempo*
die **Reform** *la reforma* 2A, **(die Agrarreform)** *la reforma agraria* 2A, **(die Wirtschaftsreform)** *la reforma económica* 3B
das **Regal** *la estantería*

der **Regen** *la lluvia* 2B
der **Regenschirm** *el paraguas* 2B
regieren (etw.) *gobernar* a/c
die **Regierung** *el gobierno, (autonome) gobierno autonómico* 2, **(katalanische)** *gobierno catalán,* **(der/die Regierungschef/in)** *el/la jefe de Gobierno* 2
die **Region** *la región*
regnen *llover**
das **Reich** *el reino*
reich *rico/-a*
reichen *alcanzar*
der **Reichtum** *la riqueza*
reinigen (etw.) *limpiar* a/c
der **Reis** *el arroz* 3A
die **Reise** *el viaje*
der/die **Reiseführer/in** *el/la guía*
reisen *viajar*
der **Reiseweg** *la ruta*
die **Religion** *la religión*
rennen *correr*
das **Repertoire** *el repertorio*
die **Reportage** *el reportaje* 3C
die **Republik** *la república* 2A, **(die Bundesrepublik)** *la república federal* 3B
die **Republikaner** *los republicanos* 2A
reservieren (etw.) *reservar* a/c
die **Reservierung** *la reserva*
respektieren (etw., jdn.) *respetar a/c, a alg.* 3B
der **Rest** *el resto*
das **Restaurant** *el restaurante*
retten (etw., jdn.) *salvar a/c, a alg.*
die **Revolution** *la revolución* 3B, **(die Französische)** *la Revolución Francesa* 3B
der **Rhythmus** *el ritmo*
die **Richtung** *la dirección*
ringsherum *alrededor de* 2C
das **Ritual** *el ritual*
der **Rock** *la falda*
der **Rock** *el rock Musik*
die **Rolle** *hier: el papel* 2A
der **Roman** *la novela*
rosa *rosa Farbe*
rot *rojo/-a*

die **Route** la ruta
der **Rücken** *la espalda*
der **Rucksack** la mochila
rufen (jdn.) llamar a alg.
ruhig tranquilo/-a
der **Ruhm** la fama
die **Ruine/n** las ruinas *pl.*
die **Rundreise** *hier:* la vuelta
Russisch *el ruso Sprache*

S

die **Sache** la cosa
der **Saft** el zumo
Sag bloß! ¡no me digas!
sagen (jdm. etw.) decir*
(a/c a alg.), **(jdm. Bescheid)**
dar* un toque a alg. *fam.*
die **Saison** *la temporada*
der **Salat** la ensalada 2B
Salsa *la salsa Musik*
der **Sammelfahrschein** el bono
sammeln (etw.) *juntar a/c*
der **Samstag** el sábado
der **Satz** la frase
sauber *limpio/-a*
das **Saxophon** el saxo =
saxofón
der **Schaden** *el mal* 2D
scharf picante 1B
der **Schatten** *la sombra* Op1
der **Schatz** *el tesoro*
(an-)schauen (etw.) mirar
a/c, **(Schau mal!)** ¡Mira!
scheinen parecer* a alg.
Meinung
schenken (etw.) regalar a/c
das **Schicksal** el destino
das **Schiff** el barco
der **Schiffbruch** el naufragio 2B
der **Schinken** el jamón
schlafen dormir*
der **Schlag** el golpe 2A
die **Schlange** *la serpiente* 3A
schlank delgado/-a
schlecht malo/-a, mal *adv.*
das **Schlechte** lo malo
schließen (etw.) cerrar*
a/c
schließlich *al fin y al cabo*
der/die **Schlimmste** el/la peor
schmackhaft rico/-a
schminken (sich)
maquillarse
schmücken (etw.)
decorar a/c 3

der **Schnee** la nieve
schnell rápido/-a,
rápidamente adv. Op1
die **Schokolade** el chocolate
schon ya
schön bonito/-a, bello/-a,
lindo/-a lat.am. 1D
die **Schönheit** la belleza,
la hermosura
schöpfen crear a/c 1A
der **Schrank** el armario
der **Schreck** el susto
der **Schrecken** el horror
der **Schrei** el grito 3B
schreiben (etw.) escribir a/c
die **Schreibmaschine** *la*
máquina de escribir
der **Schreibtisch** el escritorio
schreien gritar
der/die **Schriftsteller/in**
el/la escritor/a
der **Schritt** el paso
Schritt für Schritt paso a
paso
der **Schuh** el zapato
die **Schulausbildung**
el estudio
die **Schule** la escuela, el cole =
el colegio, **(Sprachschule)**
escuela de idiomas
der/die **Schüler/in** el/la alumno/-a,
(der/die ältere Schüler/
-in) el/la estudiante
das **Schulfach** la asignatura
(be)schützen (etw., jdn.)
proteger* a/c, a alg.
schwarz negro/-a
schweigen *callar* Op1
schwer difícil
schwerwiegend *hier:*
grave 2C
die **Schwester** la hermana
schwierig difícil
die **Schwierigkeit** la
dificultad, el rollo *fam.*
das **Schwimmbad** *la piscina*
der **See** el lago
die **Seele** *el alma f.*
segeln navegar 1B
sehen (etw.) ver a/c, **(etw.**
ansehen) mirar a/c, **(kei-**
ne Spur von etw. sehen)
no ver ni rastro
die **Sehnsucht** *la nostalgia* 1D
sehr muy *adv.*

Sehr erfreut! ¡mucho
gusto! *Begrüßung* 1B
sehr geehrte/r estimado/-a
Anrede Brief
sehr gut sobresaliente
Schulnote
sehr viel muchísimo/-a,
menudo/-a *fam.*
sein estar*, **(laut)** meter
ruido, **(im Begriff sein et-**
was zu tun) estar a punto
de hacer a/c 3C, **(von etw.**
überzeugt) estar
convencido/-a de a/c 3C,
(einverstanden) estar de
acuerdo, **(hinter jdm.**
her) estar detrás de alg.,
(fit) estar en forma,
(in jdn. verliebt) estar
enamorado/-a de alg., **(zu**
viel mit etw. beschäftigt)
estar enrollado/-a con a/c
fam., **(kurz davor sein**
etw. zu tun) estar por +
inf. 1B, **(jdm. wichtig)** importar a alg., **(wahr)** ser …
cierto 1B, **(albern)**
hacerse el/la gracioso/-a
1B, **(un/begabt sein für**
etw.) darse* bien/mal a alg.
1C *auch:* gut/schlecht sein
in etw., **(erstaunt sein**
über) extrañar, **(heiß/**
kalt) hacer* calor/ frío
Wetter, **(jdm. etw. egal**
oder lästig) pasar de a/c,
(baff, verblüfft) quedarse
atontado/-a, **(in der Lage)**
ser capaz de a/c 2C,
(wahr) ser cierto/-a 1B,
(lästig, unangenehm) ser
un rollo, **(Schade)** ser una
lástima (que + *subj.*), **(ent-**
scheidend) *ser deter-*
minante, **(es sei dem …)**
etwa: a no ser que + *subj.*
2C, **(nötig, notwendig**
sein, dass) ser necesario
que + *subj.*, **(… Jahre alt)**
tener … años, **(an der Rei-**
he) tocar a/c a alg. 3A,
(wert) valer la pena, **(die**
Mühe wert) valer la pena
3C
sein/e, ihr/e su

seit desde hace, **(seit damals)** *desde entonces*
die **Seite** el lado, la página, **(auf der anderen Seite von)** al otro lado de
selbst ernannt autonombrado/-a 3A
selbst wenn aunque + *subj.*
seltsam raro/-a, extraño/-a
der **Senat** el Senado 2
der/die **Senator/in** el/la senador/a 2
senden (etw.) mandar a/c
die **Sensation** la sensación
die **Sensibilität** *la sensibilidad*
September septiembre *m. sg.*
der **Sessel** *el sillón*
setzen (etw.) poner* a/c, **(sich setzen)** sentarse*
der/die **Sevillaner/in** el/la sevillano/-a
der **Sex** el sexo
sicher seguro/-a 3A, **(sicherlich …)** seguro que …, **(Sicher!)** ¡claro! *Ausruf* 1B, **(sicher ist, dass …)** lo cierto es que …
sicherlich *Adv.* *seguramente*
die **Sicht** la vista 2B
der/die **Sieger/in** el/la campeón/-ona
Sieh mal! ¡Mira!
das **Silber** la plata
singen (etw.) *cantar a/c*
der **Sinn** *el sentido*
der **Sinn für Humor** el sentido del humor 1C
die **Sirene** la sirena 3A
die **Situation** la situación 2A
die **Sitzbank** el banco
der/die **Sklave/-in** *el/la esclavo/-a* Op1
die **Sklaverei** *la esclavitud* Op1
so así, *órale lat. am.* 3A **(so + Adj.)** tan … como …, tan + *adj.*, **(so … wie …)** tanto/-a
so lala *¡Ni fu ni fa! fam.*
so viel/e tanto/-a, tanto … como …
sodass así que

sofort cuanto antes, enseguida
sogar incluso 2B
der **Sohn** el hijo
solange mientras (que) + *subj.*
Solar … solar
die **Solaranlage** *la planta de energía solar*
die **Solidarität** la solidaridad
sollen deber + *inf.* 2B
der **Sommer** el verano
Son *el son Musik*
sondern sino
die **Sonne** el sol
der **Sonntag** el domingo **(Palm-)** domingo de Ramos, **(Oster-)** domingo de Resurección Op2, **sonntags** *Adv.* los domingos
die **Sorge** la preocupación 2C
sozial social 3
die **Sozialversicherung** la seguridad social 3B
Spanien España *f.*
der/die **Spanier/in** el/la español/a 1B
das **Spanisch (kastilische)** el castellano 1B
spanisch *español/a adj.* Op1
der/die **Spanischsprechende** el/la hispanohablante
sparen (etw.) ahorrar a/c
Spaß la marcha *fam.*
spaßig marchoso/-a
spät tarde *adv.*
später luego
das **Speckpolster** *ugs.* el michelín *fam.*
das **Speiseeis** el helado
das **Spektakel** el espectáculo 3
die **Spezialität** la especialidad 3C
das **Spiel** *el juego,* **(die Olympischen Spiele)** los Juegos Olímpicos 2A
spielen (etw.) jugar* a/c, tocar a/c *Musik*
der **Sport** el deporte
Sport treiben practicar deporte
die **Sportschuhe** las zapatillas de deporte
der **Sportunterricht** la educación física

die **Sprache** el idioma, la lengua
sprechen hablar
der **Spruch** el dicho
die **Spur** el rastro
spüren (etw.) sentir* a/c
das **Squash** el squash *Sportart*
der **Staat** *el estado*
die **Staatsangehörigkeit** la ciudadanía 2C, *la nacionalidad* Op3
der/die **Staatsanwalt/-wältin** *el/la fiscal*
der/die **Staatschef/in** el/la jefe del Gobierno 2
der **Staatsstreich** el golpe de Estado 2A
das **Stadion** el estadio
die **Stadt** la ciudad, **(mit Autonomiestatus)** la Ciudad Autónoma 2
das **Stadtmagazin** la cartelera
die **Stadtmauer** *la muralla*
der **Stadtplan** el plano
das **Stadtviertel** el barrio
stark fuerte
die **Statistik** la estadística 3C
das **Statut** el estatuto 2A
der **Stau** el atasco 3A
der **Stein** *la piedra*
stellen (etw.) poner* a/c, **(etw. leiser)** bajar a/c, **(sich auf die Seite von jdm.)** *ponerse del lado de alg.* 1D
sterben morir*, **(vor Hunger)** morir* de hambre
der **Stern** *la estrella* Op1
der **Stier** *el toro* Op2
der **Stierkampf** *la corrida de toros* Op2
die **Stierkampfarena** *la plaza de toros* Op2
der **Stil** el estilo
die **Stimme** la voz Op1/3C, el voto *Wahl*
Stimmt's? *etwa:* ¿Verdad?
die **Stimmung** la marcha *fam.*
stimmungsvoll marchoso/-a
das **Stipendium** la beca
die **Stirn** la frente

das **Stockwerk** el piso
stolz orgulloso/-a
stoßen (etw., jdn.)
empujar a/c, a alg.
die **Strafe** el castigo
die **Strafe (Geld-)** la multa
der **Strand** la playa
die **Straße** la calle
die **Straßenbahn** el tranvía
die **Strecke** el recorrido Op2/3
der **Streit** la discusión, **(Streit mit jdm. anfangen)** meterse con alg.
der **Stress** el estrés 1B
der **Strom** la electricidad
die **Struktur** la estructura 2
der/die **Student/in** el/la estudiante
studieren (etw.) estudiar a/c
das **Studium** el estudio
der **Stuhl** la silla
die **Stunde** la hora
der **Stundenplan** el horario
suchen (etw.) buscar a/c, **(auf der Suche nach etw.)** en busca de a/c
der **Süden** el sur
der **Südpol** el polo sur
super! ¡Fenomenal!, guay _fam._
der **Supermarkt** _el supermercado_
das **Surfen** el surfing 3
surfen navegar _Internet_
das **Sweatshirt** la sudadera
der **Swimmingpool** _la piscina_
das **Symbol** el símbolo 2A
sympathisch simpático/-a
das **System** el sistema, **(das politische System)** _el sistema político_ Op1

T

der **Tabak** _el tabaco_ 1B
die **Tafel** la pizarra
der **Tag** el día, **(Feiertag)** día festivo 2, **(den ganzen Tag lang)** todo el día, **(ein paar Tage später)** unos días después
das **Tagebuch** el diario
die **Tagesschau** el telediario
die **Tageszeitung** _el diario, el periódico_ Op3

täglich a diario 3
der **Takt** el compás _Musik_
das **Tal** el valle
die **Tante** la tía
der **Tanz** el baile
tanzen bailar
das **Taschengeld** _hier:_ la paga
das **Taschentuch** el pañuelo
die **Tatsache** el hecho 2C
das **Tauchen** el buceo
tauschen (etw.) cambiar (a/c)
tausend mil
das **Team** _el equipo_
die **Technologie** la tecnología
das **Teil** la parte
teilen dividir a/c, **(sich)** dividirse 1
teilnehmen (an etw.) participar en a/c, formar parte de a/c
das **Telefon** el teléfono
telefonieren llamar
der **Teller** el plato
der **Termin** _la cita_
die **Terrasse** la terraza
teuer caro/-a, **(sehr teuer)** carísimo/-a
das **Territorium** el territorio 1
der **Text** la letra _Lied_
das **Theater** el teatro, **(Theater-AG)** el taller de teatro _Schule_
das **Theaterstück** la obra de teatro
die **Theke** la barra
das **Thema** el tema
der **Tintenfisch** el calamar
der **Tisch** la mesa
der/die **Tischler/in** el/la carpintero/-a
der **Titel** el título
die **Tochter** la hija
der **Tod** la muerte 2A
die **Toleranz** la tolerancia
toll alucinante guay _fam.,_ ¡guau! _fam._
die **Tomate** el tomate, **(Tomatensauce)** la salsa de tomate
total total
der/die **Tote** el/la muerto/-a 3
töten (jdn.) matar a alg.
der **Tourismus** el turismo
der/die **Tourist/in** el/la turista

die **Tradition** la tradición
traditionell tradicional, tradicionalmente _Adv._
tragen (etw.) llevar (a/c) _Kleidung_
trainieren practicar a/c
der **Traktor** el tractor
transparent transparente 3A
der **Traum** el sueño
träumen (von etw., jdm.) soñar* con a/c, alg.
traurig triste
die **Traurigkeit** _la tristeza_ 1C
treffen (sich) quedar, encontrarse* 1B, reunirse 3B
das **Treffen** la reunión, la cita
trennen (etw., jdn.) dividir a/c, separar a/c, a alg. 1C
(be)treten (etw.) pisar a/c 1C, **(treten, etw., jdn.)** _pisotear a/c, a alg._
die **Treue** _la lealtad_ 2D
das **Trimester** el trimestre
trinken (etw.) tomar a/c
das **Trinkgeld** la propina 3C
trocken seco/-a
trotzdem sin embargo
Tschüss chao
das **T-Shirt** la camiseta
tun (etw.) hacer* a/c, **(jdn. zwingen etwas zu)** _hier: a alg. hacer a/c_ Op1, **(e. Gefallen)** hacer un favor, **(allmählich, nach und nach etw.)** ir + _gerundio_ 1B, **(längere Zeit etw.)** quedarse + _gerundio_ 1B, **(am Ende etw.)** salir* + _gerundio_ 1B, **(jdm. Leid)** _dar* lástima a alg._ 3D
der **Tunnel** el túnel 1A
die **Tür** la puerta
Türkisch el turco _Sprache_
der **Turm** la torre
Tutorium _la tutoría_
typisch (für) típico/-a (de)

U

die **U-Bahn** el metro 3, la línea, **(der U-Bahn-Plan)** el plano del metro
das **Übel** _el mal_ 2D

üben (etw.) practicar a/c
über sobre *zeitlich*
überall por todas partes
der Übergang la transición 2A
überleben sobrevivir
übermorgen pasado
mañana 1A
überqueren (etw.) cruzar
a/c 3C
die Überquerung *hier:* la
travesía 3C
überraschen (jdn.)
sorprender a alg. 1C
die Überraschung la sorpresa
übersetzen (etw.)
traducir* a/c 1B
übertreiben (etw.)
exagerar a/c
überzeugen (jdn. von
etw.) convencer a alg de a/c
das Übliche lo típico
übrigens por cierto,
a propósito 2
um … Uhr a las … *Uhrzeit*
um die … unos + número
Zahlenangabe
um zu … + *Inf.* para + *inf.*
umarmen (sich)
abrazarse Op1
die Umarmung el abrazo
die Umgebung el ambiente,
los alrededores
Umlaut los puntitos *fam.*
umsonst gratis
umsteigen cambiar de
die Umwelt el medio ambiente
umziehen mudarse
die Unabhängigkeit
la independencia 3B
unbekannt
desconocido/-a Op1
und y
unerledigt pendiente
unerlässlich *imprescindible*
Op3
unfähig incapaz
der Unfall el accidente 3A
ungefähr *hier:* alrededor
de 2C, a eso de … *Uhrzeit*
ungenügend, nicht
bestanden el suspenso
Schulnote
ungern *de mala gana*
die Ungleichheit
la desigualdad 1

die Universität la universidad
unmöglich imposible
die Unsicherheit
la inseguridad
unter debajo (de a/c),
abajo, por debajo de a/c
unterbrechen (etw.)
interrumpir a/c 2C
unterhalten (sich) comu-
nicarse, (etw., jdn. unterhalten) sostener* a/c, a alg.
unterhaltsam divertido/-a
die Unterhaltung
la conversación 2D
der Unterricht la clase
der Unterschied la diferencia
2C, (Was macht das f. e.
Unterschied?) ¿Qué
diferencia hay?
unterschiedlich
diferente 2A
unterstreichen (etw.)
subrayar a/c
unterstützen (etw.)
fomentar a/c 1C
der Urlaub las vacaciones
der Ursprung l origen Op2/3C

V

valenzianisch
valenciano/-a
der Vater el padre
das Vaterland la patria Op2/3B
verabreden (sich) quedar
verabschieden (jdn.) des-
pedir* a alg., (etw. verabschieden) aprobar* a/c 2
veraltet antiguo/-a
die Veränderung el cambio
verängstigt
asustadísimo/-a 1C
der Veranstaltungskalender
la cartelera
verantwortlich
responsable
verbessern (etw.) mejorar
a/c 2C
verbieten (etw.) prohibir
a/c
verbleiben quedar
verbrennen (sich)
quemarse
verbringen pasar *Zeit,*
(den Sommerurlaub
verbringen) veranear

verbunden sein mit etw.
conectar (con) a/c
verdammt *maldito/-a*
verdienen (etw.) ganar a/c
vereinigen (sich)
unirse 1B
vereinigt unido/-a a a/c 2C
das Vereinigte Königreich
(Großbritannien) el Reino
Unido 2C
die Vereinten Nationen
UNO *las Naciones Unidas*
ONU
die Verfassung
la Constitución 2
verfolgen (jdn.)
seguir a alg.
die Vergangenheit el pasado
vergehen pasar
vergessen (etw.)
olvidarse de a/c
vergleichen (etw.)
comparar a/c, alg. 2
vergöttern (etw., jdn.)
adorar a/c, a alg.
verhandeln hacer*
gestiones
verkaufen (etw.)
vender a/c
der/die Verkäufer/in
el/la vendedor/a
der Verkehr *hier:*
el transporte
verkleinern (sich)
reducirse 1
verlassen marcharse *Ort,*
(etw., jdn.) dejar a/c,
a alg., abandonar a/c,
a alg. 3
das Verlassene lo dejado 1C
verlaufen (sich) perderse*
verlegen desconcertado/
-a, (verlegen werden)
cortarse *fam.*
verlieben (sich in jdn.)
enamorarse de alg.
verlieren (etw.)
perder* a/c
der/die Verlobte el/la novio/-a
vermissen (etw., jdn.)
echar de menos a/c, a alg.
vermuten (etw.) suponer*
a/c
veröffentlichen (etw.)
publicar a/c

verpflichten (sich zu etw.) comprometerse a hacer a/c
verringern (sich) *disminuir** Op1
verrückt loco/-a, *cafre lat. am.* 3A
versammeln (sich) reunirse 3B
verschicken mandar a/c
verschlingen (etw.) devorar a/c 3A
die **Verschmelzung** *la fusión* Op1
verschwinden desaparecer*
versichern (etw.) asegurar a/c
die **Verspätung** el retraso
versprechen (jdm. etw.) *prometer a/c a alg.* 2D
das **Versteck** *el escondite* 2D
verstecken (etw., jdn.) esconder a/c, a alg. 2D, (sich) esconderse de a/c, alg. 3C
verstehen (etw.) comprender a/c, entender* a/c, (sich mit jdn. gut/schlecht verstehen) llevarse bien/mal con alg.
versuchen (etw.) intentar a/c 1D, tratar de + *inf.* 3C
verteidigen (etw., jdn.) defender* a/c, a alg. 2A
verteilen (etw.) repartir a/c
die **Verteilung** la distribución
die **Vertreibung** la expulsión
vertreten (etw.) *representar a/c* 1D
der/die **Vertreter/in** el/la representante 2
die **Verwaltung** la administración 2
verwandeln (in etw.) convertir* en a/c
verwenden (etw.) utilizar a/c
verwirrt desconcertado/-a
verzeihen (jdm.) perdonar a alg.
verzichten (auf etw.) renunciar a a/c 2C

der **Videorekorder** el vídeo
viel/e mucho/-a, mucho *adv.*, (ziemlich viel) bastante *adv.*, (Viel Spaß!) ¡Que lo paséis bien!
die **Vielfalt** la variedad 2C
vielleicht a lo mejor, quizás
das **Viertel** el cuarto, (drei Viertel) tres cuartos
violett violeta
der/die **Vizepräsident/in** el/la vicepresidente/-a 2
der **Vogel** *el pájaro*
das **Volk** el pueblo
die **Volksabstimmung** el referéndum Op2
die **Volksbewegung** el movimiento popular 3B
die **Volksmusik** *la música folclórica* Op2
der **Volksstamm** la tribu 1
voll lleno/-a
vollenden (etw.) *hier:* cumplir a/c 1
volljährig mayor de edad
Vollpension la pensión completa 1B
von de, desde *Uhrzeit*, (von allererster Güte) *de primer orden*, (von ... bis ...) de ... a ... *Uhrzeit*
vor delante (de a/c) *örtlich*, hace + *Zeitangabe*, (vor etw., jdm.) ante a/c alg. 2D, (vor allem) *ante todo* Op2
vor allem *hier:* sobre todo
vorbeigehen pasar *Zeit*
vorbeikommen pasar por
vorbereiten (etw.) preparar a/c
vordringen avanzar
der **Vormittag** la mañana, (der späte Vormittag) *la media mañana* 3A
vorschlagen (jdm. etw.) proponer* a/c a alg.
vorschreiben (jdm. etw.) dictar a/c, a alg.
Vorsicht! ¡Cuidado!
die **Vorspeise, kl. Portion** *hier:* la tapa
vorstellen (sich etw.) imaginarse a/c, (etw. jdm.) presentar a/c a alg.

der **Vorteil** la ventaja 2C
vorwärts adelante
der **Vulkan** el volcán

W

wachsen crecer*, producir* a/c
wachsend creciente
der **Wagen** el coche, *el carro lat. am.* 3A
die **Wahl** el voto
die **Wahlen** las elecciones, (in den autonomen Regionen) elecciones autonómicas, (Parlaments-) elecciones legislativas, (die Gemeindewahlen) elecciones municipales 2
wählen votar, (etw., jdn.) elegir* a/c, a alg.
das **Wahlfach** *la optativa*
während mientras, durante
die **Wahrheit** la verdad
wahrscheinlich *probablemente*
die **Währung** *la unidad monetaria*
(ver-, um-) wandeln transformar a/c 1C
der **Wald** el bosque 2B
das **Wandgemälde** el mural 3
wann? ¿cuándo?
die **Ware** *la mercancía*
die **Wärme** el calor 1B
warnen (jdn. vor etw.) advertir* a alg. de a/c 3A
warten auf esperar a/c, a alg.
warum? ¿por qué?
was auch immer lo que sea
was für ein/e... qué + *s. Ausruf*
Was sollen wir tun! ¡Qué le vamos a hacer! 3A
Was weiß ich! ¡Yo qué sé! 1B
was? ¿qué?
waschen (etw.) lavar a/c
die **Waschmaschine** *el lavarropas lat.am.*
das **Wasser** el agua *f.*
die **Webseite** la página web

Website *hier:* el portal *Internet* 3C

der Wechsel el cambio

wechseln cambiar (a/c)

der Wecker el despertador 3A

weder … noch no … ni

der Weg el camino

wegen a causa de 1

wegen etw. deberse a a/c

wegnehmen (jdm. etw.) quitar a/c a alg. 1B

wegwischen borrar

wehtun *doler* 3D

weihen (etw.) consagrar a/c

Weihnachten la Navidad

das Weihnachtslied *el villancico* Op2

weil porque, es que …, como *adv.*

die Weile el rato

weinen llorar 1B

die Weintraube *la uva* Op2

weiß blanco/-a, *cano Haare*

weit amplio/-a 2A, *extenso/-a,* (weit weg von) lejos (de a/c), (weiter weg) *más allá de*

weitermachen seguir* a/c, (weitermachen mit etw.) continuar a/c + *gerundio* 1B

der Weizen *el trigo* 3

welche/r el/la cual 2B

welche/r? ¿cuál?, ¿cuáles? *pl.*

die Welle la ola 3

die Welt el mundo, mundial *Adj.*

wenden (sich an jdn.) *dirigirse a alg.* Op3

wenig/e poco/-a, (ein wenig) un poco, (weniger) menos

wenigstens al menos 2C

wenn cuando, si *condicional*

Wer spricht dort, bitte? ¿De parte de quién? *Telefon*

wer? ¿quién?, ¿quiénes? *pl.*

der Werbespot *el spot publicitario*

die Werbung la publicidad

werden ponerse* +*adj.*, (zu etw.) convertirse* en a/c 1, (Wirklichkeit) hacerse realidad, (reich) *hacerse rico/-a,* (verrückt) volverse* loco/-a, (Nachfolger) suceder a alg. 2A

(weg)werfen (etw.) tirar a/c 1, (eine Münze werfen) tirar la monedita

das Werk la obra

die Werkstatt el taller

der Westen el oeste 1B

die Westgoten *hier:* los godos

der Wettbewerb la competición 3, *el concurso*

das Wetter el clima, el tiempo, (schönes Wetter) buen tiempo

wichtig importante, *prestigioso/-a*

die Wichtigkeit la importancia 1

widerspiegeln (etw.) *reflejar a/c*

Widerstand leisten (gegen) rebelarse contra a/c, alg. 3B

widerwillig *de mala gana*

widmen (etw.) consagrar a/c

wie como *adv.*, (wie?) ¿cómo?, (wie …) qué + s. *Ausruf*

wie dem auch sei sea como sea 2C

Wie eklig! Qué asco!

wie etwas en plan + s. 3C

Wie geht's? ¿Qué tal?

Wie hart! ¡Qué palo!

Wie peinlich! Qué vergüenza! 1A

Wie schade! ¡Qué pena!

Wie schön! ¡Qué ilusión!

wie viel/e? ¿cuánto/-a?

die Wiedereroberung la reconquista

wiederfinden (etw., jdn.) *reencontrar* a/c, a alg.

wild *hier:* bravo/-a Op2

der Wille *la voluntad*

Willkommen bienvenido/-a *Begrüßung* 1B, (jdn. willkommen heißen) dar* la bienvenida a alg. 3

der Wind el viento

der Winter el invierno

wirklich realmente *adv.*

die Wirklichkeit la realidad

wirksam eficaz 1A

die Wirkung *hier:* el efecto

das Wirtshaus *la fonda lat. am.* 3A

die Wirtschaft *la economía* Op1

wirtschaftlich económico/-a 1

das Wissen el saber

wissen (etw.) saber* a/c

witzig gracioso/-a 1B

wo? ¿dónde?

die Woche la semana, (letzte, vergangene) la semana pasada, (die Oster-) la Semana Santa, (das Wochenende) el fin de semana, el finde *fam.*

woher? ¿de dónde?

wohin? ¿adónde?

wohnen vivir

die Wohnung la casa, el pisito *fam.* = el piso, la vivienda

das Wohnzimmer el salón

wollen (etw.) querer* a/c

das Wort la palabra

wozu? ¿para qué?

die Wunde la herida

das Wunder la maravilla, el milagro

wunderbar maravilloso/-a 2B

wunderschön precioso/-a

wünschen (sich etw.) desear a/c

würdevoll *Adv.* dignamente 3C

der Würfel el dado

die Wurzel *la raíz, las raíces pl.* Op1

Z

die Zahl el número

zählen contar*

zauberhaft mágico/-a 2B

zeichnen (etw.) *dibujar a/c*

das Zeichnen el dibujo 1C

die Zeichnung el dibujo 1C

zeigen (etw.) indicar a/c, enseñar a/c, *reflejar a/c* 2D, *señalar a/c* Op2, (jdm. etw. zeigen) *mostrar a/c a alg.* Op1/2D

die Zeit el tiempo, (die Freizeit) el tiempo libre, (zur Zeit) *de momento*

der Zeitabschnitt el periodo 3B

der Zeitgenosse *el contemporáneo*

der Zeitplan el horario

die Zeitschrift la revista

der Zeltplatz el camping

die Zensur la nota

der Zentner el quintal

zentral céntrico/-a

die Zentralmacht el poder central 2A

das Zentrum el centro, (das Kulturzentrum) centro cultural, (das Einkaufszentrum), *centro comercial*

zerstören (etw.) destruir a/c 1A

Zigaretten *hier:* el tabaco 1B

Zigeuner... gitano/-a

das Zimmer la habitación, (Doppelzimmer) la habitación doble

der Zipfel el cabo 2B

die Zitrone el limón

die Zivilisation la civilización 1

der Zoll la aduana

die Zone la zona

der Zopf la trenza 3C

zu a, (zu + *Adj.*) demasiado, (zu seinen Gunsten) *en su favor* 2D, (zu viel) demasiado

zu helfen wissen (sich bei etw.) arreglárselas con a/c 3A

zubereiten (etw.) preparar a/c

der Zucker el azúcar *f.*

zuerst *hier:* primero

der Zufall el azar 1C

zufrieden contento/-a

der Zug el tren

zugeben (etw.) *hier:* reconocer* a/c

die Zukunft el futuro, el porvenir

zum vereinbarten Termin en la fecha acordada

zurückkommen volver*

zusagen *hier:* aceptar a/c 1C, (jdm. zusagen) convenir a alg.

zusammen juntos

das Zusammentreffen el encuentro

die Zutat el ingrediente 3

zweisprachig bilingüe 1

der/die Zweite el/la segundo/-a

zwischen entre

SOLUCIONES PARA EL JUEGO: SUBIENDO LA PIRÁMIDE (PÁGINAS 8 Y 9)

Preguntas para A:

1. a. te lo – b. Se lo – c. Me las
2. el español o castellano, el catalán, el gallego, el vasco o euskera
3. Cristina habló por teléfono con Ramiro y le preguntó dónde había estado y si iba a venir pronto.
4. En Valencia
5. ¡No te preocupes!
6. a. vendrá – b. podré – c. haremos – d. habrá
7. a. El escritor es una persona que escribe libros. – b. El descanso es el momento cuando no trabajas, por ejemplo en el recreo del cole. – c. El flamenco es un baile típico de Andalucía.
8. Cuando vengas, haremos una fiesta.
9. ¡No te vayas a casa!
10. Se llama San Telmo.

Preguntas para B

1. a. el suyo – b. el mío – c. las tuyas
2. En la Casa Rosada reside el Gobierno argentino. Está en Buenos Aires.
3. Juan le dijo a su amiga que estaba muy contento de volver a verla.
4. Las Fallas son una fiesta de origen medieval. Las más importantes son en Valencia, en marzo.
5. ¡No me vengas con cuentos!
6. a. querrá – b. saldremos – c. pondrá – d. sabré
7. a. La cartelera es el programa de un cine o de un teatro o una revista con información de una ciudad.
   b. El consejo es lo que le dices a una persona para recomendarle que haga algo.
   c. La horchata es una bebida típica de Valencia.
8. Cuando puedas, cóbrame.
9. ¡Haz tus deberes ahora!
10. Se llama Cajamarca. Está en Perú.

Textquellen:

©Álvarez Gómez, Sara Carta al editor, La Vanguardia, 2007, S. 8 – © EMI-Odeon, S.A., España, 2002 / EMI Music France – VG Musikedition, Kassel 2003, S. 23 – © Machado, Ana María Exploradores y aventureros en América latina, 1995, S. 28; S. 31 – ©Paz, Octavio, El laberinto de la soledad, 1950, S. 72 – © Obelleiro, Paola A Coruña empieza a escribir la memoria histórica, 2007, S. 53 El Norte Publications, Albuqzerque, N.M., 1988. «Las Mujeres Hablan: An Anthology of Nuevo Mexicana Writers», co-edited by Tey Diana Rebolledo, Erlinda González-Berry and Teresa Márquez, S. 67 – © Ramos Ávalos, Jorge, La otra cara de América, 2000, S. 75 – © Salinas, María Elena, 2003, S. 64 – © Sender, Ramón J. Réquiem por un campesino español, 1960, S. 45

Bildquellen:

© Alcobendas, Antonio S. 39, S. 40, S. 41 – © akg-images, S. 10, S. 11, S. 21, 36, S. 45 (rechts u. links); akg-images: © Martin, S. 32 (rechts); © Museo de América, Madrid, S. 16 (rechts u. links); © Lessing, S. 19 (unten rechts) – Avenue Images: © Purcell, S. 9 – © Bridgemanart, S. 10 – © Banco de México, Diego Rivera & Frida Kahlo Trust, S. 56 (3. Reihe links) – © Corbis, S. 34 (oben), S. 57 (rechts), S. 58 (rechts), S. 61 (oben), S. 62, S. 65, S. 67 – © Colina, Angel, S. 11 – © Caparrós, S. 30 – Caro: © Waechter, S. 81 – © Cornelsen, M. Höppener-Fidus, Berlin, S. 57 (oben); Loncá, S. 66, S.76, S. 77 (unten); Perregard S. 77 (oben); Schulz, S. 6 – Cubanisches Fremdenverkehrsamt, Frankfurt am M., S. 23 (rechts u. links) – © Cuesta, J. Luis, S. 42 (links u. oben rechts) – © Picture Alliance, S. 34 (unten) – © Eye Ubiquitous: © Hutchison, S. 10 – © Fischer, S. 30 – Free Lens Pool: © Renckhoff, S. 10 – © Grimm, A., S. 14 – © Index, S. 55 (oben) – laif: © Back, S. 56 (4. Reihe rechts); © Bosse, S. 61 (rechts); © González, S. 33, S. 56 (2. Reihe rechts), S. 58 (unten links); © Grumann, S. 77 (rechts); © Huber, S. 32 (unten), S. 33 (rechts); © Knop, S. 24; © Kristensen, S. 56 (2. Reihe links); © Meyer, S. 56 (1. Reihe) – © Margolles, Juan, S. 15 – Mauritius: Age Fotostock, © Cardoso, S. 20 (unten links); © Esbin-Anderson, S. 20 (oben rechts); © Floresta, S. 35; © Fuste Raga, S. 56 (4. Reihe links); © Kelbaugh, S. 7, S. 30; Larrea, S. 37 (oben); © Paras, S. 7, S. 20 (unten rechts u. oben links); © Rippy, S. 56 (3. Reihe rechts) – Comisión de Promoción del Perú (PromPerú): © D' Auriol, S. 12 – © Sánchez, Ricardo, S, 83 – StockFood: © Newedel, S. 81 – Superbild: © Ducke, S. 34 (Mitte), S. 42 (unten rechts), © Otmar Diez, S. 81 – Transglobe: © Odyssey Productions, S. 42 (Mitte) – © Travis, www.downtheroad.org, S. 59, S. 60 – TURESPAÑA: Oficina Española de Turismo, Berlin, S. 36 (unten), S. 38, S. 46, S. 54 (unten, oben links), S. 55 (unten); © VG Bild-Kunst, Bonn 2008, S. 37 (unten), S. 74 – TV-yesterday: © Weber, S. 81 – © Valije Guiadanes, Sergio, S. 39 – Volksbund.de, www.volksbund.de/jugend_schule/workcamps, S. 47 – Wikipedia: Creative Commons, S 83.